JN069398

JIMU DAYORI

事務だよりの教科書

柳澤靖明 著

学事出版

はじめに

本書は、2013（平成25）年『つくろう！ 事務だより』（あいだに『増補改訂版』発刊）から10年の時を経て、大幅リニューアルが実現しました。まるで学習指導要領のようです（笑）。それもこれもみなさまが「事務だより作成要領」としてご愛用いただいているおかげでございます。今後とも『事務だよりの教科書』、どうぞよろしくお願いいたします。

この10年で教育界にも校務のICT化が定着しつつあり、さらにはデジタル技術の活用による改革とされるDX化も期待されています。そんななか、事務だよりにも変化が見えてきました。たとえば、ペーパーレス化による配付から配信への移行、共同編集技術を取り入れた組織による発行、校内電子掲示板や学校ウェブサイトの利用などがあります。事務だより第1期を「手書きガリ版期」とするなら、第2期は「デジタル複写期」という現代でしょう。そして、今後は「DX期」という第3期へと進化の道を辿るのでしょうか。それとも、デジタル社会で再注目されている「アナログの温もり」にフィーチャーした独自の路線が生まれていくのでしょうか。――向こう10年がたのしみですね。

本書の全体は、「事務だより」をつくるために知っておくと役立つことを4章＋αで構成しました。まず、事務だよりをつくる意義や準備（第1章）を文章でまとめ、特集するネタの提供（第2章）とレイアウト全般で役立つ技術の提供（第3章）、そして全国各地の事務だより（職員、保護者・地域、子ども向け）を紹介しながら筆者のコメントなどを提供（第4章）しました。そして、これまでに付録として提供していた、フォント（フリーでダウンロード可能なサイトを紹介）とフレーム（そのまま使える事務だよりテンプレート12種類）、イラスト（事務職員の「ほしい！」に応えた300種類）そのすべてを学事出版のウェブサイトからダウンロードできる仕様に変更しました。以前は、その情報をCD-ROMに収録し、巻末付録としていましたが、時代背景の進展に伴い変化させました。詳しくは、P.130の付録を参照してください。

最後に、本書掲載の筆者作成「事務だより」は、すべて「事務室だより」と表記されています。しかし、事務室がない学校もあることからタイトルには「事務だより」を使用し、本文でもそれを使いました。正直、「事務」という言葉は嫌いですが……。その理由は、本書を含めた「事務だより」本の三部作を熟読していただけるとわかります。ぜひお探しいただき、共感していただけると幸いです。

2023年3月31日

柳澤 靖明

目次 contents

Chapter3

第3章　つくってみよう！　レイアウト編　81

子どもが自分をつくるところ
すべての人が学ぶところ
「みんなの学校」

第1章

考えてみよう！つくる「意義」と「準備」

本章では、事務だよりをつくる「意義」、そして「準備」について扱います。

なぜ、事務だよりをつくるのでしょうか——その目的は「知らせしたいこと」があるからだと思います。それは、情報発信ツールとしての意義だと整理でき、もっともポピュラーな意義だと考えられます。

第1節では、事務だよりの多用な「意義」を考えていきます。それに続く第2節は「準備」です。意義を整理したら次は準備の段階です。どんな準備が必要なのか——実際につくり始めるまでの準備と、それを配付する準備について考えていきます。

わたしの事務だより発行歴は約20年です（職歴とほぼ同じ）。その間に勤務した5校を通じて「職員向け」は、通算200号を迎えます。ほかにも、家庭や地域、子ども向けの発行も経験しています。経験20年を経て、改めて「意義」と「準備」について整理してみました。

第１節

事務だよりをつくる「意義」

❖事務職員にとって「事務だより」というツールの価値

事務だよりって正直なところ「毎月の作業が大変そう」「余計な仕事までしてやる意味あるかな？」「配っても読んでくれない気がするし……」「暇があるひとがやる実践だよね」「そんなに書きたい話題ないし、余計なことを書いて怒られてもイヤだ」「レイアウトを工夫する時間ってムダじゃない？」っていう感じがします。 **（北海道・経験年数13年目）**

事務だよりの実践を発表したときや話題にあげたとき、こんなネガティブな反論をされることはありませんか？　確かに、毎月の作業は増えますし、読者の反応も気になりますね。あわせて、現状ではやってもやらなくてもよい仕事かもしれません。また、どんなことを発信すれば（しても）よいかという悩み、レイアウトなんかも悩みそうですね。そう考えると、「余計な仕事」に労力を費やすべきではないというオチになりそうです。しかし、そのネガティブな反論にポジティブな回答を用意したのが本書――ということになります。熟読してみてください。その結果、きっとネガティブ要素が払拭されていくことでしょう。さらには、事務だより作成意欲が上昇してくるに違いありません。

それでは、まず「余計な仕事」ではないという認識を自他ともに理解するため、事務だよりに4つの意義を与えてみました。

1「情報発信ツール」としての事務だより
事務職員が職員や保護者・地域、そして子どもに向けた情報を発信するためのツール

2「学び合いツール」としての事務だより
事務職員が職員や保護者・地域、そして子どもとともに学びを生成するためのツール

3「コミュニケーションツール」としての事務だより
事務職員と職員や保護者・地域、そして子どもを繋ぐ架け橋とするためのツール

4「自己（事務職員）アピールツール」としての事務だより
事務職員の存在を職員や保護者・地域、そして子どもにアピールするためのツール

意義1 「情報発信ツール」

事務だよりをわざわざつくらなくても、朝の集会や職員会議とかで発言すれば事足りませんか？　保護者・地域に向けて発言する機会はないけど……そもそも、事務職員が保護者・地域への情報発信する意義ってあるのかな？　ましてや子どもに発信することみつからないし、雑談程度になっちゃいそうです。　**(沖縄県・10年目)**

第1に、職員向けの意義を考えましょう。

確かに、職員会議で発言するだけでも情報発信はできます。その機会も、月に1回くらいはあるでしょう。ほかにも、職員が集まるタイミングとして、朝や夕方の集会もありそうです。しかし、昨今、働き方改革の流れにより、会議や集会を厳選している学校も多いのではないでしょうか。週に1回、月曜日の朝や金曜日の夕方しか集まらない学校もあると聞きます。この頻度だと発言者が多くなり時間もかかりますよね。そこで、事務職員から何点も情報を発信したところで理解されるでしょうか——、もっといえばその情報が定着するとも思えません。

また、時間の有効活用は社会が求めている命題でもあります。GIGAスクール構想を先頭に、学校現場でも業務のICT化が促進され、校務を支援するシステムが導入されていることも珍しくない状況になりました。会議などは、参集しなければ達成できない事例に限定し、ほかはメールや掲示板などを活用することが求められている時代です。そこには、文字に残すことで自由にアクセスできる（いつでも何度でも）という意義も含まれると考えます。

別の視点でいえば、短時間勤務などの理由から会議に参加できない職員、ICTが行き届いていない現業職員などの存在も想定されます。この場合でも、文字としての事務だよりがその意義を発揮します。もちろん、ペーパーレス化の促進により、紙ベースの配付が抑制されることも考えられますが、全職員へ伝わるような工夫も必要です。紙ベースは必要最低限に厳選し、メール添付や掲示板への掲載など、時代に沿った進化が求められます。

第2に、保護者・地域向けの意義です。

保護者などが学校からの情報を受け取るツールとして一般的なのは、「学校だより」——と書くことができた時代は過ぎました。いまでは、メール配信やウェブサイトによる情報発信が一般的となり、「学校だより」の意義は後退してきているとも考えられます。

さらに、学校評議員制度といった限定的な地域人員の参画から、学校運営協議会や地域学校協働本部のように、広く地域に学校が開かれています。また、学校評価制度が定着し、教育活動を評価するためにも積極的な情報発信が求められています。情報を内部で保有している時代から外部へ発信していく時代ともいえるでしょう。今後はさらに、教育指導に関することだけではなく、事務職員が保有している学校運営に関する情報も同時に公開していく必要があります。こちらも職員向けと同様に従来の紙ベースによる配付(回覧板の活用など)だけではなく、メール配信やウェブサイトに載せた発信、またSNS(Social Networking Service)と事務だよりとの関係も整理していく必要性がありそうですね。

第3は、子ども向けの意義です。

学校は子どもの「学びの場」として存在しています。その中心は授業であり、子どもに向けた情報発信の多くは学習プリントです。そのため、事務職員から子ども向けに発信する情報を見つけるのは難しい――そう考えるひとも多いと思います。そこでヒントになるのが、職員発・子ども向けの代表「学級だより」や「保健だより」です(作成者によっては保護者向けの場合もあります)。学級や保健活動を通して、子どもに伝えたい情報とその意義を感じているからこそ発信していると思います。同様に考えれば、学校事務領域を通して発信できること(するべきこと)を考えてみましょう。特に「学びの場」をハード面(学校施設、設備)として捉えるなら、それに付随する情報を発信していく意義が生まれると考えます。また、そこから子どもの学習支援にもかかわる情報発信も期待できそうですね。

意義2 「学び合いツール」

> 学び合い……「先生」と対等な学び合いなんておこがましいと思うし、そんな知識もない。事務職員にそんな場を提供できるスキルもないしね。それに、事務職員は免許をもっているわけじゃないから子どもと学び合うことは業務外のこと……、それは保護者・地域との関係も同じだと思う。
> **(群馬県・15年目)**

次に、「学び合いツール」としての意義を考えます。

「学び」という文字に反応するひとも多そうですね。学校にいると学びの提供＝教員＝授業というイメージが固定化されている気がします。しかし、「学び」には広い意味があり、それを事務職員が担えないことはありません。むしろ、教員は他職種から学ぶという姿勢を大切にしてほしいし、教授活動のみならず広域な学習活動も展開できる学習者としての姿勢を期待しています。もちろん期待なので、正直どう思うかはわかりませんが、そういう側面から抽出した意義です。同様に、保護者・地域や子どもから学ぶこともありますし、逆に学びの提供も可能だと考えています。まずは、意識のシフトチェンジが必要です。

事務だよりを「学び合い」ツールに高めるためには、得た情報を整理して右から左へ発信するだけではなく、その情報を活用して「学び合う」きっかけをもたせなければ意味がありません。そのため、自分の学びを深めることから始める必要があります。

たとえば、職員向けなら研修報告のような特集が考えられます。事務職員向けの研修は他職種に還元できることなんてない――といわれそうですが、本当にそうでしょうか。給与報告のミス防止研修という程度であればそうかもしれませんが、意外と広い分野を事務職員は学んでいると思います。学んだことを反芻し、自校の課題に合わせてアウトプットしてみましょう。その編集過程で、最初に学んだときより自分自身の理解も深まっていると思います。「学び合いツール」としての相乗効果ですね。また、ただ配付するだけではなく、会議や研修のときにかんたんな説明を加えながら配付すると効果が高まります。さらに、配付という方法以外にも拡大プリントをして、コピー機や印刷機の前などに掲示することも効果的です。コピーや印刷をしているとき、何もない壁を眺めていた経験はありませんか？　そこに事務だよりが貼られていたら自然と視線が流れるでしょう。何度も読めば、知識も定着します。ほんの数秒、数分が「学びの場」へと変化します。

保護者・地域向けの場合でも、PTAの会議や学校運営協議会などの議題に合わせた事務だよりをつくり、それに沿った学び合いの時間を設けるとよいでしょう。それぞれの会合で研修の時間などが確保できれば、そのレジュメに早変わりします。研修資料は「学び合いツール」の代表です。たとえば、特集「学校のお金」などは保護者・地域とも繋がりやすいと思います。ほかにも施設や設備、備品なども効果的です。大切なことは、情報の提供だけではなく、それをきっかけとした「学び合い」の生成です。学校給食費や補助教材費などの金額を知らせるだけではなく、それが決定される経緯や徴収の必要性、課題などにも触れると学び合いのきっかけになると思います。そして、保護者・地域のリアルな声を聞けるチャンスにもなり、こちらの学びも深まります。また、特集「就学援助」も制度を学んだ知識を好循環させることにより、必要なひとへ必要な情報を届けること、制度の正しい理解により、利用者に対するスティグマ（負の烙印）や後ろめたさなどを払拭させることにも繋がる期待がもてます。ほかにも、特集「奨学金制度」や「教育扶助制度」でも近い現象が期待できますね。

子ども向けの場合、学校施設や設備に関する情報提供から総合的な学習の時間や生活科、社会科などの授業とコラボレーションが可能です。たとえば、消火器の場所や使い方、水道を中心とした水の流れ、放送設備の仕組み、電気やガスなど、自分たちの学校について学ぶこと＝生活科の単元「学校探検」にも繋がります。さらに、施設設備を広く捉えれば防災教育に繋げることもできそうです。社会（地理的分野）や保健体育（保健分野）、特別活動にもその単元があり、学び合いに加わることができそうです。このように「学び合いツール」としての意義から、子どもたちとの学びを生成することができます。また、児童会や生徒会などと共同で学校アンケートを企画し、修繕の要望や物品の更新などに役立てることができれば、相互の学びが実現できるでしょう。

意義3 「コミュニケーションツール」

「忙しい先生」と事務だよりを通したコミュニケーション……。書類の提出や訂正、書き方の説明などをお願いするだけもたいへんだし、言ってもわかってくれないし、それならいっそのこと事務室に引きこもっていたほうが気楽です。保護者・地域、子どもとのコミュニケーションは緊張してあまりできません。 **（滋賀県・5年目）**

続いて、「コミュニケーションツール」としての意義を考えます。

事務職員は基本的に単数配置職種であり、管理職でも授業者でもないというニッチな位置から、職員や保護者・地域、そして子どものなかでも存在が孤立してしまうことが多いですよね。そのため、積極的なアプローチをしていかないと、それは高まる一方です（意義４「自己（事務職員）アピール」にも通じることです）。そして、重症化すると職種の分断や事務室の孤島化が起きてしまい共同・同僚性も低下します。

事務職員は職員会議に参加しなくてもだいじょうぶ、校内研修は教員向けの研修だから事務室で留守番していてほしい、運動会は職員室が手薄になるからそっちで仕事よろしく――、そんな話を聞いたことありませんか？　この現象は、事務職員という職種（職域・職務）の理解が不足しているからだと考えます。また、事務職員自身もそれでよいという自己理解から起きる現象でもあります。そんな自己理解をしたいわけではないけれど、大多数の教員に押されてしまい諦めるというパターンもあるでしょう。しかし、その状態から抜け出す努力も必要です。事務職員の活躍が、「子どもの未来を左右する！」とまでは言い切れなくても、決して留守番要員ではありません。そのためには、積極的なコミュニケーションからお互いを理解し合うことが第一歩だと考えます。それには、「天性のコミュニケーション能力が欠かせません！」という属人性にだけ頼るのではなく、事務だよりを「コミュニケーションツール」として活用する方法があります。これは、同僚性を育むための実践として意義づけることができます。

忙しいから読んでくれないかもしれない――ではなく、読んでもらえそうな話題を提供することが必要です。「コミュニケーションツール」としての事務だよりでは、「お願い」や「学びの提供」だけではなく、読者からの要望にこたえたり、仕事とは関係ないことでも話題が広がるようなネタを仕込んだりすることが必要です。仕事中にもかかわらず、仕事と関係ない内容を載せることに抵抗があるかもしれません。しかし、それにより同僚性が育まれると考えれば、それは立派な職場環境づくりの実践です。職員向けなら、図書紹介を載せたり、お気に入りのショップやレストランを紹介したり、簡単な旅行記やコラムを載せてもよいと思います。そこからコミュニケーションが生まれること間違いなしです。

保護者・地域向けの場合、学校だよりに校長が巻頭文を書くようなイメージで事務だよりの巻頭文を書いてみてはどうでしょうか？　事務職員が学校を代表して文章を書くことはなかなかありません。事務だよりなら事務職員発ということもあり、巻頭文を担うハードルも下がるでしょう。事務職員から思いを伝えることでコミュニケーションのきっかけがつくれると考えます。年に数回でも普段思っていることや考えていることを発信してみるとよいかもしれません。

事務室は玄関口に近い場合が多いと思いますので、バックナンバーをチラシストッカーに置いたり、部屋の付近に掲示したりしてもコミュニケーションのきっかけになるかもしれませんね。この方法は、保護者・地域向けだけではなく、子ども向けでもその効果はありそうです。特に子どもとのコミュニケーションを図るためには配付だけではなく、掲示が効果的です。思い切って事務だよりを壁新聞にしてみましょう。内容にもひと工夫を加え、子どもとのキャッチボールを意識することが重要になってきます。ボールを投げる（＝たとえば、水道光熱費クイズを出す）と同時に、ボールを受け取る仕掛け（＝解答の仕方など）、そして再度投げ返す（＝正解の掲示など）というような継続性を意識するとコミュニケーションの機会も増えていくと思います。

意義4　「自己（事務職員）アピールツール」

ひっそり仕事をしたい。縁の下の力持ちといってくれるだけで満足です。あまり責任のある仕事はしたくないし、責任も取りたくない。事務職員の仕事として重要なことは、給与が正しく支給されること、福利厚生を周知することだと思う。だからその程度の事務だよりでじゅうぶんだと思います。

（愛媛県・25年目）

最後に、「自己アピール＝事務職員アピールのツール」という意義です。

冒頭で触れた「事務だよりは余計な仕事」――それでも、職員向けに給与や福利厚生について情報を発信することくらいは意味があると思っているひとは多いのではないでしょうか。しかし、ここまでの整理で、単なる情報発信だけではなく、学び合いを育んだり、コミュニケーションを図ったりすることができる意義を述べてきました。最後は、自己（事務職員）の価値を高める効果です。

事務だよりは、職員や保護者・地域、そして子どもに事務職員が学校で働いている価値をアピールできる絶好のツールだと考えます。多くの場合、「職員」＝存在＋職域の一部、「保護者・地域や子ども」＝存在の一部という程度くらいしか認識されていないかもしれません。確かに、保護者・地域や子どもに向かって事務職員をアピールできる機会は少ないです。受動的な仕事だけをしていたらまったくないといってもよいかもしれません。そのため、事務だよりの活躍が期待できます。

保護者・地域や子ども向けでは事務職員の職域＝仕事紹介から始めるとよいと思います。まずは、仕事の内容を知ってもらい、学校で働く価値を意義づけていくことに繋げられます。職員向けでも、その効果はあると考えます。また、職員向けの場合は自分の強みをアピールしてもよいでしょう。仕事に直結する強み（税制度や会計処理など）のアピールはもちろんのこと、法律やICTなどに強みをもった事務職員も多いと思います。教員と事務職員では学んできた領域も違います。教員の大多数は教育学部を卒業していますが、事務職員はそうとも限りません。むしろ、他学部のほうが多いでしょう。その知見を学校教育に生かすという考えも可能です。たとえば、著作権と教育活動は繋がりが強い事象です。最近では学校に特化した書籍も出版されていますが、どうしてもケースバイケースということが多いです。法律が得意な事務職員がそのあたりをフォローすることで事故を防ぐこともできるでしょう。それにはやはり「法律が得意である」というアピールが必要です。自分の強みを整理して発信していくこと、それを担えるのが事務だよりです。

以上のように意義づけをすることで、事務職員が趣味で事務だよりをつくっている——というイメージではなく、事務職員が扱う情報を効果的に発信し、それにより教育活動に深みを与えることができると考えます。そして、再三述べていますが「余計な仕事」という位置ではなく、事務だよりの発行は、事務職員に求められる校務分掌として確立し、職員や保護者・地域、そして子どもに向けた発信を標準的な職務内容へと高めていくことが必要だと考えます。このことにより、内面性が強かった学校事務領域の情報が広く発信され、社会的にも有益な情報として共有されていくことで学校教育の発展にも繋がると考えます。

第2節

つくる準備と配付する準備

❖紙面をイメージしよう（つくる準備）

「たより」ってことは文章＝ワードでつくるのがいいんでしょうか？　パワポのほうが自由度高いかな……。タイトルを付けている事務だよりもあるけど、シンプルに「事務だより」でもいいかな。事務室のプリンターはA4印刷が限界だから、A4縦にしたけどなんか普通の文書っぽいんですよね……

（福岡県・2年目）

最初は作成するソフトウェアを決めましょう。

たとえば、オーソドックスな文書作成ソフトがあります。文章を打ち込むためにつくられたソフトです。これで事務だよりをつくっているひとは多いと思いますので、第3章のレイアウト編でもその使い方や役立つ機能を紹介しています。また、本書の付録（テンプレート）も文書作成ソフトを使用しています。ほかには、表計算ソフトやプレゼンテーションソフトをつかっているひともたまに見かけますね。両者に共通することは、自由なレイアウトを比較的容易に実現できるというメリットがあります。ただ、自由度が増すということはそれだけレイアウトのセンスも必要になります。プロ並みのデザイナー事務職員は、高度に画像を扱うイメージ編集ソフトや新聞などの割り付けをするDTPソフト（Desktop publishing soft）も使っているかもしれません。しかし、このあたりになると事務だよりの編集能力というより、パソコンソフトの操作能力が必要になってきます。

もちろん、ソフトウェアを使わない方法もありますね。最近では減ってきているように思えますが、紙とペン、シールやスタンプなどを使った手書きの事務だよりにも出会います。それは、オリジナリティとパーソナリティにとんだ事務だよりが多いですね。――大事なことは「何を使うか」ではなく「何をどのように伝えるか」です。使いやすいツールを選んでみましょう。

次に、タイトルや紙のサイズなどを考えます。

タイトルは、保健だよりや給食だよりのように「事務だより」という選択もありですが、「学校だより『○○○○』」のようにタイトルを別に付けると親しみがわくと思っています（「小谷場中だより」というネーミングもありますが、「青中校報」や「むくの木」などもあります)。ほかにも、給料日にあわせて配付しているから「給料日通信」、月に1度の配付だから「事務室月報」というタイトルもありですね。事務だよりの特集内容によってタイトルを変えるのもありでしょう。たとえば、お金の特集は「財務だより」としたり、施設設備では「工事改修だより」としたりするタイトルが考えられます。いずれにしても、事務職員からの配付物という印象を与えやすく、呼びやすく、そして親しみやすいタイトルを考えましょう。

紙のサイズも意外と重要です。AサイズにするかBサイズにするかという段階から選択します。A3判は情報量が多くなり、A5判では少ないかもしれません。それによって基本的な文字の大きさを決めたり、特集する内容をいくつ盛り込めるのかも決めたりします。A5に1,000文字も入れたら約款のように読みづらいし、A3に500文字では緩すぎます。しかし、適正な情報量というのはひとそれぞれですし、感覚も違ってきます。それでも、主観ですが紙面をパッと見たときに少し余白が気になるな――くらいだと「読みやすい」という印象を与えることができるかもしれません。そのため、欲張り過ぎずに書きたいことをじょうずにまとめられるサイズ、自分がまとめやすいサイズ、それをみつけることが重要になります。

事務だよりは、ホッと一息をつくときに読まれることが多いです。紙面が窮屈では読みたくなくなるし、安楽すぎてもマイナスイメージを与えてしまう恐れもありますので注意しましょう。A判ならA4、B判ならB4かB5が一般的かもしれませんね。最近では国内規格であるB判から国際規格のA判が主流にもなっています。このあたりも考慮して決めるとよいでしょう。また、サイズを決めたらその紙を縦置きで使うのか、横置きにするのかという選択もあります。置きかたでも印象がだいぶ変わります。いろいろ試してみることをお勧めします。

もちろん、紙ベースの配付にこだわる必要はありませんが、サイズ選択が無関係かといえばそうではありません。データ配信でも受信者のモニタ(タブレット)サイズなどにより、読みやすさが変わってきます。印刷する手間は省けますが、ただメールに添付して送ればよいというものでもありません。また、スマートフォンでも読みやすい事務だよりという課題にも対応していく必要がありますね。受け取り側の環境も考えて選択してみましょう。

最後に内容(題材≒ネタ)の準備です。当然ながら、相手があり読んでもらうという気持ちで書くことが大切です。相手のことを考えずに、自分の言いたいことばかりを特集していると読者は離れてしまいます。客観的な視点、読者視点で内容を考えることが必要です。しかし、慣れていないとなかなか難しいのは事実です。そのため、ほかのひとがつくった事務だよりから学ぶ方法、校内外でアドバスしてくれるひとを探すという近道もあります。共同実施で相談してみることや共同学校事務室として共同編集すること、仲良しの同僚や保護者にお願いできたらいろいろなアドバイスをもらえるかもしれませんね。本書第2章も参考にしてください。

❖事前にできること、するべきこと（配付する準備）

異動してすぐにつくった4月号、事前に相談しないで配ったら校長が怪訝そうでした……。事務だよりも決裁を経たほうがよかったのでしょうか？　配りかたも含めてコッソリやりたかったんですよね。机上に配付して回る作業もちょっと恥ずかしいです。

（徳島県・30年目）

事務だよりの管理職決裁ですね。これはたまに聞かれます。たとえば、保健だよりや給食だよりではどうでしょうか。――決裁を通しますね。学級だよりでも同じだと思います。それは、発信対象が職員以外の保護者・地域や子どもだからです。学校から外に発信される＝すべて校長の責任下による行為です。そのため、当然決裁が必要だと考えますので、そのルートを確認しておきましょう。それでは、「職員向けでも決裁が必要なのか？」という疑問が生じると思います。このあたりは、学校（校長）にもよるでしょう。「給与明細といっしょに毎月配付しますね」という声掛けをして、そのときの雰囲気から察したり、様子をみていたりしてもよいかもません。内容のチェックというより、配付の了承ですね。それくらいは事前に話しましょう。もちろん、文章表現や誤字脱字などのチェックを受けたいと思うのならば、事前の決裁もプラスに捉えられますね。

決裁が済んだら、配付の方法を考えます。前節でも少し触れましたが、職員向けなら印刷して机上に配付したり、メールに添付したり、掲示板に載せたりするなどの方法があります。また、配付の時期も考えましょう。給与明細と同時、完成したら直ぐ、月初、月末などといろいろなパターンが考えられます。なるべく決まった時期に配付するほうが定期的に発行している感じが出るし、たのしみにもしてもらえるかもしれません。週刊誌のようにはいかなくても月刊誌くらいの定着はあってもよいかもしれません。定期的＋臨時や増刊号を発行してもよいと思います。

保護者・地域向けの場合も紙ベースの配付やメールへの添付が考えられます。また、ウェブサイトやSNSを利用した発信の方法も可能でしょう。子ども向けでもGIGAスクール構想により一人一台の端末が実現していることから、同じような方法が可能です。ほかにも、すべての対象を通じて壁新聞という方法があります。壁新聞はほかの方法と違い、複数人が同時に読むことも多く、話題が広がるというメリットが考えられます。それぞれの学校で効果的な配付方法を見つけて実践してみましょう。

最後に意外と重要な準備について触れておきます。それは、心の準備――反響がないときの〈心の準備〉が意外と重要なのです。ここで述べてきたように「意義」をしっかり考え、「準備」も万全な状態で配付できたとしても、反響がないことはそれなりにあります。いや、けっこうあるといってもよいかもしれません。リリース後の数日はドキドキすること必須です。「読んでないのかな〜」、「つまらなかったのかな〜」など、不安になったり悩んだりすることもあるでしょう。でもだいじょうぶ――「反響がない＝読んでいない、つまらない」ではありません（きっと）。

勇気を出して「事務だよりどうだった？」と聞いてしまうのもよいと思います。事務だよりにどんな反応をしたらよいか迷っている可能性もありますからね。継続していくことで定着し、馴染んでいくと思います。そして、その定着が進むとまた反響が乏しくなることもありますが、その繰り返しです。

継続は力なり、最初の反応はうれしいものですよ。続ける活力にもなりますね。心の準備に完成はありません。備えあれば憂いなしとはいいますが、まずは「つくろう！ 事務だより」という気持ちでチャレンジしてみてください。

[コラム]

事務だよりの「いままで」と「これから」

「事務だより」は、学校だよりや保健だより、給食だよりとは性質が大きく異なります。それは、発行が〈任意〉となっている点です。もちろん、学校だよりなども法令で〈強制〉されているものではありませんが、一般的には〈必ず発行する〉という認識が校内外にありますね。加えて、保護者や子どもに向けた配付物となっているそれらに対して、事務だよりは〈職員〉がおもな対象です。ここにそれぞれの職種による業務の違いが影響しています。たとえば、養護教諭＝学校保健、栄養士＝学校給食とされ、その業務が向かっている先に保護者や子どもがいるからです。

それでは事務職員の業務とはなんでしょうか。巻頭で整理した「手書きガリ版期」（第1期）の時代は、給与事務に多くの時間を割いていたと考えられます。そしてその業務は、内部的な業務であり、その先には職員がいます。しかし、時代は変わり文部科学省が示す事務職員の「標準的職務内容」（＝業務）では、給与事務に留まらず、保護者・地域や子どもとかかわる業務も広く想定されていますね。これからは、伝統ある「職員向け」とあわせ、「保護者・地域向け」、「子ども向け」も求められる時代になっているといえます。本書を参考に、発信対象を広げていただければ幸いです。

第2章

Chapter 2

つくってみよう！内容編

事務だよりビギナーがいちばん悩むこと、それは扱うネタではないでしょうか？　「どんなことを書けばいいんだろう？」、「こんなことを書いてもいいのかな？」、「定期発行を宣言しちゃったけどネタが続くかな」――実際に、このあたりの相談は多いです。

この章では、わたしが発行してきた「事務だより」の現物を内容別、発行時期別、対象読者別（職員、保護者・地域、子ども）に整理し、それについて内容の説明などを加えました。真似をしてみたり、アレンジを加えてみたりしていただければ幸いです。

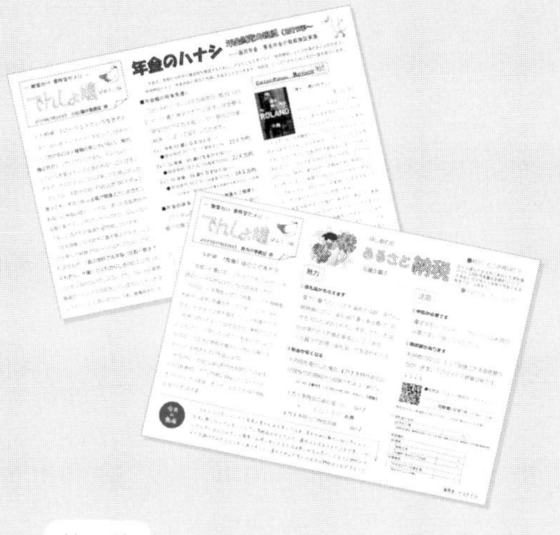

第1節

「職員向け」をつくろう！

第2節

「保護者・地域向け」をつくろう！

第3節

「子ども向け」をつくろう！

第1節
「職員向け」をつくろう！

1　給与や旅費、福利厚生から始めてみよう

事務だよりをつくるきっかけといえば「給与・旅費、福利厚生」について周知したいことがあるから——というひとも多いでしょう。もちろん、第1章で説明したように校内のオンライン掲示板を活用する選択肢もあります。しかし、学校はまだまだ情報を「たより化」する文化がありますので、事務職員からの連絡を「たより化」＝「事務だより」とする風潮も残っています。そして、事務だより文化を定着させたのは「給与・旅費、福利厚生」という領域ではないかと考えています。

この内容は、個性が出しづらいこともありますが、逆に普遍的な内容を扱えますし、批判されることもないでしょう。また、この領域を扱った事務だよりは多く、他校の実践を参考にできますし、職員にとっても身近な内容であるため、反響も期待できそうですね。

» 2021年4月号（Vol.173）

人事異動により、通勤手当が変更になる職員は多いです。公共交通機関を利用しているひとは、その手当額を理解しやすいですが、自転車や自家用車の場合は説明が必要ですね。そのため、ここでは認定距離と手当額の関係を紹介しました。

» 2018年1月号（Vol.134）

旅費予算の仕組みを説明しました。特に、旅費も公費であり予算があるということ——足りなくならないように計画することは必要ですが、イレギュラーな事例（今回は、部活動の上位大会進出）に対する事務職員の仕事も説明しています。

ほかのネタやコメント

- 給与明細の見方や各種手当の支給要件／人間ドック事業や保養施設の紹介
- 医療費、療養費、掛金などの説明／旅費支給に伴う計算方法や制度変更の周知

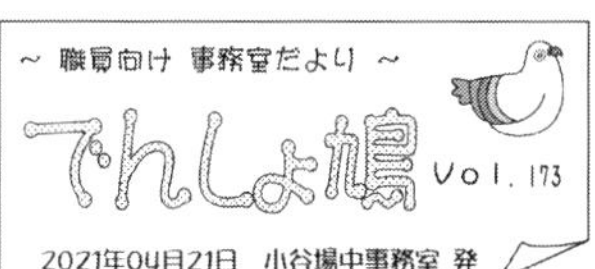

～ 職員向け 事務室だより ～
でんしょ鳩 Vol. 173
2021年04月21日 小谷場中事務室 発

4月号 残留ごめんなさい……

──小谷場中ラストイヤーです。自己紹介でも話しましたが、7 年目となりました。この仕事を始めて 20 年目になりますが、初めての限界年数です。4（小）・6（中）・3（小）と渡ってきました。

最年長者からのお願い──、覚えていますか？再掲はしません。もうアレだけでいいので、協力してください。ラストイヤーをね、気持ちよ～く過ごしたいんです。

さて、ライフワークと化している「事務室だより」づくりも、月 1 発行で 16 年目になりました。

編集のコンセプトは、「読まなくても損はしない（かもしれない）けど、読んだら得をする（かもしれない）情報のサワリをサラリと紹介すること」です。給与明細の配付に合わせて『でんしょ鳩』を発行し、いろいろな情報を発信していきたいと考えています。「どうしても読みたくないんだな」と感じた人以外には、毎月同封 or 配信します。

知っていますか？ 通勤手当のしくみ

新しく着任されたひとには「通勤届」を書いてもらいました。少しだけその根拠を示しておきます。

■通勤手当の支給：職員の給与に関する条例 10 条
■通勤届の記入等：通勤手当に関する規則 12 条

そして、同規定により通勤届は事実発生日（着任や引っ越しの日）から 15 日以内に提出がない場合はその月の手当てを支給できません。

通勤手当（車やバイク、自転車の場合）は──

（認定距離－2）×550【毎年変動】＋2,000 円

この式に当てはめて計算します。認定距離を知りたいひとは事務室までお越しください。

Carrier-Pigeon Review 126

「コロナ禍が変える日本の教育」

編：NPO 法人「共育の杜」

編著団体の詳細は QR コードを参照→→→
→→→→→→→→→

本書のコンセプトは、「コロナ禍によって突然、現場にもちこまれた小・中・高校の一斉休校。現場からあがった声がコロナ後の教育の展望を語る」──とされている。そして、文部科学省担当課長、教育長や校長、さまざまな職種の教職員や保護者、総勢 22 名が執筆。

もうお気づきだろうが……学校事務職員を代表してわたしにも執筆依頼があったわけである。

「コロナ禍から考えるポストコロナ時代の学校事務──教育現場における財政と子どもの就学保障を視点に」という文章を寄せた。「飛散防止対策が自分を守ることに置きかえられ、利益を受けるのは子どもたち自身というロジックから受益者負担論が正当化されていく恐れ」（p.121）に対する警鐘も含めた。 事務室 やなぎさわ

自動振替登録者の引き落とし額一覧表

（単位：円）

費用名	5月	6月	7月	8月	9月	10月	11月	12月	合 計
学校給食費	6,500	6,500	6,500	6,500	6,500	6,500	6,500	6,500	52,000
睦会費	6,000	6,000	6,000	6,000	6,000	6,000	6,000	6,000	48,000
手数料	10	10	10	10	10	10	10	10	80
合計	12,510	12,510	12,510	12,510	12,510	12,510	12,510	12,510	100,080

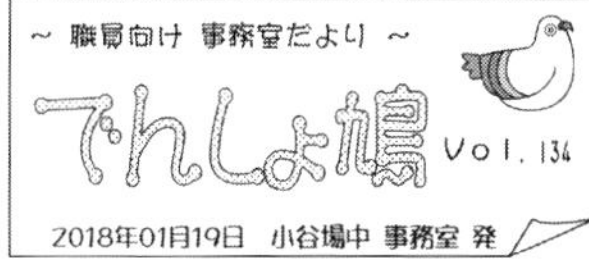

～ 職員向け 事務室だより ～
でんしょ鳩 Vol. 134
2018年01月19日 小谷場中 事務室 発

1月号 新年あけました！

保健室の掲示板をご覧ください。「1 月 2 日」がどんな日なのか、分かります。

それはさておき、ここ 10 年くらい「新年あけました！」って実感がありません。きっと、20 年くらいテレビというメディアに「今年終わります！ そして、新年あけました！」という感覚を押し付けられてきたんじゃないかと考えました。

年末は「紅白見なきゃ」、年始は「仮装大賞見なきゃ」という刷り込みですよね。そして、「ゆく年くる年」で新年を迎えるか、「ジャニーズ」と迎えるか、悩んでいたわけです。それがここ 10 年、テレビにさよならを告げてからは「普段の休日と同じ年末年始」を過ごしていますので特別感がなくなりました。──良いか悪いかじゃなくて、進化なのか退化なのか思いに耽けた、ということです。あ、紅白は白組が勝ちましたね！ それは知っています（笑）。

本当の旅費の話をしよう！

ご存知のとおり、あんまり給与旅費のことは書きませんが、旅費も予算配当されている公費の一部です。──予算が無ければインクは買えません、予算がなければ出張は行けません。

旅費にも予算がある

まず、小谷場中の旅費配当予算は、75 万円です。この予算で年間の旅費を支給します。

大きな出費としては、修学旅行引率のための旅費 24 万円ですね。次いで、水上 6 万円、イバライド 2 万円という感じです。

75 万－（24+6+2）÷12 月÷15 人＝2 千円

毎月ひとり 2 千円の配分となります。ちなみに、小谷場中からの旅費は以下のとおり。

・市教委 車 560 円 電車 530 円 自転車 200 円
・市民会館おおみや 車 866 円 電車 530 円
・総合教育センター 車 2,342 円 電車 2,332 円

小谷場中の執行状況

事務室では年に 3 回、執行の状況を教育事務所に報告しています。現在、48 万円執行し年度末までの執行見込みは 46 万円です。

あれ、足りないよね。

必要性を訴え、要求します！

20 万円ほど足りません。これは、校長先生（旅行命令権者）が悪いんじゃなく、テニス部の関東大会＆全国大会分とイコールなんです（もちろん、テニス部が悪いわけでもありません）。

そのため、引率人数や現地指導を想定し、必要性などを訴えながら追加予算を勝ち取るのです（ちょっと大袈裟（笑））。

Carrier-Pigeon Review 88

「ブラック部活動」

著：内田 良

著者は、金髪の准教授である内田良。ブラックとはあるが、部活動を否定している本ではない。

問題を整理して無理なく続けていくためのエビデンスに基づいた提言がされている。また、教員の声と合わせてその家族の声も掲載され、現場で語られる以外の「部活動」もみえてくる。 事務室 やなぎさわ

2 書類の書き方や休暇・休業の制度を周知してみよう

給与や旅費、福利厚生と並び、服務に関することも扱いやすい内容だと思います。

職員が書く書類といっても退職願や育児休業手当金請求書など、対象者が限られていたり、滅多に扱わなかったりするものは、事務だよりで扱う必要はありませんし、その価値は低いです。しかし、旅行命令簿や年休簿、各種休暇願などは全職員が対象であるため価値は高くなるでしょう。1度つくってしまえば、様式に変更がない間は永久保存版として使いまわしも可能です。

休暇・休業制度は、当たり前ですがその制度を知らないと利用することができません。福利厚生に近い意義もありますが、労働者の権利を行使するための手助けとして、事務職員が活躍できる部分であるとも考えられます。積極的に周知していくツールとして「事務だより」でわかりやすく紹介してみましょう。

この内容も普遍的ですし、批判も考えられませんし、職員からの反響も期待できます。事務だよりビギナーから扱える内容ですね。

» 2022年9月号(Vol.190)

旅行命令簿の書き方を紹介しました。それに合わせて、誤りが多い部分を注意点としてあげ、その修正に伴う事務職員の負担を明示しました。働き方改革の流れもあり「ムダを省く」ことは書きやすくなっていると思います。そして、じつは来年度には「手書き」がなくなる——という情報もサラッと載せました。旅行命令簿フォルダに入れて保管してくれている職員もいます。

» 2023年2月号(Vol.195)

休暇・休業制度のなかでも子育て、看護、介護に関するものを選んで載せてみました。子育て世代や産休育休者が多い学校であり、全体に周知しました。「対象者が限定的な内容は価値が低い」と前述しましたが、この場合は「対象者」以外にも制度を知ってもらうことで対象者が休みやすい職場環境を整備したい——というもうひとつの目的があります。

ほかのネタやコメント

- **長期休業の直前に「動静表の書き方」や「研修承認願の書き方」**
- **旅行に伴う「復命書の書き方」**
- **旅行命令などがオンライン決裁になっている場合は、その入力方法**

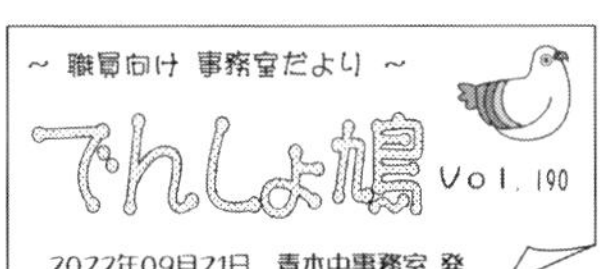

9月号 文部科学省の概算要求 2023

文部科学省は、8/30 に来年度概算要求を財務省へ提出しました。概算要求書を確認すると各省庁が示す政策（課題の認識）の方向性がわかります。

たとえば、ひとつの目玉政策としてスクール・サポートスタッフ（教員業務支援員）の増員があります。この人件費として、2.3 倍となる 103 億円（24,300 人分）が要求されています。また、10 億円を計上し、「新・校務支援システム」のモデル事業（働き方改革の実現）も始めたいようです。

以上のことから〈教員の負担軽減〉がひとつの目玉政策になっていることがわかります。

これからが正念場、財務省との折衝です。

※ほかの主要事業は別の機会に紹介します。

もういちど確認―― あらためて確認――

旅行命令簿

――書き方 ――注意点

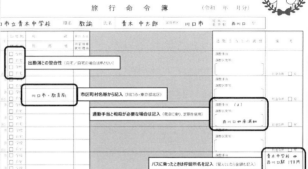

よくできました

旅行命令簿（令和 年 月分）

□市立青木中学校 職名 教諭 氏名 青木 中太郎 川口市 西川口

- 出勤簿との整合性（自宅／自宅の場合は押さない）
- 川口市・教育局 ― 市区町村名等から記入（川口市・東京都北区）
- 通勤手当と相殺が必要な場合は記入（電車に乗り、定期を使用）　西川口⇔南浦和
- バスに乗ったときは停留所名を記入（覚えていたら金額も記入）　青木中学校⇔西川口駅 198円

【業務負担削減と逆行あるある】（ムダな時間）

- 自宅発着なのに出勤簿**押印**　訂正の時間がロス
- 用務地に市町村名が**ない**　調べる時間がロス
- 用務地の最寄りバス停**不明**　調べる時間がロス

■突然の「旅行命令簿」書き方講座……

■それには深い訳があります……

■実は、「旅行命令簿」の記入もあと 1 年……

■2023（令和 05）年 10 月からは……

■統合型「校務支援システム」がドーンと導入……

■半オートで打ち出し形式になる……予定です☆

「今月の飯塚」のこの配置のように、どんな場所でもすみっこにいるとなぜか落ち着くので、「すみっコぐらし」にシンパシーを感じています。事務室だよりのすみっこが好きな「こんげつのいいづか」として「すみっコぐらし」デビューしたいのですが、やはりオーディションなどを受けて合格しないといけないのでしょうか。なんだか今から緊張してきました。

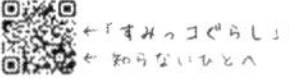

事務室 やなぎさわ

~ 職員向け 事務室だより ~

でんしょ鳩 Vol. 195

2023年02月21日 青木中事務室 発

2月号 大好評！ オンライン研修室

先月からオンライン研修室 兼 小会議室 兼 休憩室 兼 赤ちゃんルーム（？）――など多岐に使用できる部屋をオープンしました。

基本的には「オンライン研修室」として、Wi-Fi を始めとし、机や椅子、ライト、ファンヒーターを設置しました。小会議室としても使えるようにパイプ椅子も数台用意してあります。

業務だけでなく、休憩室としても使えるように応接チェア、赤ちゃん連れでも OK――畳も敷いてみました。どう使うかは使うひとの工夫次第！

約束事は定めていませんが、オンライン研修を優先し、ほかは早い者勝ちでしょうか。

カギは事務室管理です。お声がけください。

もういちど確認―― あらためて確認――

――取得日数 ――取得事由

休暇に関しては、地方教育行政の組織及び運営に関する法律により埼玉県条例で定められています。しかし、服務監督者は川口市教育委員会であるため、届出の方法や様式が市町村によって違います。

■病気休暇【90 日】
- 負傷や疾病のため療養が必要な場合
- 連続する 8 日以上は「医師の証明書」が必要

■子育て休暇【子 1 人：07 日、2 人以上：10 日】
- 中学生までの子の看護や学校行事への参加
- 学校行事の場合は、「通知の添付」が必要

■家族看護休暇【03 日】
- 家族の負傷や疾病による治療や通院等の世話
- 基本的には同居／別居を問わない

■短期介護休暇【1 人：05 日、2 人超：10 日】
- 要介護者の介護や通院等の世話等
- 「要介護者の状態等申出書」の提出が必要

■出生サポート休暇【05 日】
- 不妊の原因等を調べる検査やその治療
- 人工授精等のために必要と認められる場合

□育児休業【子が 3 歳になる日の前日まで】
- 無給
- 育児休業手当金の支給（原則 1 歳の前日まで支給）

□部分休業【子が小学校に入る前まで】
- 1 日 2 時間の範囲（始業または終業から連続）
- 勤務しない 1 時間につき、その分の給与が減額

□育児短時間勤務【子が小学校に入る前まで】
- 1 ヵ月以上 1 年以下（延長可能）
  ①週 24 時間 35 分勤務（4 時間 55 分×5 日勤務）
  ②週 23 時間 15 分勤務（7 時間 45 分×3 日勤務）
  ③週 19 時間 35 分勤務（3 時間 55 分×5 日勤務）
  ④週 19 時間 25 分勤務（7 時間 45 分×2 日勤務）
  ＋（3 時間 55 分×1 日勤務）
  → ①～④から選択して申請する

□介護休暇【要介護者の介護が必要な場合】
- 6 ヵ月以内（最大 3 分割が可能）
- 勤務しない 1 時間につき、その分の給与が減額

□介護時間【要介護者の介護が必要な場合】
- 連続した 3 年間（始業または終業から連続）
- 勤務しない 1 時間につき、その分の給与が減額

遅ればせながらスラムダンクの映画を拝見させていただきました。スラムダンクについてはバスケの漫画であることと「あきらめたらそこで試合終了ですよ」等の名言くらいしか知らなかったのですが、かなり楽しめました。映画を見てから、巧みなドリブルとパスで相手を翻弄し、3P シュートまで軽く決められるポイントガードになった妄想ばかりしています。

事務室 やなぎさわ

3　研修報告を書いてみよう

出張による用務を終えたあと、その復命を義務づけている自治体も多いと思います（学校管理規則など）。特に用務が研修のときは、校長への復命のみならずそれを再利用して事務だよりをつくると、職員に対する研修レポートが仕上がります。

教職員研修は、おもに実務研修と理論研修に大別できます。実務研修では事務手続きに直結するようなこと（事務職員研修でいえば、諸手当の認定方法や注意点など）、理論研修では広く教育活動にかかわること（学習指導要領の改訂など）がその内容になります。後者は、事務職員だけではなく教職員全体にかかわることなので、事務だよりで扱う意義はあると思います。しかし、前者でも実務研修講師→事務職員という視点から、事務職員→職員という視点に再整理することで事務だよりとしての意義も出てくると考えます。

今回紹介する事務だよりのように「シリーズ・研修報告」という企画を立ち上げることで、作成者側の「継続的にやっていこう」という気持ちと、読者側の「定期的な研修報告が読める」という期待に繋がる効果が得られるでしょう。

» 2017年11月号（Vol.132）

研修報告――といっても、講師側の研修報告から入りました。秋はよく研修講師に呼ばれるので、留守中もしっかり仕事をしていることを伝えてみました。受講した研修は、虐待をテーマにしたものです。これは事務研究会が主催した研修ではなく、要保護児童対策地域協議会主催の研修です。希望研修でしたし、事務職員の参加はありませんでした。そのため、この事務だよりは校内に留めず、校外へも発信しました。

» 2018年2月号（Vol.135）

こちらは事務研究会主催の理論研修ですね。特別支援学校への視察体験を記事にしました。事務職員の研修は実務研修中心だと思われることが多いです。そのため、事務職員の理論研修にもこのような内容がその範疇として実施されていることや任命権者からの研修承認も下りていることを伝えたい思いがありました。

ほかのネタやコメント

- **「事務主幹研修」や「中央研修」といった特定研修を取り上げてみる。**
- **官制研修だけではなく、民間やサークル、学会への参加記などを書いてみる。**

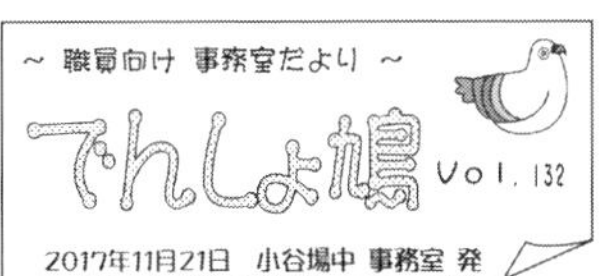

11月号 網膜炎×山形再訪×札幌

病名は、「中心性網膜炎」というらしいです。網膜の後ろから血漿が漏れて網膜が剥離する病気らしいです。右目よく見えません。その影響で左目の視力も低下中。長いと 6 カ月も続く難病。みなさん優しくしてください(；∀；)

そんな中ですが、1 年ぶりに山形へ行ってきました。昨年は山形市、今年は鶴岡市。やっぱり、「芋煮」が違うんです。しかも、懇親会 1 次会（ホテル）と、2 次会（料亭）でも違う。違いをたどっていくと歴史研究にも繋がる深さが「芋煮」にはあるようです。

恒例のちゃんと仕事している証拠写真 in 山形
講演、教育事務所長様にも褒めていただきました♪

あ、札幌のこと書けなかった(笑)。

シリーズ 研修報告

要保護児童対策地域協議会・研修会

「虐待をしてしまう親への対応」

講師：玉井邦夫氏（大正大学）

講演の冒頭で、「しつけ」から「虐待」へとつながる現象の説明がありました。

子育てをしていくなかで、だれにでも当てはまるケースにもかかわらず、さまざまな要因によって微妙にその軸が「しつけ」から「虐待」へ、ズレていく危うさがあるといいます。

そのために、あいだに入る人間（行政担当者や教職員）がその経緯や要因を十分に理解することが大切だとお話しされていました。

虐待に至る家族システムの病理現象

①ストレス連鎖の固定化
②コミュニケーションの歪み
③世代間境界の運用の歪み
④家族外ネットワークからの孤立

以上のような要因をあげていましたが現象にいたる理由は、「すべては『家族・親子』であり続けようとする求心力から始まっている」という整理があり、なんともやりきれないせつない気持ちになりました。

児童虐待へのサポートは「懲罰」ではなく、どこまでも「ケア」でなくてはならないという講師の言葉には、児童虐待と数十年関わってきた重みと、強い信念を感じました。

児童虐待には様々なネットワークによるサポートが不可欠です。あらためて、学校ではなにができるかを考える必要があるでしょう。

虐待かなと思ったら……

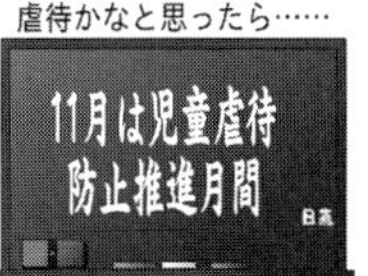

オレンジリボン

☎189
〈いちはやく〉

教職員には通告義務、早期発見に努める義務があります

最後に講師は、「どうせ何もしてくれない」「親との関係が崩れる」など、このような〈通告へのためらい〉の見直しを訴えていました。

事務室 やなぎさわ

2月号 インフルエンザにおもう

2 年連続インフルエンザを患ってしまったコトを箇条書きで述べたいと思います。

- 木曜日、次男がインフルエンザ B 発症。
- 夜に父も 38.8 度の発熱。
- 熱は翌日に下がりました（38.8→37.5）。
- 医者には行きました（陰性）。
- スゴイキットだからホントに陰性と念押し。
- 金曜日は新年会だったんですがキャンセル。
- 土曜日にも熱が下がらず（37.8）。
- 日曜日の予定をキャンセルして病院へ。
- 休日診療で 180 分待ち（まるで TDL）。
- 月曜、火曜と次男は感染防止休暇。
- 父は熱下がらず、再々度病院へ。
- インフルエンザ B の陽性反応。
- イナビルが処方され、その夜に解熱。

今年の目標は免疫力向上！！ 免疫力のヤナギサワって呼ばれるように頑張ります☆。

シリーズ 研修報告

川口市事務職員会・管外研修会

―― けやき特別支援学校を視察記

講師：細谷忠司氏（校長）

けやき特別支援学校は埼玉県立小児医療センターの中にある学校です。埼玉県では唯一の病弱特別支援学校として、病弱教育を推進しています（俗にいう、院内学級ならぬ院内学校）。

さいたま新都心にある本校は、「小児がん」などの小児医療を担当し、伊奈にある分校は精神医療センター内におかれ、小児精神疾患を担当しているそうです。

年間 200 人前後の転出入（入退院）があり、現在は両校で 70 人程度の子どもが在籍し、授業がおこなわれています。

入院中でも勉強が遅れないように、検査の時間以外は学習の時間に充てられるカリキュラムが組まれていました。「究極の個に応じた学習プログラム」であり、滅菌室に消毒された教材をもって、消毒された教員が授業をすることも日常だそうです。

部活動手当増額！

年末に少し話題にした、部活動手当の増額ですが、無事に規則が変更され「1 月の実績」から増額されます。

正式には（興味ないかもしれませんが(笑)――）「学校職員の特殊勤務手当に関する規則」が改訂されました。

- 普通の部活動 3,000 円から 3,600 円
- 学総などの大会 4,250 円から 5,100 円
- 修学旅行や水上 4,250 円から 5,100 円

2 時間程度 1,800 円という区分は実現しなかったようです。

事務室 やなぎさわ

4 学んだことを還元してみよう

研修報告との違い——確かにわかりづらいですね。まぁ、同じように思われても問題はありません。本章は事務だよりの内容区分を定義することがねらいではなく、内容のアイディアを提供することにあります（こんな説明も不要ですね）。だから、どのように理解されてもOKですが、いちおう定義づけしておきます。

研修報告はあくまでも出張を命じられ、用務として参加した研修の報告ですが、ここでは自ら行動したことによる学びを還元するという考え方です。

たとえば、前々ページ下で紹介したようなイベントから得た学び、ほかにも書籍などから得た学びの還元が対象です。こういった内容を特集することで、職員に「事務職員も勉強しているな！」という印象を与えることができます。教員は教員同士で学びかたの交流や研修ルート（初任者研修では○○を学び、5年次には△△を、××研究会では——というようなこと）を共有できますが、単数配置である事務職員のそれは、積極的に発信していかないと伝わりません。

事務職員の「学び」をアピールするためにも、積極的に挑戦してみる価値は高いと考えます。

» 2019年9月号（Vol.154）

SDGsですね。文部科学省でもその推進や取組事例が語られ、学習指導要領でも「持続可能な——」という文言が目立つようになっています。そして、当時の学校でも総合的な学習の時間をつかった取組がされていました。積極的なSDGs推進教員もいたので、コラボレーション的に特集しました。

» 2020年7月号（Vol.164）

著作権ですね。知的財産権のなかでも著作権に関しては特に疎いといいますか、完全フリーだと考えている教員は多いと思います。「著作権について学んでみた」という内容をきっかけにして、著作権保護の啓発もねらいとしています。技術・家庭科の授業でも著作権については触れますし、教育現場としても注意していきたいですね。著作権については以前も何度か特集していますが、今回はQ＆A方式に整理して学びを還元しています。

ほかのネタやコメント

学びの還元には「学び」が必須、少し背伸びした「学び」に挑戦してみましょう。

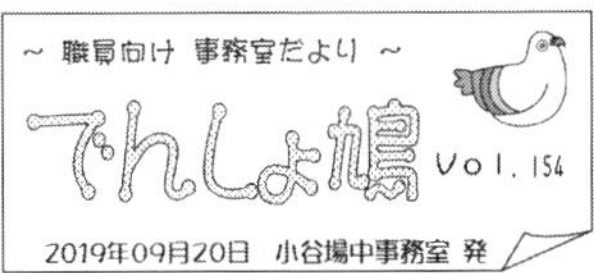

9月号 消費税が上がります

そんなこと言われなくても知っているよ。って言われそうですね。――でも、来月からですよ。ちょっとビックリしたんじゃありませんか？

コピー機のトナー21,600円が22,000円です。年間で10本買うと4,000円も増加します。ますますお金の使い方を考えていかなくてはなりません。増税分で予算が補正されたのは「ピアノ調律費」だけです。税別で1台13,000円なので、8%のときは1,040円が税金。10%になると1,300円となり、2%の増税分260円が補正されました。

あれ、確かに8%から10%は2%の増税だと、1,040円から1,300円って25%の増税だよね。

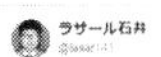

ラサール石井

もう少しわかりやすく。8%から10%に上がるのが2%上がるだけだと思っている人が多いが、1000円の物買って80円だった税金が100円になる。その差は20円。20円は80円の1/4、つまり払う税金は25%も上がっている。

【出典】ラサール石井@lasar141 9/1 15:29Twitter

MDGs → SDGs

Millennium Development Goals / Sustainable Development Goals

わたしのフィールドは地球！！ と言っているかどうか知りませんが(笑)、地球規模で活躍中の須賀さんに触発され、SDGs勉強中です――。

わたしもフィールドは地球！ と思っていたかどうか忘れましたが、約10年前の事務室だよりでMDGsを特集していました。MDGsは2015年に最終報告がなされ、成果と課題が発表されています。

たとえば、MDGs時代の目標「普遍的初等教育の達成」状況は以下の通りです。

◎成果◎

途上国の就学率80%（1990年）→91%（2015年）

15～24歳の識字率83%（1990年）→91%（2015年）

◎課題◎

途上国では、最貧困層世帯（下位20%）の子どもは、最富裕層世帯（上位20%）の子どもに比べて、初等教育課程を修了していない割合が5倍以上

【出典】The Millennium Development Goals Report（2015）

持続可能な開発目標（SDGs）とは，2001年に策定されたミレニアム開発目標（MDGs）の後継として，2015年9月の国連サミットで採択された「持続可能な開発のための2030アジェンダ」にて記載された2016年から2030年までの国際目標です。【外務省Webサイト】

SUSTAINABLE DEVELOPMENT GOALS

世界を変えるための17の目標

持続可能な世界を実現するための17のゴールから構成され，地球上の誰一人として取り残さない（leave no one behind）ことを誓っています。SDGsは発展途上国のみならず，先進国自身が取り組むユニバーサル（普遍的）なものであり，日本としても積極的に取り組んでいます。

以下、学校現場でも関わりの深いゴールを挙げてみます。

1 貧困をなくそう

3 すべての人に健康と福祉を

4 質の高い教育をみんなに

5 ジェンダー平等を実現しよう

16 平和と公正をすべての人に

10 人や国の不平等をなくそう

――ちょっと詰め込み過ぎましたね。機会があったら、各論も特集します。 事務室 やなぎさわ

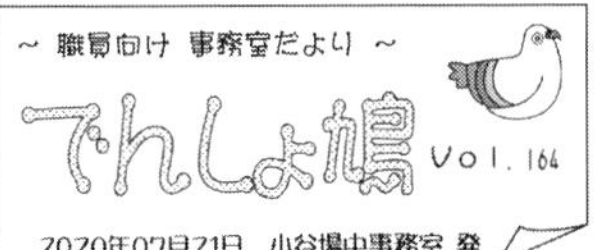

7月号 土曜勤務は疲れますね……

これを書いているのは、まだ1回目の土曜勤務が終わった週です。これを読んでいる頃は、あと1回で乗り切れる週ですね。お疲れ様です。

このように、土曜日勤務をさせたり、割増賃金をもらえなかったりすることが、なぜできるのか？ それは、「労働基準法」と「公立の義務教育諸学校等の教育職員の給与に関する特別措置法」（給特法）による作用です。

労働基準法のルール【1日8時間・1週40時間】それ以上に働かせる場合は、同法36条に基づく協定（サブロク協定）が必要です。しかし、公務員の場合、臨時に必要があるときは協定なしで休日に働かせることが可能です（33条3項）。ただし、割増賃金を払わなくてはいけません。――しかし（例外が多いんです。実は、もうひとつの例外は説明を省いています）、給特法に休日勤務の対価は支払わなくてOKと書いてあるのです（3条2項）。

知っているツモリの知的財産権

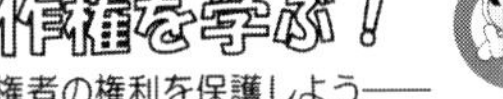

著作権を学ぶ！

著作権者の権利を保護しよう――

【参考：公益社団法人著作権情報センターWebサイト】

学校の扱いは、例外規定が多く著作権法の第35条で説明されています。

授業者と授業を受けるひとは、その授業で利用する場合において、必要最低限の複製が可能（著作権者の利益を不当に害する場合を除く）。

◎重要なポイント

- 授業内である（授業の過程において使用）
- 出典を明らかにする（出所の明示）
- （著作物の）種類、部数、態様に注意

◎文化祭で音楽の演奏は可能か？

――目的が非営利、参加するひとの参加費は無料、演奏するひとの演奏費用（ギャラ）も無報酬な場合は、許諾は不要です。しかし、その場合でも楽譜をコピーすることはできません。

◎運動会でマンガの絵を複製できるか？

――授業の過程で、マンガのキャラクターを複製（コピーやスキャニング、手書きで書き写しも含む）することは可能です。しかし、運動会終了後も常設的に展示することには、許可が必要です。

◎新聞記事は、職員会議で配付可能か？

――授業内ではないため、許可なしで複製はできません。新聞は、さまざまなひとが書いた著作物の集合である（編集著作物）ため、新聞社ではなく、執筆者本人への承諾が必要となります。

Carrier-Pigeon Review 118

「知的財産法」

著：角田政芳・辰巳直彦

数年前に通信制の大学で法律学を勉強していたときの教科書。ほかの法律より身近な事例が多く、その分面白さもある。 事務室 やなぎさわ

5 話題のニュースを取り上げてみよう

学んだこととの違い——確かにわかりづらいですね。こちらも、いちおう定義づけしておきます。「話題のニュース」を取り上げるためには、その内容を掘り下げることが必要です。そのため、やはり「学び」は必須ですね。しかし、学びたいことを学ぶのではなく、いま「話題」になっていることを学ぶという部分で区別されます。

ある教育委員会事務局では、入局1年目の指導主事が手分けして数社の新聞をチェックし、教育関係記事をスクラップするそうです。そしてそれを局内で回覧し、情報を共有する慣習があるそうです（コピーではなく「切り取り」なので著作権問題はクリア）。学校現場に置き換えたとき、だれがやるのかという問題はありますが、たいへん重要な取組ですよね。学校にも新聞はあります。いままでの勤務校で購読していなかった学校はありませんし、数社購読していたときもありました。しかし、なかなか気になるニュースを掘り下げて紹介したり考えたりする時間も取れない——となると事務だよりの出番でしょう。

» 2019年12月号（Vol.157）

働き方改革の方策として、この時期に盛り上がっていたのが「変形労働時間制」ですね。官制研修ではそんなに語られていなかったように記憶していますが、事務研究会の研修としてその制度と課題を取り上げたことがありました。そのときの研修も踏まえて、「変形労働時間制」をどのように捉え、考えていくべきかという話題を提供しました。

» 2022年2月号（Vol.183）

教員免許更新制度も大きな話題となりました。「話題のニュース」をピックアップし、校内でも話題にあげるコツは、第一にスピードです。欲をいえば報道と同時にリリースしたいですね。しかし、そればかりはアンテナの高さや人脈の広さなども影響してきます。第二に必要だと考えていることは丁寧に追っていくことです。話題のトピックを連発していくことも否定しませんが、それがどう動いているのかという経過を追っていくことも大切だと考えます。

ほかのネタやコメント

ウェブ上の新着記事をチェックする技として、アラート登録があります。

「給料日発行」などと決まった日に出しているひとは、号外を活用しましょう。

～ 職員向け 事務室だより ～

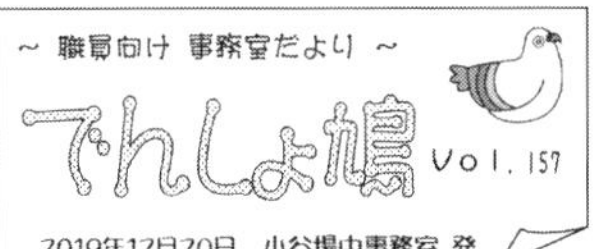

2019年12月20日 小谷場中事務室 発

12月号 時間の使い方――続き

最近、「忙しいのにごめんなさい」「こんなことに時間を使わせて申し訳ない」――類のコトバをよくかけられます。たぶん、最近の事務室だよりで話題にしている「ヤナギサワの時間をムダにするな」に対する反応だと思います。

もしかしたら勘違いしているひとがいるかもしれないのでもう一度説明しておきます。わたしが言いたいのは「**ひとりひとりが気をつければ、ヤナギサワがムダな仕事をしなくて済む**」ということです。その『ムダ』な仕事」がなくなれば、もっと「ヤナギサワの時間を有効利用できる」という趣旨です。――決して、講演活動や課外活動が忙しいから話しかけるな！ と言っているわけではないことをご理解ください。ただ、学校を空けることが多いという事実はあります。しかし、小谷場中だけが良ければ良いのではなく、全国の公立学校制度を良くする必要もあるのです。

20日与えられている年休をすべて消化できていないけど、さらに5日あげるから頑張って――法案 可決

今月の04日（水）に、「変形労働時間制」を学校にも1年単位で適用できるようにする法案が可決されました。

変形労働時間制とは、労働時間を月単位・年単位で調整することで、繁忙期等により勤務時間が増加しても時間外労働としての取扱いを不要とする労働時間制度です。

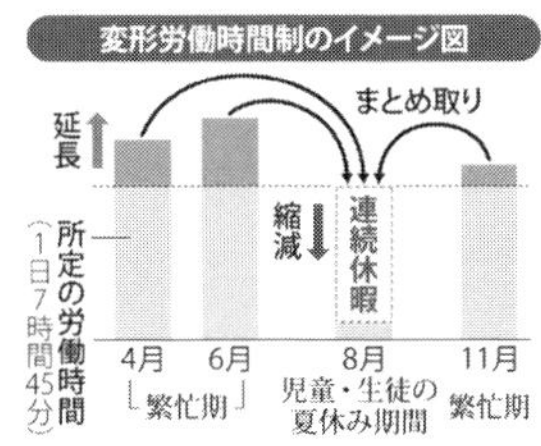

出所：毎日新聞 2019年11月21日（東京朝刊）

政府は、この改正を「人的な働き方改革」の目玉にしています（問題等は裏面）。

【具体的な影響】

■繁忙期の定時が16：50より延びる

たとえば、18：50定時で

16：50に帰りたい場合は年休2が必要

■閑散期に連続休暇が取れる

約20年前にあった「**指定休**」制度に

近いことを実装

■平日の部活動が完全に勤務となる

夏の部活動時間が18：30までとすると

繁忙期の定時より前になるため完全勤務

Carrier-Pigeon Review 108

『MISSION DRIVEN』

著：さる先生こと坂本良晶

前回の「ホスト」に続き、今回は「くら寿司」の元トップ店長に登場してもらう。

彼のミッションは「子どもも教師もハッピーに！」である。その達成のため、まずは「定時」で帰宅する。そのための働き方改革が満載。 事務室 やなぎさわ

～ 職員向け 事務室だより ～

でんしょ鳩 Vol. 183

2022年02月21日 小谷場中事務室 発

2月号 教員免許更新制度を考える

教員免許更新制度の「発展的解消」について、説明する前にその歴史を振り返っておきます。

本制度は、2007（平成19）年に教育職員免許法の改正案が可決され、2009（平成21）年から導入された制度です。

そのポイントは以下の通りでした。

- 最新の知識と技能を身につけること
- 10年の有効期限を設けること
- 更新のために30時間以上の講習が必要なこと
- 基本的には自己責任で更新をすること
- 受講料などは自己負担であること

――そんなこといわれなくても知っているし、身をもって体験した！ とツッコミが入りそうですね。さらにここで制度に対するわたしの見解を書くと殴られるかもしれないので、やめます。

それでは、制度の「発展的解消」について今後の流れを新聞記事から引用します。

―― 免許の有効期限も10年、更新制度も約10年でしたね ――

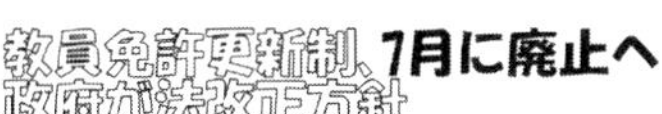

教員免許更新制、7月に廃止へ 政府が法改正方針

■朝日新聞／2022年01月14日

今年7月に廃止される見通しになった。来週召集される通常国会に政府が提出する教育職員免許法の改正案に、廃止の日付について今年7月1日と盛り込む方針。これ以降に免許の期限を迎える教員は、更新手続きが不要になる。

教員免許更新制は、教員の資質確保を目的に第1次安倍政権時代に法改正された。しかし、教員の不足や負担増の一因と指摘され、昨年8月、萩生田光一文部科学相（当時）が廃止の方針を表明していた。

教員ごとに研修記録 免許更新廃止後も資質向上―改正法案の概要判明

■JJ.COM／2022年02月05日

新たな資質向上策の創設に向け、政府が今国会に提出する教育公務員特例法と教育職員免許法の改正案の概要が判明した。代わりに2023年度から、教育委員会が教員ごとに研修記録を作成。教員それぞれの状況に応じた指導助言をする仕組みを設ける。

新たに規定する研修記録の作成は、教委の義務とする。教委が実施する児童生徒への指導方法やIT機器の使い方に関する研修などを記録。教委が教員の資質向上のためにさらなる研修の機会が必要だと判断した場合、研修などを展開する「教職員支援機構」に協力を求めることができる。

―― みなさんはどう考えますか？ 更新がなくなって清々した？？ ――

事務室 やなぎさわ

6 読者のリクエストにこたえてみよう

毎月頑張っているのに反響なくて意気消沈……という経験者も多いと思います。そう、事務だよりをつくり続けるにはある意味「忍耐力」が必要です。そのため、たまには反響が期待できる内容を「ねらって」書くことも必要です。読者からの反響を求めるならリクエストにこたえることがいちばんの近道です。

リクエストの受けかたはいろいろ考えられます。まず、事務だよりをつかった方法を紹介しましょう。毎月の事務だよりに切り取り線で「リクエストカード」をつくって呼びかけるのがかんたんですね。ほかには、事務室にリクエスト募集のポスターを掲示したり、校内掲示板（デジタル・アナログ）を設置したりして受け付けてもよいと思います。コミュニケーションが得意なひとなら会話のなかからピックアップしていくのもよいでしょう。自然にリクエストを受けられます。

また、事務だよりが定着してくると「いつでもいいから〇〇について書いてほしい」と積極的なひとも出てきます。そして、リクエストにこたえたときは「〇〇さんリクエストありがとう」と書いておくと、リクエストの輪が広がるかもしれません。

» 2017年2月号（Vol.123）

確定拠出型年金（いわゆる「iDeCo」）が公務員にも開放されたとき、「アレってどうなの？　得するの？」という感じで、専門家でもないけどとりあえず事務職員に相談だ！っていうひとはいませんでしたか？　本来ならiDeCo自体の制度を事務職員が学ぶ必要はないと考えます。その手続きの一端が業務だからです。しかし、事務だよりはコミュニケーションツールとしての意義もあります。そういった意味でリクエストにこたえる意義はあると思います。

» 2017年10月号（Vol.131）

いまでこそ諦めの境地（？）で、話題は延長よりその分の給料と退職金にシフトしているような気がします。しかし、当時は大騒ぎでした。まだまだ情報が出そろっていない状況でしたが、この状況に至った経緯とわかっていることだけを説明しました。このように直接リクエストされたわけではありませんが、「大騒ぎ」をリクエストとして扱うことも可能です。

ほかのネタやコメント

特定のひとばかりリクエストしてくることもありますが、それはそれで——

〜 職員向け 事務室だより 〜
でんしょ鳩
Vol. 123
2017年02月21日 小谷場中 事務室 発

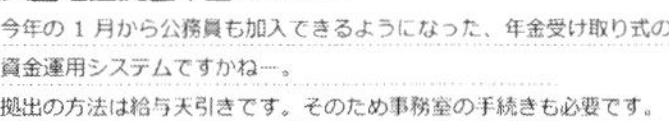

個人型確定拠出年金のススメ

今年の 1 月から公務員も加入できるようになった、年金受け取り式の資金運用システムですかねー。
拠出の方法は給与天引きです。そのため事務室の手続きも必要です。

2月号 卒業論文

4 月号の裏面で軽く触れましたが、大学生やっています。平日に休んでいた 1/3 くらいは大学の講義を受けに行っていました。

今年度に入り、卒業論文提出要件を満たしたので半年くらいかけて少しずつ論文を書いていました。テーマは、教育権と学習権に関する考察を〈**義務教育諸学校における教育権の所在と無償性**〉の観点から論じました。そして、11 月に提出した論文が先日戻ってきました。論文が戻ってくるということは、その先（総合面接）に進めないという結果が同封されているのです（嫌ですよね、中身見なくても結果が分かってしまうって）。実は、面接に進めないことは分かっていました。スケジュールの関係で単位が取り切れなかったんです。

でも、卒論は合格！ 「とても優れている論文で感服いたしました」という講評までいただきました。来年は卒業式に出られるといいなぁ〜。

みなさんのため勉強しておきました〜

かんたんに説明すると**個人**で選んだ**確定**した金額を**拠出**して**年金**に充てようという制度です。もっと踏み込むと、**年金**のために60 歳まで**投資**をしようという話です。

メリット

- 運用がうまくいけば、年金がアップする
- 投資した分の費用は年末調整で控除できる

デメリット

- 運用が失敗した場合元本割れもあり得る
- 口座管理手数料がかかる

悩みますね（笑）。デメリットについて少し解説しておきます。お金は銀行や証券会社の年金プランで投資するわけですが、元本保証の商品があったり、管理手数料が比較的安い管理機関もあったりします。

Carrier-Pigeon Review 84

「個人型確定拠出年金 iDeCo 活用入門」

著：竹川 美奈子

30 分くらいで読める入門書だが、投資先のススメなどもある良書。

「投資！？ 損する可能性があるならやらない」その選択ももちろんありだ。だが、さまざまなプランを検討し、負けない投資術を身につけるのも面白い。

本書では、厳選された「投資先」や「利幅」の情報「運用プラン」などの掲載もあり実用書としても使えるだろう。

たとえば、口座管理手数料を比べてみる。SBI 証券は、資産残高が 50 万円以上で 0 円となり、楽天証券は 10 万円以上で 0 円となる。りそな銀行の場合は 316 円、野村證券は 342 円など、比較できる情報が満載である。

個人型であるため、すべて個人の責任でおこなわれるところに面白さを感じた。 事務室 やなぎさわ

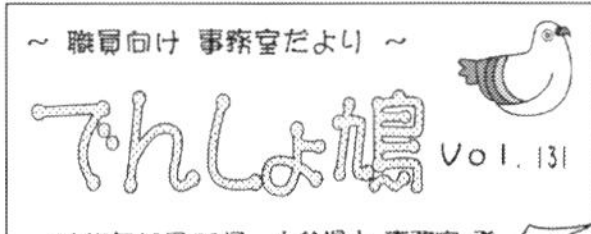

65歳まで働けますか？？

――公務員「定年の延長」がやってくる

10月号 「向日葵」と「渦潮」

四国って意外と近いんです。徳島の空港（「阿波おどり空港」ってスゴイネーミングですよね〜）まで 50 分ですよ。近っっ！ ――ってツッコミ入れてしまいました（笑）

研修会には、コミュニティ・スクールの先進自治体「東みよし市」の方々も参加されていましたので現状も学んできました。学校ごとの運営協議会ではなく数校をまとめて「学園」化（たとえば、柳崎小＋芝西小＋小谷場中による小谷場学園）した、運営協議会を開いているそうです。夜、懇親会がなかったら視察に行きたかったほど珍しい取組だと思います。

翌日は、「大塚国際美術館」と、船に乗って「渦潮」を見る旅に連れて行ってもらいました♪

2番目：通称「幻芦屋のヒマワリ」

気になっている人は気になってるでしょう。定年延長の話です。具体的な話は、これから検討されますが「なぜ」そうなったのかというきっかけを整理しておきます。

■一億総活躍社会の構築に向けた提言

2017.05.10 自民党本部が出した提言に「公務員の能力をフル活用し、一億総活躍社会をけん引」という項目があります。

そこに書いてあるポイントは……

- **65 歳までフルタイムで働けるよう**
- **働きがいを感じその能力を存分に発揮**
- **年金支給開始年齢が 65 歳になること**
- **再任用よりモチベーション高く**
- **公務員の定年引上げが民間の取組を先導**

これらのことから定年を 65 歳に延長することにより、「我が国全体の一億総活躍社会をけん引すること」を期待しているそうです。

■経済財政運営と改革の基本方針 2017

2017.06.09 いわゆる「骨太の方針」が閣議決定されました。自民党の提言から 1 ヵ月後です。ここには、定年延長を「具体的に検討する」と書かれ、一気に政策が動き出しました。

■2019（平成 31）年度から段階的に延長

2017.09.01 日本経済新聞等が「政府は現在 60 歳の国家公務員と地方公務員の定年を 65 歳に延長する検討に入った。2019 年度から段階的に引き上げる案を軸に調整する。**公務員の総人件費を抑制するための総合策もあわせてつくる。**少子高齢化が加速するなか、労働人口を確保する。」と報道しました。

そうです。定年を延長したら、再任用で雇うより当然人件費は上がるんです。どんな抑制策を考えるのやら……。

事務室 やなぎさわ

7　事務職員（自分）をアピールしてみよう

事務だよりの意義としてあげた【意義４】「自己（事務職員）アピールツール」そのど真ん中の内容です。職員が抱く事務職員のイメージ、それは当然ひとそれぞれです。基本的には自分が出会ってきた事務職員のイメージからその総体をイメージしていると考えます。しかし、「事務をつかさどる」（学校教育法第37条第14項）という職務規定に対して、「つかさどる」方法や手段は十人十色です。良くも悪くも単数配置が基本とされている事務職員の強みは千差万別です。

教育現場の末端である学校に籍を置き、「人格の完成を目指し、平和で民主的な国家及び社会の形成者として必要な資質を備えた心身ともに健康な国民の育成を期して行われ」（教育基本法第1条）る教育に携わる仕事をしているのが事務職員です。

単体としての強み、総体としての強みを各校でアピールしていくこと、そのアピールが社会的認識を広げ、社会的価値を高めていくことに繋がると考えます。

少し壮大な話へと盛り上げてしまいましたが、少数職種である事務職員の存在意義を示していくためにもアピールは欠かせません。

» **2017年6月号（Vol.127）**

初めて大学で授業をしたときの報告です。あれ以来ずっと継続していますし、たまに別の大学からも要望をいただくようになりました。ぜひ、機会があればお近くの大学にもご推薦ください。すっ飛んでいきます。学校の中心は授業です。やはり、事務職員と授業という一見かけ離れた事象ですが、教員の興味は津々でした。詳しい内容を知りたいというリクエストにこたえ、この年の校内研修は授業と同じ内容を扱ったような記憶があります。

» **2019年2月号（Vol.147）**

事務職員と教育政策を意識してピックアップするようなことは、事務職員自身と研究者くらいしかやらないと思います。それでも事務だよりに載せる意義は深いと感じるくらい1998（平成10）年以降は教育政策にコミットしてきているんだ！　ということを伝えたかった記憶があります。

ほかのネタやコメント

- **事務研究会や共同実施、共同学校事務室で取り組んでいることなどもありです。**
- **個人的な強みを書く価値はありますが、自慢との線引きには気をつけましょう。**

6月号 やってみました「授業」

先週の土曜日、千葉県のある大学で「教職概論」と「教育行政」の授業を担当しました。

90分×2コマぐらいの講演は何度も経験しているので「いつもどおりやればいいや」という気軽な気持ちもありましたが、〈講演〉と〈授業〉は別物ですね。授業担当の先生と反省会をする中でいろいろ感じました。まず、180分マシンガントークじゃ、授業者も受講者もツライ。

「主体的・対話的で深い学び」――頭では理解しているつもりでしたが、それを授業でおこなう実践力に欠けていたなと反省しました。まぁ本業は事務職員ですがね(笑)。

驚いたことがひとつ。なんと授業を受けていた学生の中に〈母親が事務職員〉という人がいました。しかも、10月に講演を依頼されていて打ち合わせをメールでおこなっていた事務職員が母親だったのです。うぅーむ、世間は狭い。

●こんな授業をしてみました●

教職概論／教師論 **教育行政／財政論**

共通のテーマ

就学保障制度の理解 **教育格差の是正** **教育の公費保障促進**

> **教育基本法4条**
> すべて国民は、ひとしく、その能力に応じた教育を受ける機会を与えられなければならず、人種、信条、性別、社会的身分、経済的地位又は門地によって、教育上差別されない。

【子どもの貧困問題と就学支援制度】

○「子どもの貧困問題」の現状を理解する
- 子どもの貧困率は16.3%
- 貧困ラインは、ひとりあたり年間122万で生活
- 経済格差、健康格差、学力格差
- 子どもの貧困対策に関する法律

○就学援助制度を理解し、活用の方法を考える
- 制度周知と認定率の相関
- 現場の事例（後ろめたさ・スティグマ）
- 教育扶助（生活保護との関係）
- 奨学金制度と問題点

○自治体がおこなう学習環境格差の是正制度
- 埼玉県の「アスポート事業」
- 貧困世帯への無料学習塾開校
- 川口市の取組

【学校経営における財務面の保障】

○学校運営費の現状と歴史的経過を理解する
- 公費と私費の関係
- 「義務教育無償の理念」歴史的変遷
- 無償の範囲に関する学説を整理
- 受益者負担の原則と望ましい税金の使い方

○各種私費負担の問題を理解し、公費保障を広げる
- 学校給食費、教材費、校外学習費
- 子どもの学習費調査から分かる教育格差
- 私費を減らすための方策
- 公費を増やすための方策

○補助教材にかかる費用負担の在り方を考える
- 学習指導要領と教材
- 教材購入の在り方
- 副教材と単元のねらい

「この分野はカリキュラムに入れようとする大学も少なく、採用後にも十分な研修が保障されていないのが現状」と授業担当の先生はおっしゃっていました。

事務室　やなぎさわ

～ 職員向け 事務室だより ～
でんしょ鳩 Vol. 147
2019年02月21日 小谷場中事務室 発

2月号 事務職員をめぐる近況

たぶん、知らない人が多いと思いますし、知る必要もないと思っているかもしれませんが、いま事務職員がどれだけ「旬」なのかちょっと語ります。――もともと事務室だよりのコンセプトは、「読まなくても損はしない（かもしれない）けど、読んだら得をする（かもしれない）情報のサワリをサラリと紹介すること」ですからね。

ここ数年、もう少し広げれば10年前頃から、文科省等が示す教育政策に「事務職員」が絡んできました。これから話題にあげる「共同実施」という政策は20年も前に提言された政策です。

今年は、2020年以降――、新しい学習指導要領の実施に向けて、事務職員が「どう変わるか」というネクストステージを模索する議論がされて、具体的な方針が提案される予定です。

ぜひ、みなさまの考えている事務職員像のアップデートも、よろしくお願いいたします。

教育政策と事務職員――求められる事務職員像

以下は、すべて国を動かしている政策提言（中央教育審議会の方針）です。
そして、政策を推進・支えるために法律が改正されています。

■今後の地方教育行政の在り方（1998年）

「学校の自主性・自律性の確立」を目的に、学校の裁量権限を拡大する。そのため、事務量が増えるので「学校事務の**共同実施**」を推進する。

■今後の教員給与の在り方（2007年）

「教員の校務と学校事務の見直し」を目的として、事務職員の学校運営参画を積極的に進める。そのために、事務職員を「**事務長**」にできるよう推進する。

■チームとしての学校（2015年）

「学校のマネジメントを強化し、組織として教育活動に取り組む体制を創り上げる」ために、事務職員は管理職を「**総務・財務面**で補佐」していくべき。

■働き方改革（2019年）

「持続可能な学校運営体制の構築」のために主幹教諭等や事務職員を「**ミドルリーダー**」に位置付ける。

□学校教育法施行規則（2009年）
- 「**事務長**を置くことができる」

□地方教育行政の組織及び運営に関する法律（2017年）
- 「**共同学校事務室**を置くことができる」

□学校教育法（2017年）
- 「事務職員は、**事務をつかさどる**」

芝地区・共同実施の取組

学期に1回「共同事務室だより」を配付しています。ご存知のとおり「事務職員の働き方」も多種多様ですが、必要不可欠な情報は確実に提供していこう！　という取組です。

今回は、さらに各論的情報発信として対象者を絞ったリーフレットを作成しました。

川口市内なら基本的に同じ状況であるため、芝地区に限らず配付しています。対象者以外も対象者を理解するために、どうぞご覧ください。

事務室　やなぎさわ

8 ベテラン層のハートをつかんでみよう

ベテラン層には「年金」の話題が効果的です。年金制度を完璧に理解するのは困難ですが、事務職員なら他職種より知識と経験があると思います。かんたんな基礎知識の提供でもよろこばれること必至です。

特に、制度改正があったときなどはかならず取り上げるとよいでしょう。

» 2021年8月号（Vol.177）

長期掛金の話です。給与天引きだと意外と高い掛金に気づいていないかもしれないし、こんなに払っているからにはいくらもらえるの？　という話題にも繋がります。

» 2019年11月号（Vol.156）　2020年11月号（Vol.168）

制度改正の話です。学校に届いたパンフレットを参考にしてつくりました。

ほかのネタやコメント

退職金や再任用制度なども興味がありそうですね。

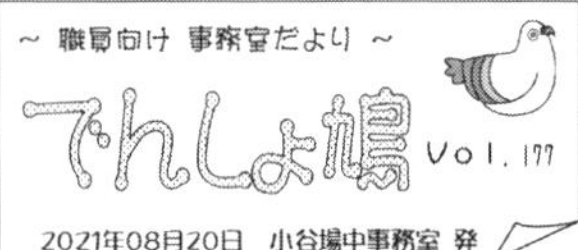

～ 職員向け 事務室だより ～
でんしょ鳩 Vol. 177
2021年08月20日　小谷場中事務室 発

8月号 冬のボーナス減るかも（？）

8/10、国家公務員の給与等に関して「人事院」が勧告を出しました（人事院勧告については、昨年度の08月号：165号を参照）。

今年は、例年と同じ時期に勧告がされたため、おそらく秋の臨時国会で改正法の審議となるでしょう。勧告通りに改正されると――ボーナスが0.15ヵ月分減るような感じになります（平均6万2千円減の試算）。月例給は据え置くそうです。

また、人事管理に関する報告で「不妊治療と仕事の両立に向けた休暇を新設する方針」が示され、年5日を原則とし、体外受精など頻繁な通院が必要な場合は追加で5日取得できるようにすること、育児休業の取得回数を2回に増やすことを求めています。

人事院勧告は国家公務員向けですが、国公法が勧告通りに改正されるなどした場合、地方公務員向けの勧告もならう可能性は高いです。

連続講座　給与天引きされている「保険料」を考える
――「長期給付事業」と「福祉事業」の回

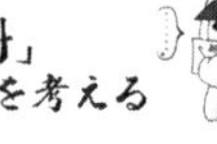

保険料は、給与から天引き（自動的に徴収）され、公立学校共済組合へ納付されます

○長期給付事業への保険料

いわゆる年金をもらうための保険料です。数年前に「共済年金」という概念がなくなり、厚生年金に統一されました。

しかし、公務員には、「年金払い退職給付」という給付が残っています。

国民年金基金　企業年金等　②年金払い退職給付
①厚生年金保険
国民年金（基礎年金）
自営業者等　民間サラリーマン　公務員等

■保険料の計算方法（厚生年金保険料）

標準報酬月額×95.50/1,000

――標準報酬月額は給与明細に載っています。

新採用で28万円くらいなので保険料≒2万6千円

■保険料の計算方法（年金払い退職給付掛金）

標準報酬月額×07.50/1,000

新採用で掛金保険料≒3千円

○福祉事業への保険料

福祉を増進するための事業があります。

- 保健事業（人間ドックやセミナー開催など）
- 貸付事業（年利1.32%の資金貸付など）
- 宿泊事業（「やすらぎの宿」特別価格で利用）
- 医療事業（無料メンタルヘルス相談など）

■保険料の計算方法（年金払い退職給付掛金）

標準報酬月額×01.41/1,000

新採用で掛金保険料≒5百円

事務室　やなぎさわ

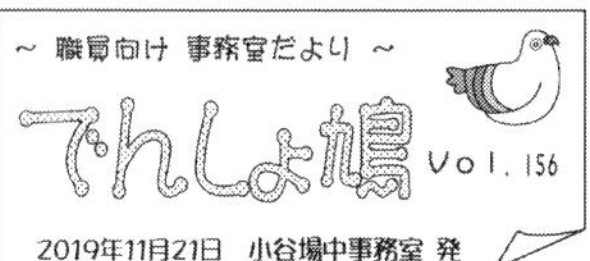

年金のハナシ

年金財政の現況（2019年～

――国民年金・厚生年金の財政検証実施

年金は、長期的な財政の健全性を検証するために、少なくとも5年ごとに「財政検証」という行為がおこなわれます。財政検証により、年金財政の現況と見通しを知ることができます。今回は、ごくごくかんたんにその一部を紹介します。

１１月号 『ローランドという生き方』

さて、ROLANDというホストを知っていますか？――「世の中には2種類の男しかいない。俺か、俺以外か」っていうひとですね。ナルシスト――っていう言葉はキレイに使われないことが多いですが、かれのナルシズムは美しいと感じました。

たとえば、多数決の話。「100人が100人ダメと言っても、その100人全員が間違えているかもしれないじゃないか」――かならずしも多数意見や多数行動が正しいわけじゃないけど、なんとなく「多」に流される風潮を疑問視しています。

「年末調整」の手続きに置き換えてみましょう。小谷場しか経験がないひとはわからないかもしれませんが、「前の学校では手取り足取り教えてくれたり、代筆してくれたりしたのに」と思ったひとも少なくないでしょう。でも、100人の事務職員が100人その対応をしていたとしても〈わたしは正しい〉と思いません。（あ、紙幅尽きた →

■年金額の将来見通し

2065（令和47）年には平均寿命が、男84.94％女91.35歳と推定されています。年金額は、「現役世代の平均手取り」や「現在の年齢」、「経済」によって変わってきます。

Ex.）今年65歳になるひとは――

●現役世代35.7万（代替率61.7％）：22.0万円

Ex.）10年後、65歳になるひとは――

●現役世代38.9万（代替率58.6％）：22.8万円

Ex.）30年後、65歳になるひとは――

●現役世代48.2万（代替率50.8％）：24.5万円

※代替率＝現役世代の水準を保障する割合のような係数

■年金の体系（2015年から公務員も2階建て）

2015年以前の採用者は「退職等年金給付」額が加算されます（共済・職域年金の代替）。

Carrier-Pigeon Review 107

「俺か、俺以外か。」

著：ROLAND

ホスト――というイメージが強い。しかし、あの帝京高校でサッカーをしていたというスポーツマンでもある。

→っていうことで続き）――「ローランドのエゴ」と捉えられそうだが、自分を好きでいること＝信念を貫けることだと思う。多数決や多数意見に浸りたければ浸ればいい、でもそれをひとに押し付けないことが大切だろう。「俺か、俺以外か」は極論だが、実質的には言い得ているし、実際に「No.1」だったかもしれないが、それよりも「Only one」を重視した生き方をしている。そのあたりもたいへん共感できる。

事務職員の働き方は多様的であるが、最近は「事務職員が何をするべきか自分たちのフィールドで考えていくのではなく、社会が事務職員に何を望んでいるのかというベクトルで働き方を考えていきたい」と示唆している。社会が（前述した）100人の事務職員の意見と同義・同等なら、潔く職を退こう。話が飛躍しすぎました。ROLAND様ごめんなさい。 事務室 やなぎさわ

年金のハナシ②

――年金の財政検証結果を踏まえた制度改正 2022（令和04）年～

年金は、長期的な財政の健全性を検証するために、少なくとも5年ごとに「財政検証」という行為がおこなわれます。財政検証により、年金財政の現況と見通しを知ることができます。昨年の11月にも「年金」を特集しました。そのときは検証状況を書きましたが、今回は結果です。どう変わるか、その一部をごくごくかんたんに紹介します。

１１月号 「県教委」がやってくる

来る12月08日（火）10時00分、小谷場中に埼玉県教育局教育総務部教職員課がやってくる。

先に書いておきますが、たいへん名誉なこと！……という意味ではありません。給与の支給状況や扶養手当、通勤手当などの諸手当が適正に支給されているかどうかを確認に来るわけです。

その対象期間は、2018（平成30）年から今月。給与は毎月、手当は毎年、しっかり確認しているため大きな問題を指摘されることはないと思いますが、【手当は本人の申告に基づいて認定】しています。万が一、そのあたりで齟齬があるとみなさんを守れないかもしれません。。。

まぁ、指導課訪問の県バージョンみたいな感じでしょうか。しかし、当たる確率は市内78校中、今回は7校です。そう、本校は当選したんです。――ここには書くことができないハッキリした理由もあります（笑）。

■働くひとの年金受給――

年金の受給資格があっても、働いているとその分の年金額は減ります。今回、「その分」の基準が少し上がりました。

旧）65歳未満で働いているひと――

●支給停止の基準額：28万円

新）65歳未満・65歳以上で働いているひと――

●支給停止の基準額：47万円

例）30万程度の賃金を得ている63歳のひと

●旧制度では、支給停止：0円

●新制度では、支給停止：全額支給円

現在の定年年齢（60歳）を超えて働いているひとで、年金が支給停止となっているひとは、半数強もいるそうです。定年を迎えても、働こうというヤル気を損なわないよう、この改正がされたと考えてもいいと思います。

■もらえる時期の選択肢を拡大

年金がもらえる年齢は65歳です。しかし、その前後で額の変動を担保として繰上げたり、繰下げたりすることができます。

旧）繰上げ受給――減額率@月0.5％

新）繰上げ受給――減額率@月0.4％

●早く受給しても額が減る割合を抑えられる

旧）繰下げ受給――70歳まで可能

新）繰下げ受給――75歳まで可能

●受給を遅らせ、額が増える割合を上げられる

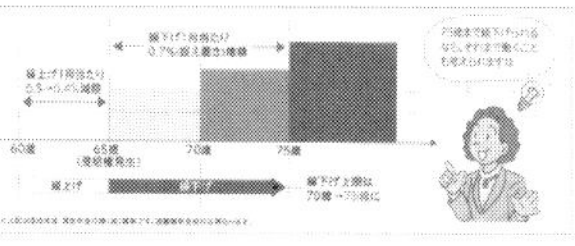

――「75歳まで繰下げられるなら、それまで働くことも考えられ……ますか！？」とても賛同できない提案です（笑）。

参考引用文献「地方公務員の年金制度等が変わります」

事務室 やなぎさわ

9　ルーキー層のハートをつかんでみよう

　ルーキー層には、職場づくりという概念も兼ねて【意義３】「コミュニケーションツール」を前面に出していくと反響が得やすいと思います。

» 2023年3月号（Vol.196）

「ふるさと納税ってお得なんですか？」と聞いてくるのはだいたい若者でした。

» 2022年10月号（Vol.191）

中学校ならやはり部活動です。地域移行に向けた経済産業省の提言をまとめました。

» 2019年5月号（Vol.150）

若手の精神疾患も増えています。ハートを支えてあげることも必要です。

ほかのネタやコメント

おすすめグッズや食事処などを小コーナーで特集してもよいかもしれません。

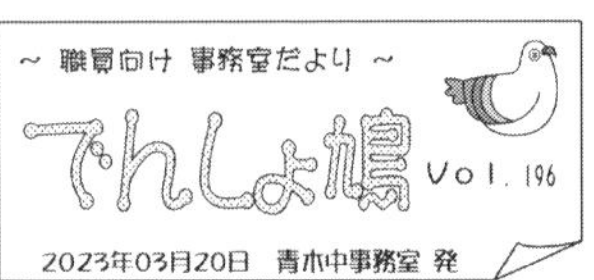

はじめての

応援企画♪

■何が、どうお得なの？

自分が選んだ自治体に寄附した寄附額のうち2,000円を越える部分について、所得税と住民税から全額が控除される制度です（上限あり）。

■手続きは、たいへん？

3月号　「故郷」はどこですか？

「故郷」と書いて、コキョウともフルサトとも読む――みなさんはどっちで読みましたか？

今月は、１年間ありがとう特集としてお得情報を紹介します。先輩もやっている「ふるさと納税」です。ヤナギサワ家も毎年マックス申請中です。

お得っぽいイメージはあるけど、実際のところどうなの？　と思っているひとも多いでしょう。今月は、ふるさと納税を魅力と注意に分解して、ポイントを押さえていきましょう。

ちなみに、わたしは山形市を利用しています。４万円を寄付して「つや姫」30kg（≒1万２千円分）をゲットしています。そして、３万８千円の減税も受けられます♪

魅力

①返礼品がもらえます

最大の魅力といっても過言ではありません。総務省により、返礼品の還元率は寄付に対する30%と決められています。でもこれは自治体の仕入れ値を基準としています。30%越えのお得「返礼品」があるかも！？

②税金が安くなる

５万円を寄付した場合、４万８千円が翌年の住民税や所得税から控除されます（割引）。

50,000【寄付】－2,000＝48,000（税金から【控除】）

１万５千円分の返礼品（30%）　Get♪
＋　∴６万３千円 お得
４万８千円分の税金控除　Get♪

注意

①申告が必要です

確定申告 or ワンストップサービスの利用が必要です。注意してください。

②限度額があります

利用者の収入によって控除できる限度額がちがいます。下のサイトで試算可能です。

↓↓↓↓

●総務省「ふるさと納税ポータルサイト」

控除額（目安）のシミュレーション

黄色のセルに数値を入力して下さい。（ゼロの場合は入力不要）

○寄附者の年収

給与収入額	円

○家族構成

配偶者		
	専業主婦	人
	共働き（年収201万円超）	人
扶養親族		
	中学生以下（16歳未満）	人
	高校生（16～18歳）	人

今月の飯塚

コストコに売っていた大容量の茎わかめを買って以来、茎わかめの魅力に取り憑かれています。無くなってしまったときに禁断症状が出たので、遠路はるばるコストコまで買いに行ってしまいました。もっと簡単にお得に手に入る方法は無いかなと思い、ふるさと納税のサイトを調べてみたらしっかりありました、茎わかめ。今年のふるさと納税はこれで決まり！

事務室　やなぎさわ

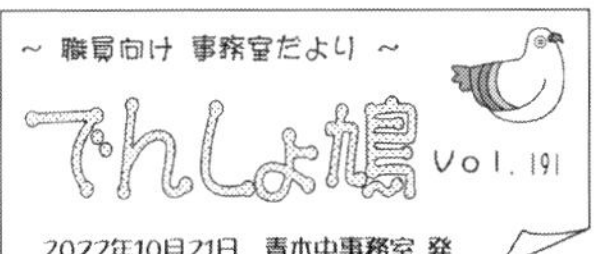

10月号 部活動のコト

2023（令和05）年から休日の部活動を段階的に地域移行し、2025（令和07）年には達成をめざすという話は既に承知のことだと思います。

文部科学省は「運動部活動の地域移行に関する検討会議」（スポーツ庁）、「文化部活動の地域移行に関する検討会議」（文化庁）を経て、地域移行のあり方を検討していますが、じつは経済産業省も検討を続けています。

経済産業省では、以前から「未来の教室」構想を提言していました。今回、その構想の一部として「未来のブカツ」について提言を出しました。

「未来の教室」ウェブサイト

経済産業省が

未来の「部活動」について

09月28日に提言を発表しました！

■「地域スポーツクラブ」発展可能性を示唆

・「サービス業としての地域スポーツクラブ」の可能性
・ジュニア世代のスポーツ基盤「学校部活動」の持続可能性

■「未来のブカツ」改革で大事にしたい価値

①「自由意志に基づく」スポーツ環境
②「選べる」スポーツ環境
③「探究的」なスポーツ環境

□「実質的な課題」その①――【財源の捻出】

サービス業としての地域スポーツクラブがその受け皿を担い、スポーツ環境のクオリティが向上する場合、受益者負担の増加は不可避。これが「世帯収入格差による子どものスポーツ機会格差」につながらないようにすることが必要。

手立て1　学校不動産の価値最大化
・多目的利用による稼働率向上、収益力の向上
・PPP/PFI等、民間ノウハウや資金の活用促進

手立て2　クラブ収益源の多様化
・会費収入、業務委託料、カフェ・レストラン等
・企業版ふるさと納税、寄附税制の活用

手立て3　スポーツ振興くじの更なる活用
・スポーツバウチャー配布の可能性

Carrier-Pigeon Review 138

「『ハッピーな部活動』のつくり方」

著：中澤篤史、内田良

部活動研究の第一人者が生徒向けに書き下ろした「部活動本」である。――「楽しくない部活はありえない」という一貫したコンセプトでまとめられた本。専門家による部活「お悩み相談所」は一見の価値ありだ。

おとなにもオススメの一冊。　事務室　やなぎさわ

今月また1つ歳をとってしまった「こんげつのいいづか」です。年齢だけは増えていきますが、未だに現実から目を逸らしているので、「すみっコぐらし」デビューしたい！という30代男性からは出てはいけない言葉が先月出てしまいました。まだまだ現実から目を逸らしたいお年頃なので、自分へプレゼントに「スプラトゥーン3」でも買おうかなと思います。

～ 職員向け 事務室だより ～
でんしょ鳩
Vol. 150
2019年05月21日　小谷場中事務室 発

5月号 祝150号突破！！

あれ、4月号で小谷場中5年目って書いてあったよな……、月1発行で――、150号÷4年＝？？という鋭い人のために説明します。

このカウントは前々任校から引き継いでいるのです。前任校の最後が100号ジャストです！そのため、小谷場中は101号から発行してジャスト50号ということですね。どうでもいいですが、編集のコンセプトは、「知らなくても損はしないけど、知っていたら得をする（かもしれない）情報を紹介すること」ですからね。

――そんな通信です。

4月号をそのままファイルに残してボックスへ戻している人を発見しましたので、5月号も同様だったら「読まない人リストに登録」しておきますね♪（怒ってないですよ、念のため（笑））。「読まなくても損はしない」ので、大切な情報が伝わらないことはありませんので、問題ないです――。

川口市の衛生推進活動

川口市マスコット「きゅぽらん」

「衛生推進活動」とは、労働安全衛生法に基づき、働きやすい職場環境をめざして活動することです。川口市では、全国的にも先進な「学校教職員メンタルカウンセラー」を配置して教職員のメンタルカウンセリングを実施しています。ほかにも、「心を支える職場づくり」「ハラスメントのない川口市」などの取組があります。

これらの取組を各職場で支えるのが、衛生推進者の役割です。今年も、わたしが選任されましたので、何かありましたらご相談ください（〇〇さんにイジメられてる……とか（笑））。

冗談はともかくとして、「職種が違うから相談したってしょうがない――」って思うかもしれませんが、意外と他職種の方がスッキリすることも多いですよ。教職員相談室としてご活用ください。

ハラスメント（嫌がらせ）の具体は、代表的なものとして「パワハラ」や「セクハラ」があると思います。ほかにも、「マタニティ」「アカデミック」「モラル」など、さまざまなハラスメントも考えられます。

辛くなったらひとりで悩まず気軽に相談してください。

心を支える職場づくりのための提言

心を支える職場づくり
5つの提言「あ・か・さ・た・な」

～一人一人が働きがい・やりがいを持ち、積極的に取り組める職場をつくることは、負担感を減らし、効率よく仕事をする第一歩です～

1 あいさつ　明るい笑顔・元気なあいさつ
心が通う大きな一歩（あ）

2 会　話　語ろう・話そう・相談しよう
会話で生まれる信頼関係（か）

3 協力・協働　支え合い・助け合いはお互い様
一緒にやれば、安心・充実・効率向上（さ）

4 有用感　頼れるベテラン・やる気の若手
一人一人が持ち味発揮（た）

5 組織対応　難題にはチームで対応
一人を救う組織力（な）

■メンタルヘルスカウンセラーによる希望面談
■教職員の心の相談窓口「ハートフルホットライン」
詳細は別紙 or 衛生推進者（柳澤）まで――

事務室　やなぎさわ

10 話題を広げ、自由に書いてみよう（話題を提供する編）

事務職員からの「お願い」や「知ってほしいこと」だけではなく、職員室で話題にしてもらえそうな内容を発信することも効果的です。

» 2023年1月号（Vol.194）

毎年1月号は、冬休みに読んだ本のブックレビューです。

» 2021年2月号（Vol.171）

学校ブログの更新方法です。説明書をつくるよりインパクトがあると思います。

» 2021年3月号（Vol.172）

3月号は翌月に異動してくる職員にも配るため、背伸びして答申を紹介しました。

ほかのネタやコメント

勤務時間中に作成し、公費で配付しているため「やりすぎ」には注意です。

～ 職員向け 事務室だより ～

でんしょ鳩 Vol. 194

2023年01月20日 青木中事務室 発

1月号 2022～本を読む～2023

読書の記録を始めて、3 年目が終わりました。読書って「何冊読んだか」は、そんなに重要ではないと思いますが、多少なりとも「アウトプット」することは重要である――と考えています。

■2022 年：079 冊（マンガ含めて 121 冊）
□2021 年：125 冊（マンガ含めて 186 冊）
□2020 年：113 冊（マンガ含めて 175 冊）

2022 年は前年比 63%に減少でした。じつは、飽きっぽい人間であり細かい雑誌等のカウントをサボっていたこともあります。

まぁ、読書は数ではありません。

今年も SNS 等で更新しています。

（Facebook Instagram Twitter ameba blog）

Carrier-Pigeon Review 140

「憲法という希望」

著：木村草太

憲法の「活かし方」を語る講演録。沖縄基地問題の解決に向けた新手「木村定跡」が解説されている。

Carrier-Pigeon Review 141

「憲法の創造力」

著：木村草太

「良い憲法」の創設には原理を理解し、想像力を駆使し「良い国家・社会のルール」を想像することが必要。

Carrier-Pigeon Review 142

「キヨミズ准教授の法学入門」

著：木村草太

清水准教授と高校生の日常から、法学的要素を抽出し、解説していく小説的な入門書。

Carrier-Pigeon Review 143

飯塚レビュー

「フィンランド人はなぜ午後4時に仕事が終わるのか」

著：堀内都喜子

有休消化 100%、幸福度世界 1 位のフィンランドがみえてくる本。

タイトルの通り、フィンランドでは企業レベルではなく、社会全体の常識として終業時間は守られるべきという考え方があるため、残業する人はほとんどいないそうです。さらに、コーヒー休憩をしたり、夏休みが 1 カ月あったり……としっかり休みを取るにもかかわらず、1 人あたりの GDP は日本の 1.25 倍あるといいます。

何故そのようなことができるのか、本書を読み進めると、フィンランド人が仕事を早く終わらせ「休む」「楽しむ」「学ぶ」ことによってモチベーションが高まり、さらに仕事の効率も上がるというような好循環ができているからだと分かってきます。

「そもそもフィンランドと日本の社会は違うから真似できない」という感想が出てきてしまう所ですが、まずは本書を参考にして個人の考え方を変えていくことが「働き方改革」のヒントになるのではないかと感じました。「仕事を効率よくこなし、定時でサーッと帰る」カッコいい大人を目指したくなる本です。

事務室 やなぎさわ

今月の飯塚

三が日も過ぎたある日のことです。夕方頃ようやく重い腰を上げて「増上寺」という東京タワーのふもとにあるお寺へ初詣に行きました。辺りが暗くなり境内に人がいないので怪しいなと呑気に思っていたのですが、どうやら参拝時間が終わっていたようです。暗い境内から見える綺麗な東京タワーの写真を撮り、初詣せずに帰りました。ただの東京観光でした。

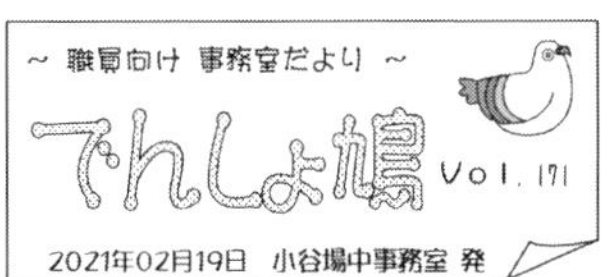

2月号 小谷場中 Web サイト Re:New

1 月末に「小谷場中 Web サイト」を新サイトへ引っ越しさせました。

■消極的な理由：GIGA スクールにより、ネットワークが再構築され、コンピュータ室が取り残されました。その結果、GIGA ネットワークからでは、川口市庁舎のサーバーにアクセスできなくなり、更新もできなくなります。

◎積極的な理由：川口市内の多くが使用しているプラットフォーム「edumap」に移行することで、他校での更新経験も生かせたり、異動してもそれが継続できたりするという利点があります。

ぜひ、ご覧ください――ではなく――積極的に更新してみてください♪ 「学校ブログ」というコンテンツを学年等のフリー発信領域にしたいと考えています（ご意見ください）。

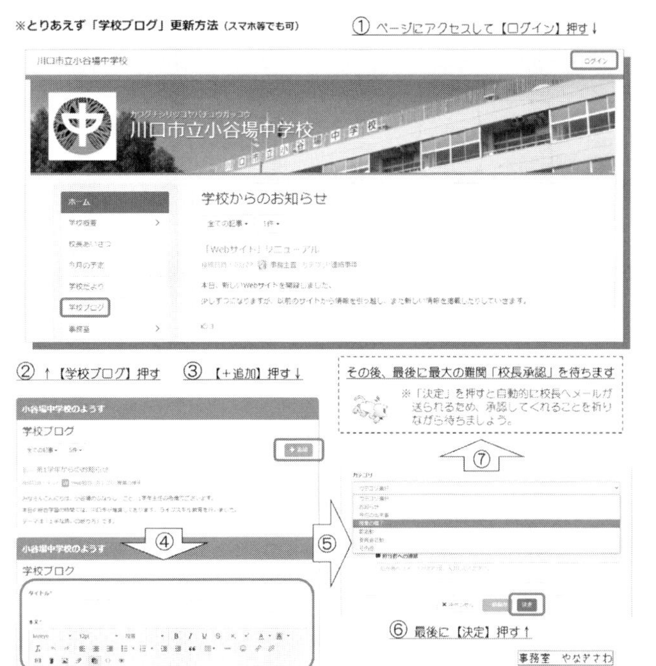

※とりあえず「学校ブログ」更新方法（スマホ等でも可）
① ページにアクセスして【ログイン】押す↓
川口市立小谷場中学校
ログイン
カワグチシリツコヤバチュウガッコウ
川口市立小谷場中学校
学校からのお知らせ
ホーム
学校ブログ
② ↑【学校ブログ】押す
③ 【＋追加】押す↓
小谷場中学校のようす
学校ブログ
④
⑤
⑥ 最後に【決定】押す↑
⑦
その後、最後に最大の難関「校長承認」を待ちます
※「決定」を押すと自動的に校長へメールが送られるため、承認してくれることを祈りながら待ちましょう。
事務室 やなぎさわ

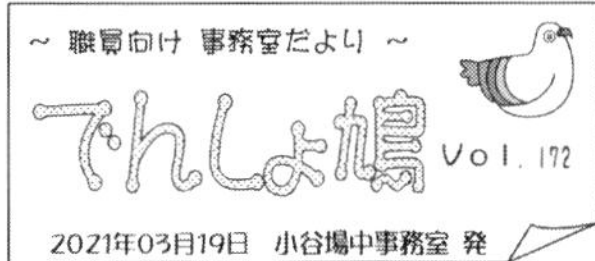

3月号 中教審「答申」はポエムか？

今月は、中教審「答申第 228 号」を特集します。この 1 行で読むのをやめよ……と思いましたか？ そうですよね。なんだか難しそうだし、学校現場には関係なさそうですよね。

文科省の Web サイトには、昨年出された答申が 1 本、一昨年は 7 本が載っています。でも、221～226 号が抜けているんですよね。なぜでしょう。答申研究者じゃないので理由はわかりませんが、幼稚園から高等教育までの教育に関する方針案が年に何本かつくられています。もちろん A4 数ページなんてこともなく、50～100 ページ規模で作文されています。書かれていることも難しく、幻想的な部分もあり、「ポエム」と批判的に捉えている研究者もいるそうです。

しかし、国がどんな教育政策を考えているのか、どんなことを具体化したいのか――そんなことを知っておく必要もあるでしょう。

（中央教育審議会：答申第 228 号 【01 月 26 日】）

「令和の日本型学校教育」の構築を目指して

～全ての子供たちの可能性を引き出す，個別最適な学びと，協働的な学びの実現～

■コトバ【中央教育審議会（中教審）答申】

中教審答申とは、文部科学省に置かれている「中央教育審議会」に文部科学省大臣が教育の振興などについて諮問をおこない、それを中教審で調査審議した結果を大臣に戻すことです。

かんたんに説明すると、大臣から出された宿題を提出するイメージです。

全文は 令和　中教審答申 で検索

中教審に出された**宿題**（2019 年）

ひとことでいえば「新しい時代の初等中等教育の在り方」を考えてください――です。

① 新時代に対応した義務教育の在り方
② 新時代に対応した高等学校教育の在り方
③ 外国人児童生徒等への教育の在り方
④ これからの時代に応じた教師の在り方
⑤ ④に付随する教育環境の整備

中教審が出した**回答**（2021 年）

答申は、2 部構成になっています。

第 I 部は、総論として、コロナなどによる社会の変化と学校、その役割や課題を踏まえた「令和の日本型学校教育」のあり方が検討され、第 II 部では総論で示された改革の方向性を踏まえた具体的な方策が書かれています。

キーワードの整理（義務教育の分野中心）

- 「個別最適な学び」と「協働的な学び」の実現
- これまでの実践と ICT を最適に組み合わせる
- PDCA サイクルを意識、効果検証と分析をする
- Society5.0 時代の教師及び教職員組織
- 義務教育 9 年間を見通した教科担任制
- 義務教育をすべての子どもたちに実質的に保障

【給食費の精算】

＿＿＿＿＿＿＿＿ 様

▲が付いている方は、現金で徴収します。
付いていない方は、振込で返金します。

休業中の給食停止や夏の追加などがあり、イレギュラーな状態でしたが、ひとりずつ個別に喫食数をカウントして、1 食単価で集金済み額と清算しています。返金は、睦会関係と合わせて、来月中に「ゆうちょ銀行」へ振り込みます。

事務室 やなぎさわ

11 話題を広げ、自由に書いてみよう（強みを生かす編）

それぞれの事務職員がもっている「強み」を生かした発信をしてもよいでしょう。わたしの場合は、読書や法律、デザインなどが好きですし、ある程度得意分野ともいえます。

» 2018年7月号（Vol.140）

「指導死」という言葉に出会ったときの衝撃――それを事務だよりにしてもよいです。

» 2018年10月号（Vol.143）

「シリーズ研修報告」の姉妹シリーズ、「シリーズ判例研究」があってもよいです。

» 2021年12月号（Vol.181）

「学んだことの還元」は、文章で伝えるのではなくポスター形式で伝えてもよいです。

ほかのネタやコメント

たまには事務職員であることを忘れてもよいでしょう。

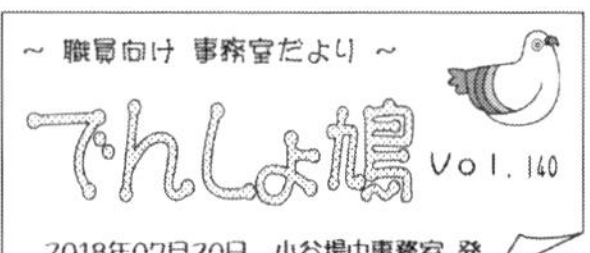

7月号 「群馬×新潟」の旅

昨年末の八戸市総合教育センターに引き続き、先週は群馬県総合教育センター主催の研修会にお呼ばれしてきました。

大学でしゃべったり、研究会でしゃべったり、一般市民にしゃべったり――と、内容もそれぞれ違いますが、教育センターは「ヤル気」出ますね。事務職員対象ですが、身近な他職種に理念や実践を広げることもできるのでやりがいがあります。

事務職員研修会でも、たまに教育センター長や指導主事、校長や教育事務所長なども参加している場合もあります。それもいいですね♪

――群馬って近そうで遠かったです。2時間半も鈍行電車に揺られるのは苦痛でした。昨年度の徳島なんて1時間ちょいでしたからね。

その週末は新潟の学会に参加してきました。「教育事務が世界を開く！！」という凄いスローガン。――海外から講演依頼こないかな～（笑）。

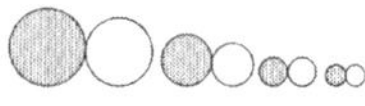

■生徒指導

ことば　「指導死」という言葉は造語であり、文科省などが正式な定義を発表していることはありません。「指導死」によりお子様を亡くされた大貫隆志さんがつくった言葉であり、「学校での生徒指導をきっかけに生徒が自殺すること」と定義しています。

生徒指導とは**「一人一人の児童生徒の人格を尊重し、個性の伸長を図りながら、社会的資質や行動力を高めることを目指して行われる教育活動」**と定義されています（生徒指導提要）。

○埼玉県の中学校で起きた「指導死」

昼休みにチューイングキャンディーを食べたことを12人の教員に90分間指導を受け、翌日に自宅のマンションから飛び降りる。

○兵庫県の高校で起きた「指導死」

試験中にカンニングを疑われ校長室で母親とともに4人の教員から叱責を受けたあと、自宅謹慎となる。その後、トイレでの喫煙が見つかり再度叱責後、無期限自宅謹慎を告げられ、マンションから飛び降りる。

このような事件が現在までに68件あると報告されています。どちらも、「自分が悪い」「自分が弱い」だけ……、と言い切れるでしょうか。体罰ではなく、生徒指導という行為で追い詰められ、自尊感情を失い、死を選ぶ子どもが存在しているのが事実です。失われる必要のなかった命を感じてほしいです。

●「指導死」関係者の言葉（教員）

「生徒指導をした後、この生徒をこのまま帰らせて本当に大丈夫か、最悪の事態が起こることがないか、常に考えて指導している」

●「指導死」関係者の言葉（保護者）

「生徒指導をきっかけに子どもが自殺するケースがあることを、もっとたくさんの人に知ってもらう必要がある。指導死は、いじめ自殺と同じくらい起きていることも分かっている」

Carrier-Pigeon Review 90

「指導死」

編：大貫 隆志

「追いつめられ、死を選んだ7人の子どもたち」その遺族の手記が掲載されているドキュメント本である。

学校での懲戒、叱り方、指導の方法を考え直すためのきっかけとなる一冊だろう。　事務室 やなぎさわ

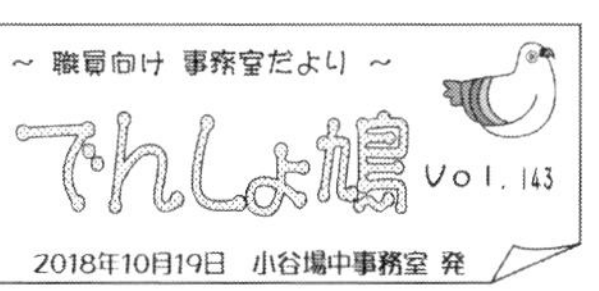

10月号 いわゆる「兼務発令」

ヤナギサワは、10/1 から小谷場中学校と兼ねて

- 埼玉県川口市立芝西中学校
- 埼玉県川口市立芝東中学校
- 埼玉県川口市立芝中学校
- 埼玉県川口市立芝樋ノ爪小学校
- 埼玉県川口市立柳崎小学校
- 埼玉県川口市立芝富士小学校
- 埼玉県川口市立芝南小学校
- 埼玉県川口市立芝西小学校
- 埼玉県川口市立芝中央小学校
- 埼玉県川口市立前川小学校
- 埼玉県川口市立芝小学校

の事務主査として働くことになりました。

いわゆる「兼務発令」というのが出て、12 校の事務職員になりました。でも、すべての学校に机があるわけではないので、基本的には小谷場中にいますのでご安心ください（笑）。

部活動中の熱中症 2億円

事件の概要

2007（平成27）年 5 月 24 日、兵庫県立高校の女子テニス部キャプテンが練習中に倒れ、心停止となり低酸素脳症による重度の意識障害が残った。1 審の神戸地裁は請求棄却したが、大阪高裁は熱中症と認定し、さらに練習に立ち会っていなかった顧問教諭の義務違反を認め、兵庫県に約 2 億 3700 万円の賠償を命じた。

争点 1――練習の立ち合い義務違反

争点 2――体調を配慮した練習軽減義務違反

争点 3――校長の事故予防義務違反

裁判所の見解

争点 1 に対して、「事故を予見することが可能であるような場合」以外は、常時立ち会う義務はないと否定しました。

しかし、争点 2 では「顧問は各部員の健康状態を把握」するなど「熱中症に陥らないように予め指示・指導をする義務がある」とし、義務違反を認めました。

争点 3 は、「予防研修など行うことは望ましいが、法的に義務があるとは言えない」とし、損害との因果関係は否定されました。

判例が示したこと

- 熱中症の危険は教員として必須の知識
- 熱中症の危険因子に留意して指導にあたる
  → 気温・湿度、暑さに対する慣れ、水分補給
  生活習慣（体調不良等）
- 熱中症に関する環境整備義務
  → 指数 WBGT（湿球黒球温度）又は
  相当する湿球温度、乾球温度計を設置する

紹介した判決は、高校生に対するものです。中学生だったら「義務違反」の見解も変わってくる可能性はあります。

この判決では、「その場にいなかったこと」、よりも、「その子の体調把握と適切な練習メニューの提供がされなかったこと」に義務違反があったとしています。

参考文献：「週間教育資料 2018 年 8 月 27 日号」pp. 15-17
大阪高等裁判所 平成 27. 1. 22 判決

事務室 やなぎさわ

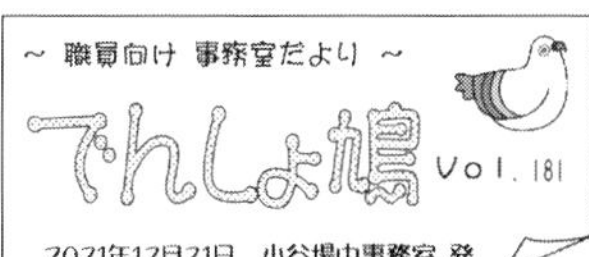

12月号 「みんなの学校」

先月 06 日（土）、埼玉大学の教育学部附属教育実践総合センターが主催した教育講演会に参加しました。演者は、木村泰子さん。

2015 年に『「みんなの学校」が教えてくれたこと――学び合いと育ち合いを見届けた 3290 日』という本を出版し、ドキュメンタリー映画の舞台となった〈大阪市立大空小学校〉初代校長です。

ウワサには聞いていた校長ですが、話を聞いたのは初めてです。わたしも 2016 年に初の単著を出版し、Amazon 学校運営ランキングでそれなりの期間、木村泰子が 1 位－柳澤靖明が 3 位をキープしていました（ちなみに 2 位は、「ぬまっち」先生。知っているひとも多いと思いますが、沼田晶弘という東京学芸大学付属小の教員です）。

そんな関係から彼女を知り、5 年越しの望みが（Zoom だけど）かないました。ソフト面において「[illegible]」学校の限界って案外高いと思いました。

学校がある目的は――

◎講演資料と著書から名言引用特集

子どもが自分をつくるところ すべての人が学ぶところ

大空小が大切にしている「4つの力」とは
「人を大切にする力」
「自分の考えをもつ力」
「自分を表現する力」
「チャレンジする力」

大空小のたったひとつの約束
「自分がされていやなことは人にしない・言わない人」

「みんなの学校」
自分がつくる自分の学校
すべての人が当事者になる
人のせいにしない
学校づくり

すべての子どもの学びを保障するために
自分から自分らしく
「自分の言葉」で語る
正解のない問いを
問い続ける

持続可能な「みんなの学校」づくり
連携【**Give&Take**】から
融合【**Win&Win**】へ

決まりがあるがゆえに
「学校で決まっているやろ」と
その**「決まりを破ったという現象」**
のみを教師は言及しがち

【大空小 Web サイト】

事務室 やなぎさわ

12　話題を広げ、自由に書いてみよう（思いを語る編）

たまには日頃から思っていることや考えていることを語ってみましょう。特に話すことが苦手なひとは、事務だよりをつかって「文字」で語ってみましょう。

» 2020年05月号（Vol.162）

校内研修（財務編）を担当し、そのアンケートに対するフィードバックという名目で思いを語ってみました。

» 2019年04月号（Vol.149）　2019年10月号（Vol.155）

事務職員の主張は「節約」だと思われやすいので、年度当初に「節約」と「ムダを省く」との違いを整理しました。引き続き半年後に事務職員の「ムダを省く」ことも重要であることを語りました。

ほかのネタやコメント

校内で思いを言葉（文字）にする機会を大切にしたいと考えています。

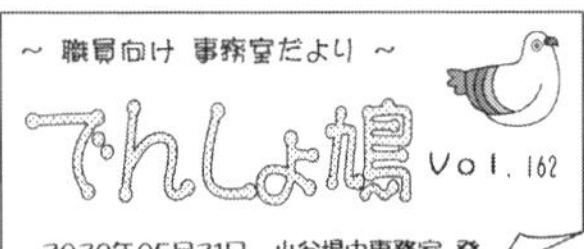

5月号 父親 兼 家庭教師……

「#STAY HOME」な日々――いかがお過ごしでしょうか？　キャンプにも行けないゴールデンウイークでしたが「どこにも行かない」と決めればそれはそれなりに気楽な連休でした。

長男の中学校は課題が少なく、やることがなくなったので授業を始めました（笑）。ホントは理科をやりたかったんですが、希望は数学……。

中一なので、マイナスの概念からです。授業の前に予習をして（偉すぎ、父）挑みますが、長男の「なぜ？」に分かりやすくこたえるのがたいへん。そんな生徒40人を相手しているみなさんも偉い。――教科書を進めて分かったことといえば――理解を確認するために問題集がほしくなること。やっぱ問題集も重要な教材として位置付け、無償措置の対象を広げていくことが必要だなと思いながら、16時頃になるとお風呂に入ってビールを飲んで、読書をして寝る……というルーティン。

アンケート①

動画による研修は初めてでしたが、とても分かりやすかったです。学校財務や就学援助の知識を得ることができたので、認識を変えていければと思っています。

YouTubeで校内研修をした事務職員――日本にいるか分かりませんが、何事も挑戦です。ほとんどの講演は中止か延期と動画でも話しましたが、鳥取県教育センターはなんとサテライト講演は可能だと……！？

アンケート②

保護者の負担をなくすためには、公費の使い方の見直しと検証、私費で購入するものの厳選、配当予算の要求が必要なのだと改めて思いました。この研修を全学校職員、自治体、国に広げていく必要がある。

動画だったので、理解が追いつかない点や再確認したい部分を何度か見直してくれたという記述もありました。その成果でしょうか、重要ポイントをまとめていただきました。完璧です！！　そして、小谷場中だけの「点」とせず、線から面へと広げていく取組にしていきたいです。

アンケート③

小谷場中の生徒はテニスをしていたり、自転車通学、授業の理解度も高いので貧困率は低いと思っていました。18%もあって驚きました。私費負担テスト62.5点でした。

テストの点数は残念ですが、いいところに気づきましたね。動画のなかでも言いましたが、教育優位家族の存在（食費を節約して、でも教育費を捻出）は否定できません。

やはり学校や子どもを優先している実態はあります。だからこそ私費の徴収は慎重にならなくてはいけません。

アンケート④

①私費は、公費を補完するもの、②安易に私費に頼らない、③義務教育無償化が原則である。研修を受けるようになって、教育費についても「なぜ」「どうして」を考えるようになってきました。

動画の最初に示した「私費」に対する考え方、メモありがとうございます（また見ていないひともいそうなので転載しておきました）。

人間の知的探求心をクスぶる研修をこれからもがんばります！

事務室　やなぎさわ

無駄！を省くということ

——「節約」は手段であってそれが目的ではない

節約	価値が伴う節約 ○
	価値が伴わない節約 ×

4月号 小谷場中5年生に！

——気が付いたら5年目になっていた柳澤です。あまり長居をするタイプではないので、そろそろ異動を考える時期になりました。受け入れ先さえあれば、もう少しだけこの仕事を続けようかな～と思っている今日この頃です。

ちょっと色々イレギュラーな事務職員なので、新しく着任されたひとは困惑するかもしれませんが、どうぞよろしくお願いいたします。

さて、ライフワークと化している「事務室だより」づくりも、月1発行で14年目になりました。

編集のコンセプトは、「読まなくても損はしない（かもしれない）けど、読んだら得をする（かもしれない）情報のサワリをサラリと紹介すること」です。給与明細の配付に合わせて『でんしょ鳩』を発行し、いろいろな情報を発信していきたいと考えています。「どうしても読みたくないんだな」と感じた人以外には、毎月同封しますね(笑)。

「節約」という概念に「無駄を省く」ことが含まれていますが、節約や倹約という言葉を使うと「質素にことを進める」印象が強く残ってしまうと思います。

そのため、わたしは「節約」という言葉は使わずに「無駄を省く」と表現しています。節約が目的化して「価値が伴わない節約」が横行したら、それこそ無駄ですからね。

お金も時間も有限な資源です。バランスを考えて効果的に使いましょう。

■たとえば、

- 無意味なカラー印刷はやめよう（時間—、お金○）
- 帳合が大変だからコピー機を使おう（時間○、お金×）
- 修正液じゃなくて修正テープを使う（時間○、お金×）
- 念のためコピーはしない（時間×、お金×）
- 学校の固定観念を見直そう（時間○、お金—）

Carrier-Pigeon Review 104

「さる先生の『全部やろう』はバカやろう」

著：坂本 良晶

流行りの働き方改革本だが、校長ではなく、現役教員の著作である。

子どもたちのためなら「全部やろう！」が正しいに決まっている！！ それを「バカやろう」なんていうやつは信じられない——という人ほど読んでほしい本である(笑)。

本書は一貫して「働く時間を減らしつつ、子どもを伸ばす『教育の生産性』向上の実現」をねらいにしている。最少の時間で成果を最大にするという「エッセンシャル思考」を教育現場に落とした良書である。

事務室 やなぎさわ

自動振替登録者の引き落とし額一覧表

（単位:円）

費用名	4月	5月	6月	7月	8月	9月	10月	11月	12月	1月	2月	3月	合計
給食費	0	6,500	6,500	6,500	6,500	6,500	6,500	6,500	6,500	0	0	0	52,000
諸会費	0	6,000	6,000	6,000	6,000	6,000	6,000	6,000	6,000	0	0	0	48,000
旅行積立金	0	6,000	6,000	6,000	6,000	6,000	6,000	0	0	0	0	0	36,000
手数料	0	10	10	10	10	10	10	10	10	0	0	0	80
合計	0	18,510	18,510	18,510	18,510	18,510	18,510	12,510	12,510	0	0	0	136,080

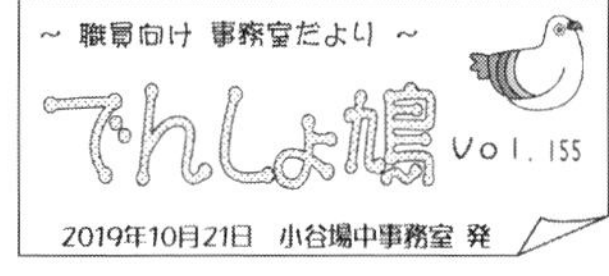

無駄！を省くということ

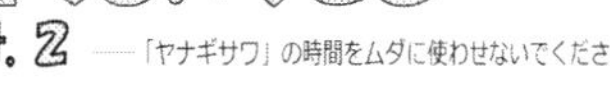

Part.2
——「ヤナギサワ」の時間をムダに使わせないでください

10月号 ムダを省く業務改善

働き方改革！ って言ったって現場は何にも変わらないじゃないか。——そう思っているひとも少なくないと思います。

業務改善は、ひとりでできることと、チームで取組必要があること、制度変更が必要なことなどがあると思います。まずは、ひとりでできることを見直してみましょう。机上やパソコンのデータ整理だけでも「探す時間」が省けます。

チームによる取組は、だれかに負担を押し付けて、だれかの負担を減らす、ということでは当然ありません。まず、負担の根本を探りましょう。

たとえば、ひとりひとりがヤナギサワのために5分間使ってくれると、わたしは2時間くらいのムダを省けます。これは、わたしの仕事を転嫁するのではなく、ひとりひとりが丁寧に仕事をしてわたしのムダを省いてほしいという話です。

省いた時間でほかの価値ある仕事ができます。

価値ある仕事とは、ヤナギサワにチェック業務で時間を使わせるより、まだ学年や学校に残っている会計業務をやらせたほうが価値あるよね——、という意味です。

そのために、人的なムダを省いてほしいなという特集です。生産性のない仕事に時間をかけるほど時間はムダに余っていません。

あ、別に怒っていません(笑)。念のため。

■たとえば、

- **旅行命令簿や年休簿の記入もれ**
  → 百歩譲ってチェックまではよいですが、督促にかかる時間と紙はムダです。
- **旅行命令簿の用務先や用務の記入ミス**
  → 用務先や用務の記入ミスを修正しています。修正にかかる時間はムダです。
- **出勤簿の押印ミス、未修正**
  → 給与報告に関わる場合もあり、修正報告にかかる時間と紙はムダです。
- **印刷室を雑多に使う**
  → ひとりひとりが整理整頓に気遣えば毎日やっている整理整頓が不要です。

■ 具体的なお願い ■

- 旅行命令簿と部活動実績簿は月末まで完成
- 年休簿を書いてから休む（事後でも早急に）
- 用務先は「〇〇市 □□公民館」と書く
- 車で大会は、「引率」×「現地指導」〇
- 校外学習の「下見」×「実地踏査」〇
- 主任は出勤簿をしっかり押す（まぁ、全員）
- 印刷した紙の余りは所定の位置に戻す
- 模造紙やラシャ紙を雑に扱わない

用務先は「市町村から記入」とか「実地踏査」なんて正しく旅費が支給されればホントは大したことないんです。

でも、現状では県教委や市教委が定めたことや奨励されていることなんです。おかしいと思ったら変更させるような取組が必要なんですが、それにかける労力と比較すると書いた方が省エネだと思いませんか？

制度を変えるぞ！ ってひと以外よろしく。

事務室 やなぎさわ

13　話題を広げ、自由に書いてみよう（ちょっと手抜き編）

事務だよりを定着させるためには定期的な発信が重要です（作成者と読者の双方）。しかし、どうしても時間を取れないときや筆が走らないときもあるでしょう。そんなときは、ちょっと手抜きをしてもよいと思います。

» 2021年10月号（Vol.179）

いわゆる「埼玉教員超勤訴訟」で争点となった労働時間の区分を表にまとめているひとを発見したので許可を得て転載しました。

» 2022年12月号（Vol.193）

職員数が多い学校へ異動しました。校内研修のアンケートを転載（フォームスなのでコピペ）しただけで、ほぼスペースが埋まりました。

ほかのネタやコメント

「ボーナスの使い道」アンケートを取って集計しても盛り上がりそうですね。

～ 職員向け 事務室だより ～

でんしょ鳩　Vol. 179

2021年10月21日　小谷場中事務室 発

１０月号 埼玉県 V.S. 田中まさお

10.01（金）──約 3 年間における裁判闘争の決着がついた。わたしは、モデルナ副反応の高熱に耐えながら判決文を読んだ。

結果は、原告敗訴──田中まさおさんは負けた。

さて、この裁判について知っていた！　というひとはメールで返信してほしいです。田中さんは仮の名前ですが、埼玉県の現役教員です（再任用）。

この裁判についての争点は 2 つあります。

・時間外手当の支給

・法定労働時間の適用による賠償責任

興味があるひとは、以下の QR コードから概要などを調べてみてください。

田中まさお Web サイト　　妹尾昌俊さんの解説

労働時間

○　△　×

■コメント

田中さんは、自分が担当した業務の記録を付けていました。

今回、それを法廷で明らかにし、裁判所の判断を仰ぎました。

その結果が右です。

あくまでも、この裁判における判断ですが、労働時間の司法的判断が示されました。

労働時間と認める

5 教室の掲示物の管理（職員会議で方針が決められたもの）（週に２分間）
8 教室の掲示物の作成（職員会議で決定したもの）（年１回 90 分、毎月 30 分）
9 授業準備（１コマ５分）
11 朝次週の準備（校長が決めた科目、教科についてのプリント作成など）（１回につき 10 分）
12 業者テスト採点（１回 60 分）
13 出席簿の整理、授業時間数集計表の提出（月に１回 30 分）
14 健康診断表の作成・報告１年に１回３時間
15 日直業務（職員朝会の司会、学校日誌の記入、校舎内の見回り、施錠、黒板消し）（１回 30 分）
17 週案簿の作成（１週間に 30 分）
18 学年花壇の草取り・管理（月に１回 10 分）
20 学級・学年会計の確認・報告（学期末２時間）
21 通知表の作成（児童１人 40 分）
22 自己評価シート（１年に２時間）
25 学年だよりの作成（１回２時間）
26 校外学習の準備（１回３時間）
27 非行防止教室・図書館教室・交通安全教室等の申込み、実施計画作成（各２時間）
30 家庭訪問の計画表作成・実施（１回３時間）
31 児童調査票・保健緊急カードの確認（年１回１時間）
32 緊急連絡網の作成（年１回１時間）
33 学級懇談会の準備（１回２時間）
35 安全点検（月１回５分）
36 配布物の綴込み（児童数４０人で１時間）
37 保護者のメール登録の確認（１年１回１時間）
43 指導要録の作成（１ヶ月 100 分、１人 30 分）
49 扇風機の清掃とビニール掛け（１回 30 分）
50 エアコンスイッチ入切記録簿の作成（１ヶ月５分）
51 教室のワックスがけ（１回１時間）
?? ふらいでぃの作成（全校児童に課される宿題、月に１回 30 分）

労働時間と認めない

1 教室の整理整頓
2 掃除用具の確認
3 落とし物の整理
4 教室の点検及び修理
6 掲示物のペン入れ
7 作文のペン入れ
9 教材研究
10 提出物の内容確認
12 ドリル、プリント、小テスト採点
34 授業参観の準備
39 ウィンバードへの記入（児童の様子共有ソフト）
40 保護者への対応
44 児童のノート添削
45 授業で行った作業の添削
46 賞状の作成

断定せず

（従事したか証拠不十分のため）

28 児童理解研修資料の作成
29 チャイム教室の計画作成及び保護者への連絡
52 エコライフ集計、いじめ調査アンケート、就学時健康診断打ち合わせ

労働時間と認定できない

（具体的な内容や時間が不明、証拠不十分のため）

16 週予定表や学級便りの作成
19 パトロール
23 校内研修指導案提出
24 指導訪問指導案提出
38 学校行事の準備
41 指導訪問前の準備
42 ノート点検
47 児童相談
48 校内巡視・鍵閉め
53 超勤４項目に該当する仕事

※「さくさくブログ」（https://sakutsuba.com/）より許可を経て転載↑↑↑

事務室　やなぎさわ

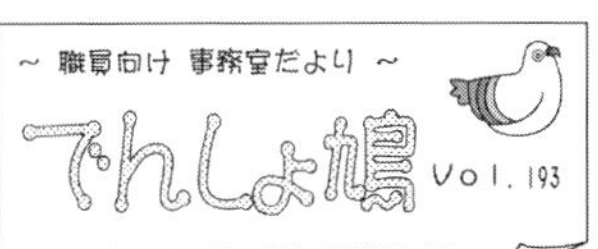

アンケートレスポンス特集

■校内研修「教育財政領域」中期計画（3ヵ年）

教育財政領域の基礎

今年度から向こう6年間を見据え、三ヵ年の研修計画【ホップ・ステップ・ジャンプ】を立てました。今回はその初年度、「教育財政領域の基礎」編でした。教育における財政領域を学ぶ意義と現場における財務領域の実践を辿った内容を用意しました。いかがでしたか？　34件のアンケートをいただきました。

12月号　「炭コーヒー」の効果（?）

最近、「コロナ感染」の状況が落ち着いてきた──とはいえませんが、参集型の講演や研修等が戻ってきています。今年も 20 回くらいの講師等を担当しました。前半は参集型「ゼロ」でしたが後半は半分くらいが参集型に戻っていました。

オンライン講演にも慣れてきましたが、やはり参集型のほうが話しやすいし、楽しいですね～♪
研修といえば【あの校内研修】の前日、ある大学で授業をしてきました。そのお礼に「炭コーヒー」をもらったんです。それから、朝食代わりに炭の摂取が始まりました。「炭」にはダイエット効果があるそうですよ。ちなみに「炭」系のサプリももらい飲んでいます。ちょっと痩せたかな？（笑）。

■演習の結果【N=34】

・残念ながら 100 点満点はゼロ
・最高得点は 87.5 点（惜しい、あと1問）
・最低得点は 00.0 点（ある意味スゴイ）
　→　平均点は 56 点でした

■演習：私費負担（保護者が負担するお金）を把握しよう

学校給食費	・	・	161 万円
各学年合算教材費	・	・	10 万円
修学旅行費	・	・	……万円
ＰＴＡ会費	・	・	92 万円
生徒会費	・	・	0 万円
後援会費	・	・	1,555 万円
林間学校費	・	・	1,540 万円
卒業アルバム	・	・	3,870 万円

この演習のねらいは、私費負担の総額を捉えることから公費不足の状況を捉え直すことにあります。次回は 100 点取れるように引き続き、意識していきましょう。

■教材等「振り返り」の効果

・授業者が教材を授業の中で活用できていたかの振り返りができ、次年度以降への教材の見直しができる。
振り返ることで、不必要な教材を選別することができ、費用負担減につながる。
より生徒にとってためになる教材が選別できる。

・学力の伸びと副教材との関係について研究できるといいです。

・授業向上につながります。一つ一つの教材が生徒に教育的効果を与えられているかどうかを検討することは、授業内容が適切であったか、指導方法が適切であったかを検討することであることだと思います。お金を出している保護者の視点から考えても、子どもが受ける授業は良い方がいいので、大切だと思います。

この設問は、「R-PDCA サイクル＋B」中でも特に重要と説明した「C」（振り返り）の意義を確認し、その効果を文字化することで意識を高めるねらいがあります。授業者だけでなく費用負担者（保護者）や使用者（生徒）の観点を加えることで思考が広がったと感じます。

サッカーのW杯が開催されて盛り上がっていますね。私も 10～15 年前くらいまでは海外のサッカーをチェックしていたので、強豪国の選手はだいたい分かっていたのですが、今はもう自分と同世代の選手がギリギリ分かるくらいです。知っている選手が中堅ベテランと呼ばれているのを見ると、飯塚はポケモンやっている場合なのか……と、感じてしまいます。

■今回の研修に対するフリーコメント

・前任校では、未納分については、担任（及び学年主任）だけに任されることが多かったが、お金のことでの家庭連絡は、正直なところ苦手で困っていました。しかし、青木中では事務職員との連携が取れることで大いに助かっています。年度途中から不登校傾向になってしまったなどの生徒への費用負担についてもいろいろと考えていただき助かります。

・ある程度は知っていると思って聞いていましたが、実際の金額は具体的に知らなかったので勉強になりました。

・初任者研修でも教わった内容を改めて学ぶことができました。ステップ・ジャンプの研修もしっかり学んで生かせるようにしていきたいです。

・ステップ、ジャンプも楽しみです。

・このような研修を受けることで、学校にまつわるお金のことに興味を持ちました。学んだことを教科や部活動で生かしていきたいと思います。また、自身も小学生の保護者となったので小学校から請求される経費にも関心を持ちたいと思いました。

・事例に沿ってそれぞれにかかる金額を考えてみると、自分の想像を超える大金が動いていて驚きました。来年度以降のステップ、ジャンプ研修が受けられず残念ですが……今後も学校の「お金」について意識しながら働いていきたいです。

約3千字のフィードバックをいただきました。ありがとうございます。コメントの共有は、自分では思いつかなかったこと考えられなかった視点と向き合える効果があります。時間があるときにでも読み、第三者的視点で研修自体を振り返ってください。
また、来年度以降の応用編（ステップ）発展編（ジャンプ）も聞きたいというコメントが多く、うれしいです。
ぜひ、研修の日だけでも青木中に戻ってきてください～♪　お待ちしております(*´▽`)　―ヒソカニカワグチ市「トクテイ研修」の指定席ネラッテイマス。

・来年度のステップ、再来年度のジャンプも聞きたいと思いました。

・まだまだ、学ばなければならないことが多いなあと、つくづく感じる今日この頃です。

・様々な決まりの中で、徴収、執行されていることがわかりました。今後も、引き続き相談にいきます。

・栁澤さんの講演上手なところが印象的でした。教育財政もなかなか、奥深く感じる内容でこれから勉強していこうかと思いました。

・会計担当でありながら、学校の会計のことについて無知なことが多いので、とても勉強になりました。演習問題は具体的で取り組みやすかったです。次回の演習も楽しみにしています。

・「公費・私費」の区分の理解が深まった。教育指導領域と教育財政領域の関連の具体的事例を聞き、教育財政の理解を深めえる必要性を感じた。今後は就学支援制度の理解も深めていきたい。

・指導領域と財政領域についての関係性を学ぶことができました。来年は、青木中にいないと思いますが、ぜひ講義を受けたいと思いました。

・R-PDCA＋B の考え方が印象に残りました。当たり前のようにお金を使って学校教育を行うのではなく、その必要性をよく考えることの重要性を改めて感じました。また、事務職員との連携の大切さについても改めて考えました。

・例年同じものを使うのではなく必要に応じて確認し、調整していくことが大切だと感じた。また年度当初のリサーチと、中間リサーチ、最後の引継ぎまで、確実に行うことにより、保護者の負担に目を向けることや私たちの授業計画を見直すことができるためとても必要だと感じた。

「でんしょ鳩」Vol.193　青木中学校 やなぎさわ

14　話題を広げ、自由に書いてみよう（その他編）

あえていえば、アナウンス編でしょうか。「読まなくても損はしないけど、読んだら得をする（かもしれない）」という事務だよりのコンセプトにマッチさせました。

» 初任者研修ダイジェスト（Vol.190）

前半のダイジェストを載せながら、後半の研修をアナウンスしてみました。

» パブリックコメント（Vol.188）

意見を述べることで、制度が変わるかもしれないというアナウンスをしてみました。

» エゴグラム（Vol.177）

ヤナギサワの取り扱い説明書的な「診断結果」をアナウンスしてみました。

ほかのネタやコメント

その他——ほかのテーマに載せられなかったけど、載せたかった裏面ネタです。

◎基礎から学ぼう「教育財政領域」

初任者研修ダイジェスト

［ 第 ② 回 ］

夏季休業中の 8/25（木）に、学務課主催で「第１回初任者・若手教職員研修」を担当しました。サマースクール週間でもあり、リアルタイム＆録画のシェアによる研修でした。

当日は約 60 名、その後の動画視聴は 9/1 公開から１週間で 150 回くらい再生されていました♪

「教師となって第一歩」の補足

再度、「教育財政領域」を確認します。

①教育活動や学校運営を支えるための学校財務

②子どもの学習環境を支えるための就学支援

③教員の生活を支えるための給与規程

「教師となって第一歩」は、152 ページというボリューム、「基本編」「Q&A 編」「用語解説編」「資料編」の４部で構成されています。

基本編は「実践的な指導力や教員としての技量の向上を図っていく上で必要とされる基礎的・基本的な事項」で「いつも心において、日頃の教育活動に生かしていくよう努め」るべきことが書かれています。その内容には「学校保健」「学校安全」「学校給食」という領域が並べられ、それらの説明が書かれていますが「学校財務」領域は欠けています。

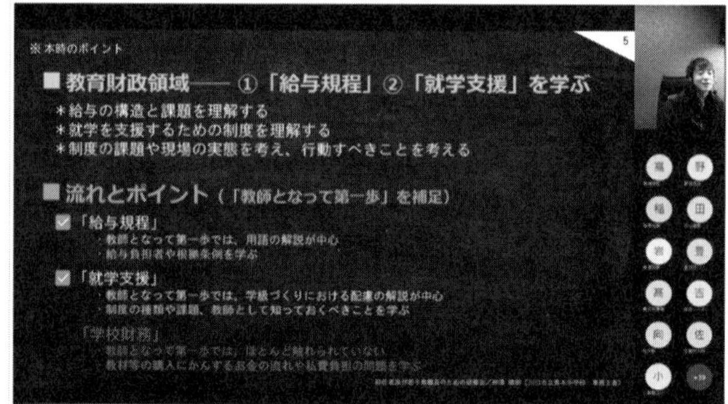

しかし、お金のことが皆無というわけではありません。教職員事故防止という観点で「会計処理や物品の管理」に触れられています（①の領域）。学校徴収金の管理や集金方法とあわせて「経済的に余裕のない家庭も少なくありません。購入する物品が『本当に必要なのか』『価格は適正か』『時期は適切か』等に注意しなければなりません。家庭から預かった現金は１円たりとも無駄にしてはなりません」という説明もあります（②の領域）が、あくまでも事故防止という観点です。教育効果や授業内有用性の観点でも捉えていく必要があります。

また、「要保護世帯・準要保護世帯の児童生徒に対しての配慮」があります（②の領域）。制度説明も数行ありますが、おもに学級のなかで差別意識を生まないことに対する指導的内容が中心です。もちろんそれも重要なことですが、正しく制度を理解するための研修も重要です。終盤に「給与」という項目があります（③の領域）。しかし、これは「用語解説編」という付録のような部分であり、大まかな解説のみで詳細やその構造までは書かれていません。

第２回「初任者・若手研修会」学校財務編は冬季開催予定♪　ぜひご参加ください♪♪

「でんしょ鳩」Vol.190　青木中学校　やなぎさわ

■教員免許更新制度の廃止等に伴う　新たな「研修」制度等に向けたパブリックコメント実施中……

―― 3案ともに［7/29（金）が期限］です。成立してから文句をいわないように、成立する前に意見を届けましょう ――

◎学校教育法施行規則の一部を改正する省令案

「研修主事」という主任を増やす改正案

主任手当の対象になるかどうかは埼玉県次第

学校教育法施行規則の改正案

【研修主事】

第四十五条の二

小学校には、研修主事を置くことができる。

2　研修主事は、指導教諭又は教諭をもつて、これに充てる。

3　研修主事は、校長の監督を受け、研修計画の立案その他の研修に関する事項について連絡調整及び指導、助言に当たる。

◎公立の小学校等の校長及び教員としての資質の向上に関する指標の策定に関する指針改正

県教委が計画する研修の基的な定めが変更

学習指導要領改訂に伴う変化に沿った内容

指針改正案のポイント

【研修機会・体制整備等】

・日常的な校内研修の充実（互いの授業参観）

・管理職の下での主体的・自律的な研修

・研修内容が適時見直される仕組みの整備

・研修の精選重点化を含む効果的効率的な実施

・中堅段階以降も含めた研修機会の充実

・研修内容の系統性確保（シリーズ、グレード化）

・臨時的任用教員等への研修機会の充実

……など

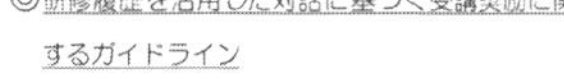

◎研修履歴を活用した対話に基づく受講奨励に関するガイドライン

受けた研修を受講歴として記録

研修受講歴を参照して、さらなる研修を奨励

ガイドライン案のポイント

【研修機会・体制整備等】

・令和の日本型学校教育を担う新たな教師の学び

・研修履歴を活用した対話に基づく受講奨励

・研修受講に課題のある教師への対応

→　期待される水準の研修を受けているとは到底認められない場合、職務命令を通じて研修受講

→　従わない場合は、人事上の措置を講ずることもあり得る

Ex. 合理的な理由なく法定研修や悉皆研修等に参加しない場合

Ex. 必要な校内研修に参加しない場合　など

パブコメページへGo！

「でんしょ鳩」Vol.186　青木中学校 やなぎさわ

エゴグラム 2021

昨年9月に「NP」が減少して、少々優しさが足りなくなっていたヤナギサワでしたが、このたび「優しいヤナギサワ」復活です。

ほかも、「いつも通り」に戻ってきました。

どうしてだか、「AC」は相変わらずの低数値なんですよね――。「人の意見」は、たくさん聞いているつもりなんですけどね(笑)。

こんな人間ですがよろしく～(^_^)v。

なんと、7年連続で改善方法に「～してもいいですか？」と、相手の許可を得ろ！　と出てしまいました。

小谷場中で働いていてもいいですか？(笑)。

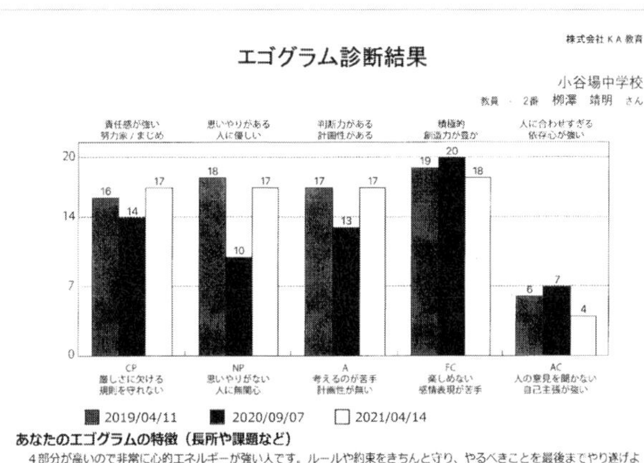

あなたのエゴグラムの特徴（長所や課題など）

４部分が高いので非常に心的エネルギーが強い人です。ルールや約束をきちんと守り、やるべきことを最後までやり遂げようと努力する責任感が強くまじめな人です。思いやりがあり優しく、困っている人がいるとすすんで助けるといった面倒見のよさも持っています。したがって、人望が厚く周りの人に頼りにされるタイプです。事実を重視し、冷静な判断力により、計画的にてきぱきと行動できる人です。衝動的に行動を起こすこともほとんどありません。さらに、とても明るくどんなことにも好奇心旺盛で、感情を素直に表現でき、生活をエンジョイすることができます。

ＦＣ＞ＡＣの差が大きいあなたは、人に合わせることよりも自分の感情を優先させるタイプなので、ストレスをためることなく心の健康状態が良好です。

ＡＣが低いので、遠慮せず自己主張し、協調性に欠けることがあるようです。人のアドバイス・忠告・意見に耳を傾けず、頑固で押しつけがましいところもあるようです。

あなたのエゴグラムの改善方法

人の話をきちんと最後まで聞いて、確認してから自分の意見を言うようにしましょう。何かをする前に「～してもいいですか」と相手の許可を得たりするなど、相手を気遣い、相手の立場に立って考え行動する習慣を身につけましょう。他人とペースを合わせる努力も必要です。

「でんしょ鳩」Vol.177　小谷場中学校やなぎさわ

15　連載を組んでみよう（長期シリーズ）

これは、読者にとっては「続き」が気になるし、作成者にとっても単発で特集を考えるより負担が減ります。「裏面連載」などと指定席を用意するとより定着します。

»「子どもの権利条約」2006年8月号（Vol.5）～2007年6月号（Vol.15）：11回

掲載後、小冊子「『子どもの権利条約』早分かりブック」に生まれ変わりました。

»「法律を学ぼう」2007年7月号（Vol.16）～2013年9月号（Vol.82）：46回

学校給食法や生活保護法、労働基準法、教育基本法などを特集してきました。

»「いまこそ、日本国憲法を読もう！」2013年10月号（Vol.83）～継続中

最終回を第100回と決めてからスタートした長期連載です。

ほかのネタやコメント

法令解説は逐条解説を片手に自分自身も学びながら挑戦してみましょう。

～ 世界中の子どもたちのために ～

Part. ①

子どもの権利条約って？

1989年ポーランドによって提案され、国連総会において満場一致で採択されました。日本は158番目に批准し、現在193ヶ国が批准。残すのはアメリカとソマリアだけです。

（署名はしているが批准していない）

○条約が提案された背景○

少し大きな話になりますが紹介いたします。今現在地球上の様々な場所で、子どもたちが人間としての人格や尊厳が維持できずに、傷つき、悩み、時には生命を奪われているという「危機感」があり、武力紛争・飢餓・貧困・環境破壊、家庭崩壊・虐待などにより、子どもたちが力萎え、自信を失ってしまったら、もはや人類の未来はないのではないか。子どもたちが生きるプライドを取り戻し、社会を支える重要な構成員としての役割を担えるようになるためにはどうしたらいいか。そのために世界の英知の結集され、10年の歳月をかけてつくられた「子どもの権利についての到達点」が子どもの権利条約である。そして子どもを未熟なものという「保護」の対象である客体から、権利行使の主体として認識し位置付け、締結国に対し、法的拘束力をもつ条約の形で、子どもの権利主体性を確立することを目指したのである。

○主な条文の内容○

基本的に４つの子どもの権利を守ること

①生きる権利

→　防げる病気で命を奪われないこと

②育つ権利

→　教育を受け考えなどが守られ自分らしく育つことができること

③守られる権利

→　虐待や搾取から守られ、障害のある子どもなどは特別に守られること

④参加する権利

→　自由に意見を言ったりグループを作ったり自由な活動ができること

子どもの権利条約第１条

← 子どもの定義 →

18歳になっていない人を子どもと呼びます

○「子ども」って何なの？

子どもの権利条約第１条では「子ども」とは18歳未満つまり17歳までとなっています。どうして18歳未満なのかというと、それは世界の多くの国で18歳がおとなになる年齢になっているからです。

日本では、政府は英語の（Child）を児童と訳していますが、法律では「児童」は小学生をさしたり、15歳未満だったり18歳未満だったりとまちまちです。ですが、子どもの権利条約の対象者を「子ども」と呼びます。

子ども、一人ひとりが権利を持った人間です。それを実現していく主人公！！

◎参考引用文献：「日本ユニセフ協会」ウェブサイト

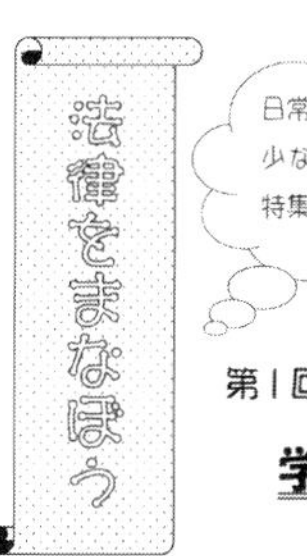

日常で触れる機会の少ない法律について特集していきます！

第1回

学校給食法①

― 学校給食法成立までの経緯 ―

明治22年（1889年）
山形県鶴岡町私立忠愛小学校で貧困児童を対象に学校給食が始まったと言われています。
当時の給食は、おにぎり・焼き魚・漬け物でした。

大正03年（1914年）
東京の私立栄養研究所で、文部省の科学研究奨励金を得て、付近の学校の児童に学校給食を実施しました。

大正12年（1923年）
発学73号文部次官通牒「小学校児童の衛生に関する件」が発せられました。
この中で、児童の栄養改善方法として学校給食が奨励されました。

昭和07年（1932年）
文部省訓令第18号「学校給食臨時施設方法」が定められ、はじめて国庫補助によって貧困児童救済のための学校給食が実施されました。

昭和15年（1940年）
文部省訓令第18号「学校給食奨励規定」で従来の貧困児だけでなく、栄養不良、身体虚弱児童も対象に含めた栄養的な学校給食の実施がはかられます。

昭和19年（1944年）
6大都市の小学生児童約200万人に対し、米・みそ等を特別配給して学校給食を実施しました。

昭和21年（1946年）
文部・厚生・農林三省次官通達「学校給食実施の普及奨励について」が発せられ戦後の新しい学校給食がスタートしました。
東京・神奈川・千葉の3都県で試験給食を開始しました。

昭和22年（1947年）
全国都市の児童約300万人に対し学校給食を開始しました。
アメリカから無償で与えられた脱脂粉乳で給食が始まりました。

昭和24年（1949年）
ユニセフ（国際連合児童基金）からミルクの寄贈を受け、ユニセフ給食が開始されました。

昭和25年（1950年）
8大都市の小学生児童に対し、アメリカ寄贈の小麦粉によりはじめて完全給食を開始しました。

「でんしょ鳩」Vol.5　鳩ヶ谷中学校 やなぎさわ

法律をまなぼう
番外編
いまこそ、日本国憲法を読もう！

第1章：天皇

001
100

第1条　天皇は、日本国の象徴であり日本国民統合の象徴であつて、この地位は、主権の存する日本国民の総意に基く。

解（かいせつ）説

明治憲法においては、天皇は「神勅」に基づく「神聖不可侵」なものといった、国民の意思とはかけ離れた存在であり、国の主権者として統治権を一手に握っていました。

現行憲法においては、天皇は国の抽象的な「象徴」という役割をもつにとどまり、その地位の存立は、主権者である国民の自由な意思にゆだねられているということを本条は定めています。つまり、国民は憲法を改正することによって、一定の制限のなかで、天皇の地位や天皇が行いうる国事行為の内容を変更することができることになり、主権者はあくまでも国民であるということを強調しています。

なお、「象徴」とは、見えないものを見えるものに結びつけて表現することで、例えば、平和の象徴は"ハト"などといえば分かりやすいでしょうか。また、『日本国憲法改正草案（自由民主党：平成24年4月27日）』（以下、自民党草案）では、象徴に加えて、「天皇は、日本国の元首であり」と、"元首"という文字が追加されています。元首とは簡単に言うと"代表"のことで、現在日本のシンボルとなっている天皇を、日本の代表でもあると規定することになります。

ちなみに、大日本帝国憲法（明治憲法）下で天皇は元首でしたね。

～ 塚田・口語訳 ～

この国の主権は、国民のものだよ。というわけで一番偉いのは俺たちってこと。天皇は、日本のシンボルで、国民がまとまってるってことを示すためのアイコンみたいなものだよ。

参考文献

・「日本国憲法 逐条解説」
（http://lawmain.jp/kenpou/index.html）

・「日本国憲法を口語訳してみたら」
（幻冬舎）
著：塚田 薫／監修：長峯 信彦

「でんしょ鳩」Vol.83　前川小学校 やなぎさわ

16 連載を組んでみよう（短期シリーズ）

書くことが多くなりそうな特集のときは、無理に詰め込むとかえって読みづらくなります。2分割、3分割して短期連載化したほうが作成者も読者もWin-Winです。

» 「給与系短期連載」2012年5月号（Vol.66）～2012年10月号（Vol.71）：5回

給与系は反響が大きいネタです。異動直後などの短期連載でも効果が高いです。

» 「川口市の予算を学ぼう」2015年5月号（Vol.102）～2015年6月号（Vol.103）：2回

校内研修の資料としても活用できる短期連載です。財務だよりでもよいと思います。

» 「衛生推進だより」2017年5月号（Vol.126）～2022年3月号（Vol.184）：年3回

衛生推進（管理）者に選任されているひとへ、おススメの短期連載です。

ほかのネタやコメント

小スペースくらいなら仕事に関係ない「おススメコーナー」もよいですね。

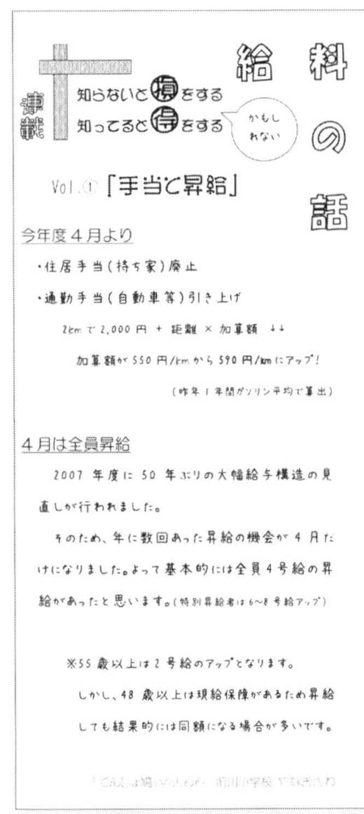

連載
知らないと損をする
知ってると得をする
かもしれない
給料の話

Vol.① 「手当と昇給」

今年度４月より

・住居手当（持ち家）廃止
・通勤手当（自動車等）引き上げ
2kmで2,000円 ＋ 距離 × 加算額 ↓↓
加算額が550円/kmから590円/kmにアップ！
（昨年１年間ガソリン平均で算出）

４月は全員昇給

2007年度に50年ぶりの大幅給与構造の見直しが行われました。

そのため、年に数回あった昇給の機会が４月だけになりました。よって基本的には全員４号給の昇給があったと思います。（特別昇給者は6～8号給アップ）

※55歳以上は２号給のアップとなります。
しかし、48歳以上は現給保障があるため昇給しても結果的には同額になる場合が多いです。

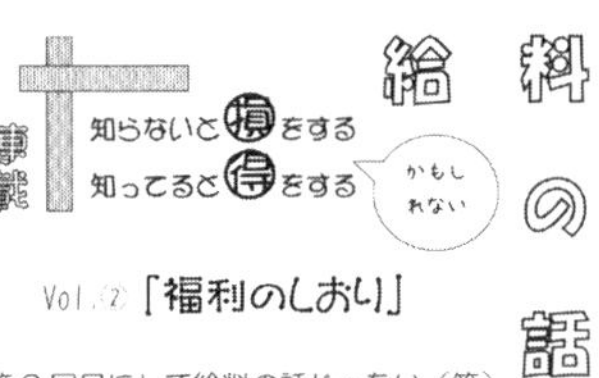

連載
知らないと損をする
知ってると得をする
かもしれない
給料の話

Vol.② 「福利のしおり」

第２回目にして給料の話じゃない（笑）

ちょっとした都合で、今回は福利厚生の道標、「福利のしおり」を紹介します。

これです。ゴールデンウィーク明けくらいに配りましたが、既になくした方はいませんよね？　再発行はできませんので悪しからず……。

共済組合員の方（保険証が薄いブルー）に対する保険証の手続きや給付、手当、退職金の計算の仕方などが載っています。

事務室へ相談に来る前に手にとって欲しい１冊です。一番メジャーな給付は、“宿泊補助”でしょうか。プライベートで宿泊したら3,000円もらえますよ！

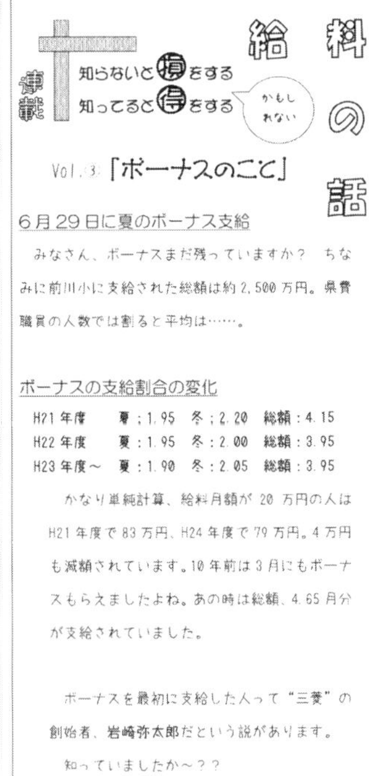

連載
知らないと損をする
知ってると得をする
かもしれない
給料の話

Vol.③ 「ボーナスのこと」

６月29日に夏のボーナス支給

みなさん、ボーナスまだ残っていますか？　ちなみに前川小に支給された総額は約2,500万円。県費職員の人数では割ると平均は……。

ボーナスの支給割合の変化

H21年度　夏；1.95　冬；2.20　総額：4.15
H22年度　夏：1.95　冬：2.00　総額：3.95
H23年度～　夏：1.90　冬：2.05　総額：3.95

かなり単純計算、給料月額が20万円の人はH21年度で83万円、H24年度で79万円。4万円も減額されています。10年前は３月にもボーナスもらえましたよね。あの時は総額、4.65月分が支給されていました。

ボーナスを最初に支給した人って“三菱”の創始者、岩崎弥太郎だという説があります。

知っていましたか～？？

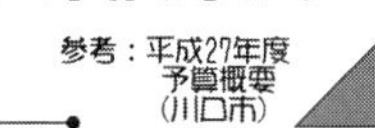

①

参考：平成27年度予算概要（川口市）

○「予算書」を読み解く○

川口市の予算は、一般会計と特別会計、さらに企業会計に分かれています。

一般会計

一般の歳入と歳出に関する会計。最も基本的な経費の収支を扱う会計で、目的を限定せずに一般行政を進めるための主要な経費のこと。

特別会計と企業会計

特別会計は特定の事業など、一般会計と区分して設けられた会計。企業会計は営利目的に行われる会計（川口市では水道と病院）。

今年度の川口市予算（総額）

一般会計は……

176,180,000,000円

特別会計と企業会計を合わせると……

368,372,179,000円

歳入と歳出をみていく

いきなり総額○○○,○……円！と言われても「ピン！」ときませんよね。それでは、歳入を簡単に説明します。"歳入"とは収入です。その内訳を見ると、どのようにお金が集まっているのかがわかります。

川口市の場合は、約50%を市税でまかなっています。他には国庫支出金や市債、地方交付税などが充てられています。

続いて、歳出です。歳出は、使いみち。

「款（かん）・項（こう）・目（もく）・節（せつ）」という独特の分類によって用途が決められています。

"款"分類の「教育費」は全体の14.3%を占めています。近隣の市町村と比べてもそれなりに教育費の割合は高いです。

性質別（統括表と内訳表）

右のグラフは一般会計の歳出を、「人件費」や「扶助費」のように項目を分けた"統括表"と、「土木費」や「教育費」のように分けた"内訳表"です。

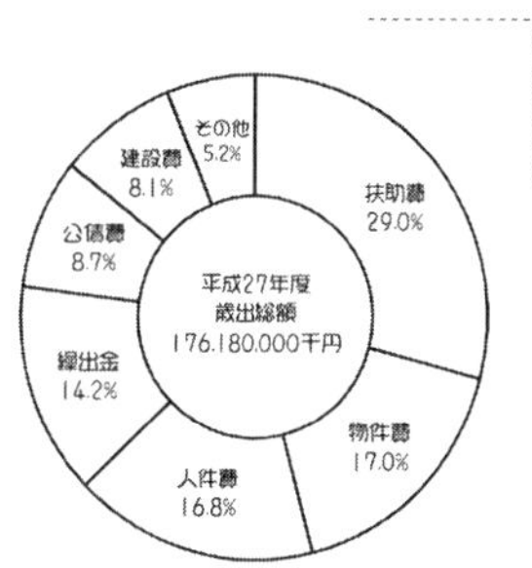

↑↓ それぞれの分類からみた歳出割合 ↑↓

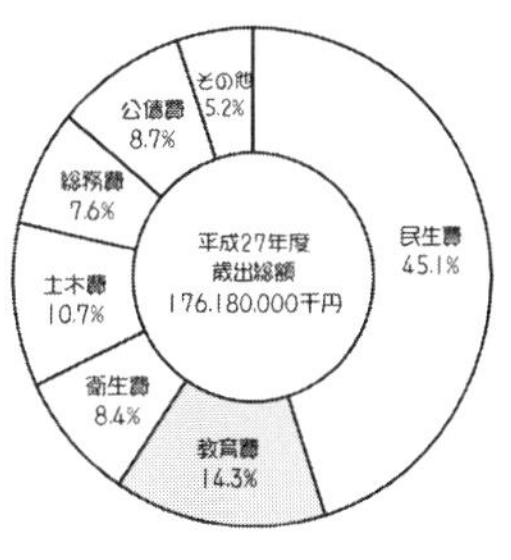

「でんしょ鳩」Vol.1002 小谷場中学校 やなぎさわ

小谷場中・衛生推進だより

■ 中学校教諭6割が過労死ライン

■ 月80時間超相当の残業授業、部活増加・文科省調査　◇ 時事通信社〈04/28〉

文部科学省は28日、2016年度の公立小中学校教員の勤務実態調査の速報値を公表した。

中学教諭の約6割が週60時間以上勤務しており、過労死の目安とされる水準を超過。前回06年度の調査に比べ、教諭や校長ら全職種で勤務時間が増えた。授業時間が増加したほか、中学では土日の部活動の時間が倍増。同省は「学校が教員の長時間勤務に支えられている状況には限界がある」として、中央教育審議会に改善策の検討を諮問する。

調査は全国の小中各400校を抽出し、16年10〜11月のうち7日間の勤務時間を、教諭や校長などの職種別、授業や部活動、会議などの業務別に調査。小学校397校（8951人）、中学399校（1万687人）から回答を得た。

調査結果によると、教諭の平日1日当たりの平均勤務時間は小学校で前回調査から43分増の11時間15分、中学で32分増の11時間32分だった。小学校では33.5%、中学では57.6%の教諭が週に60時間以上勤務し、20時間以上残業していた。これは厚生労働省が過労死の労災認定の目安としている月80時間超の残業に相当する。

業務別に見ると、1日当たり「授業」が小学校で27分、中学で15分、「授業準備」も小学校で8分、中学で15分増加。「脱ゆとり教育」の学習指導要領導入により、前回調査時から授業コマ数が増えた影響とみられる。中学では土日の「部活動・クラブ活動」が前回の1時間6分から2時間10分にほぼ倍増した。

今回のキーワード ▶過労死ライン

公務災害で「過労死」と認定される労働時間の目安。1ヵ月あたりの時間外労働時間が半年程度45時間以内の場合は業務と発症の関連性は弱いとされ、それが80時間を超えると関連性が強いとなり、「業務」と「過労」の因果関係が認められ、公務災害が適用されます。

♪ リフレッシュしよう ♪

ゴールデンウィーク最終日、「学校の先生なぜ休憩とれない？」（著：内田良）という記事を読みました。

小中学校の教員 95%が休憩を取れていないという実態があり、それを教育行政は知っていながら放置しているという問題を指摘しています。内田氏は「学校現場に法律を！」と提言しています。

まずは、6時間働いたら「45分の休憩」を意識してみましょう。取れるか取れないかではなく、まずは「意識」してみることから始めてみませんか？

……健康でなければよい教育活動はできませんからね♪

「でんしょ鳩」Vol.126 小谷場中学校 やなぎさわ

17　時期に合わせた特集を考えてみよう（1学期：4月号～8月号）

1学期は人事異動がありますし、自分自身も所属が変わるかもしれません。まずは、自分のことや普遍的なネタから小出しにして、反応を探るのもありでしょう。

» 2022年4月号（Vol.185）

4月号は、自分の「イヤ」なことと「スキ」なことをお知らせしておきます。

» 2021年6月号（Vol.175）

6月号で迷ったら「住民税」です。必要なスペースに必要な情報だけ載せます。

» 2020年8月号（Vol.165）

8月号は夏休みでもよいと思います。毎年、7月中につくってしまいこのざまです。

ほかのネタやコメント

「事務室経営案！」と、ドーンと発信しづらいときは事務だよりにしましょう。

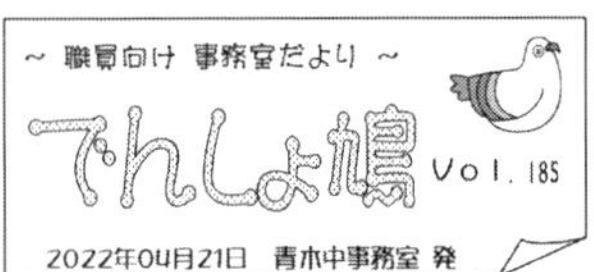

～ 職員向け 事務室だより ～
でんしょ鳩
Vol. 185
2022年04月21日　青木中事務室 発

4月号 飯塚先輩とともに……

「事務」と呼ばれると病気になる柳澤です――と自己紹介をしましたが、本当はメッチャ機嫌が悪くなるし、イライラを隠せなくなります。

みんなにも迷惑かけたくありませんし、始業式の校長先生あいさつとも少しだけ重なりますが「ひとが嫌がることはやめましょう！」――どうぞご協力をお願いいたします（「表記」も直してね）。

ライフワークと化している「事務室だより」も月１発行で17年目を迎えました（通算185号目）。

編集のコンセプトは「読まなくても損はしない（かもしれない）けど、読んだら得をする（かもしれない）情報のサワリをサラリと紹介すること」です。大人気、飯塚先輩コラムも継続します♪

知っていますか？
通勤手当のしくみ

通勤手当（車やバイク、自転車の場合）は

（認定距離－2）×630【毎年変動】＋2,000円

この式に当てはめて計算します。認定距離を知りたいひとは事務室までお越しください。

給食費等の
引き落とし計画

（単位：円）

	5月	6月	7月	8月
給食費	6,600	6,600	6,500	6,500
新和会	4,500	4,500	4,500	4,500
学年）	各	学	年	の
手数料	10	10	10	10
合計	11,010	11,010	11,010	11,010

9月	10月	11月	12月	合 計
6,500	6,500	6,500	6,500	52,000
4,500	4,500	4,500	4,500	36,000
指	定	金	額	
10	10	10	10	80
11,010	11,010	11,010	11,010	88,080

Y' library
ワイズライブラリー開館
8：20～16：50

- ☑ 教育関係書を豊富に取り揃えております
- ☑ 古書、貴重書もそれなりに置いてあります
- ☑ ハード＆ソフトカバー、新書もあります
- ☑ 何冊あるかは数えたことがありません
- ☑ 興味と時間があるひとはご利用ください

2年前から「読書記録」に取組んでいます。

2021年：125冊（マンガ含めて186冊）
2020年：113冊（マンガ含めて175冊）

年間100冊くらい増えてしまうと、最近になって気がつきました（笑）。

読書において「読んだ冊数」は、そんなに重要ではないと思いますけど、多少なりとも「アウトプット」することは、重要だと考えています。

今月の飯塚

そういえば、今まで生きてきて先輩と呼ばれた記憶が無いなと、人生を振り返りながら思っていた今月の飯塚です。学生時代の記憶が消えているだけかもしれませんが……。

そのようなわけで先輩として振る舞った記憶がないため、先輩感の無いどこまでも後輩気質な飯塚先輩？　の様子を機会があったら事務室へ覗きに来てください。

2022年もSNS等で更新しています。

事務室　やなぎさわ

6月号 ハンコ不要の流れ……

ハンコが不要になります。でもサインしてね。これが埼玉県教育局の方針みたいです。須賀政権（あ、誤字）肝いりの「デジタル化政策」が埼玉県にもやってまいりました。

たとえば、通勤手当や住居手当の申請書に印は不要となりました。あとは、部活動実績簿や旅行命令簿などとそれなりに様式が改正されました。ここで注目してほしいのが「申請印」のほかにも「決裁印」っていうのがあること。旅行命令簿を記入して「旅行者印」（＝「申請印」）を押したら、校長先生にハンコをもらいに行きます。それが、「決裁印」です。県の方針ですと、その「決裁印」も廃止するけど、そこに**手書きで名前を書いて！**という指示なんです。もちろん担当者印としての柳澤(印)も手書きで書けということになります。

これって――デジタル化の逆行――のように思いませんか？？ "(-"" -)"

ハンコ不要を不要とするための

給与関係例規の改正一覧

別に覚えてほしいわけではありませんが、押印をひとつ不要にするだけで法治国家ではこれくらい例規を変更する必要があるのです。

- 「学校職員の通勤手当の運用について」
- 「学校職員の住居手当の運用……」
- 「学校職員の扶養手当の運用……」
- 「学校職員の管理職特別勤務手当の運用……」
- 「学校職員の特殊勤務手当の運用……」
- 「学校職員の単身赴任手当の運用……」
- 「教員特殊業務手当の実績簿等……」
- 「学校職員の復職等に伴う号給の調整等……」
- 「新幹線鉄道等の利用に係る通勤手当の取扱い……」
- 「市町村立小中学校等教職員の旅費口座振替実施要綱」
- 旅行命令簿、旅費請求書の様式及び記入要領の改正……

――と、まぁいろいろありますが、改正通知には「当分の間、従前の様式又は方法によって差し支えません」という、但し書きが存在しています。とりあえず、できるところから「㊞」という文字を消していきます（「㊞」が消えた書類から押印不要とします）。

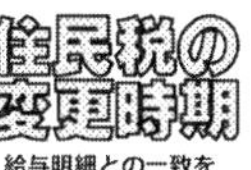

住民税の変更時期
給与明細との一致を確認してください！

住民税とは、市町村民税と都道府県民税の総称です。所得金額にかかわらず定額で課税される【均等割】（2023年までは、下の金額にそれぞれ500円を加算）、前年の所得金額に応じて課税される【所得割】を合算したものです。

【所得割】：	市町村民税 6%
	道府県民税 4%
【均等割】：	市町村民税 3,000円
	道府県民税 1,000円

Carrier-Pigeon Review 127

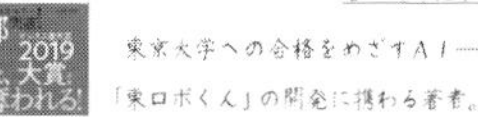

「ＡＩ vs. 教科書が読めない子どもたち」

著：新井紀子

東京大学への合格をめざすＡＩ――「東ロボくん」の開発に携わる著者。前半は「東ロボくん」の話が中心だが、後半は全国読解力調査の結果と仮説がまとめられている。子どもたちは、教科書の文章を理解しているのか？ この問いに関する検証結果は興味深い。

事務室 やなぎさわ

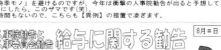

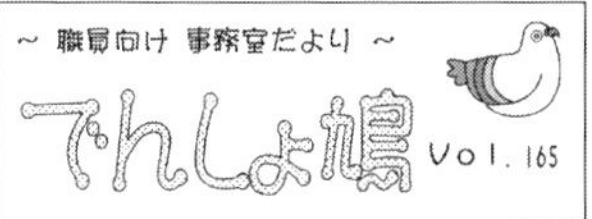

～ 職員向け 事務室だより ～
でんしょ鳩 Vol. 165
2020年08月21日 小谷場中事務室 発

8月号 おとなしい夏休み

毎年、夏休みは忙しいんです。ホントは……。今年も半年前まではいろいろ予定が入っていて全国飛び回る日々のハズでした。

夏休みに入ったら、すぐにキャンプ3泊4日、後半にも2泊3日っていうのが、ここ数年の行動でした。そのあいだにお盆を除いて週一ぐらいで全国各地へ講演行脚――。ホント貧血にならないように注意していた日々でした。

今年は、キャンプこそ行けたものの講演はほぼキャンセルの開店休業状態です……。別に稼ぎはありませんけど(笑)。7月下旬には、沖縄の講演に合わせて家族旅行を計画していたので、それが流れたのは残念でなりません。鳥取教育センター主催の講演も Zoom 開催で調整していましたが、なんと2日前のドタキャン……。講師（柳澤）の移動はありませんが、現地では参集して Zoom を見る仕様だったんです（Zoomの便利さ半減）。

なんと勧告が【異例】の秋以降に延期へ……！

8月は忙しいのです――。なので毎年、7月号と同時に8月号をつくっています。
いつもは「時季モノ」を避けるのですが、今年は衝撃の人事院勧告が出ると予想して「時季モノ」にしたら、このザマです(笑)。
つくり直す時間もないので、こちらも【異例】の措置で凌ぎます。

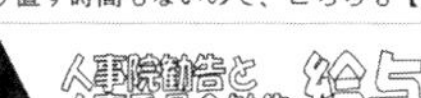

人事院勧告と人事委員会勧告 給与に関する勧告

8月＝日（＝）勧告

人事院の給与勧告は、労働基本権制約の代償措置として、職員に対し、社会一般の情勢に適応した適正な給与を確保する機能を有するものであり、国家公務員の給与水準を民間企業従業員の給与水準と均衡させること（民間準拠）を基本に勧告を行っています。人事院は、国家公務員の給与等勤務条件の決定について、法定すべき基本的事項は国会及び内閣に対する勧告により、具体的基準は法律の委任に基づく人事院規則の制定・改廃により、その責務を適切に果たすよう努めています。
（人事院Webサイトより転載）

給与が上がったり下がったりするサワリをサラリと説明します

①国家公務員の給与を人事院が勧告【8月】
②人事院勧告への対応を閣議決定【9月】
③臨時国会で給与の改正法を審議【9～11月】
④改正法が施行、給与法が改正【11月】

――以上が国家公務員の説明

■地方公務員の場合は、

❶②で閣議決定された内容が事務次官通知として国から地方へ流れる【9月】
❷ ❶の通知に法的拘束力はありませんが、それに従った改正方針を考案【10月】
❸ ❷と同時期に人事委員会も勧告【10月】
❹議会で給与の改正条例を審議【11月】
❺改正条例が施行、給与条例が改正【12月】

――以上により、差額が支給されたり基本給や手当が減少したりします

労働基準法が制限されている代償措置として、人事委員会が設置され、給与勧告をします

・団結権、~~団体行動権（争議権）~~、~~団体交渉権~~
→ いわゆるストライキの禁止、
→ 団体交渉権の制限（管理運営事項は交渉不可）
・「人事委員会勧告」機能（地方公務員法）
→ 民間企業の従業員給与と比較
→ **民間企業の従業員給与と比較**
→ **民間企業の従業員給与と比較**
（民間企業の状況を想像しながら秋を待ちましょう）

Carrier-Pigeon Review 119

「教育行政と学校経営」

著：小川正人・勝野正章

これは、大学院のテキスト――。給与に関する書籍ってそんなになく、教職課程でもそんなに触れない現実。

事務室 やなぎさわ

18 時期に合わせた特集を考えてみよう（2学期：9月号～12月号）

2学期はネタが豊富です。来年度に向けたお金の動きもありますし、学校行事も多く組まれますね。事務だよりも特集の裾野を広げるチャンスです。

» 2021年9月号（Vol.178）

9月号の鉄板は、来年度の概算要求ですね。情報を先取りして発信しましょう。

» 2022年11月号（Vol.192）

秋の鉄板、人事委員会の給与に関する勧告です。3年ぶりの引き上げ勧告でした。

» 2018年11月号（Vol.144）

11月号以降は、年末感を出しましょう。年休が暦年計算の場合はネタになります。

ほかのネタやコメント

年末調整に向けた税金の説明、その先の確定申告まで視野に入れてもよいですね。

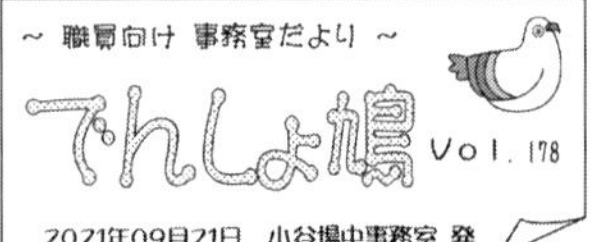

9月号 文部科学省 2022 概算要求

早くも国は、来年度（2022 年度）の概算要求を組み終えました。その額 111,000,000,000,000 円——ゼロが多すぎますね——111 兆円です。

しかも、事項要求といって金額を示さない分は含まれていません（文部科学省でいえば、「学校における感染症対策の支援」が事項要求となっています）。

社会保障費が大きく膨らみ、厚生労働省は過去最大の≒34 兆円。防衛省も5兆円を超えています。

ちなみに文部科学省は、≒6 兆円の概算予算を要求しました。概算の概要を右で紹介しますが、ここでもひとつだけ言及しておきます。

わいせつ行為で懲戒免職となった教員の免許再取得を制限できる法律が成立しました。それを把握するためのツールとして「データベース」を国がつくるそうです。

それに必要な予算、1億円！！ って(ﾟДﾟ)

——ボクがつくるデータベースじゃダメですか？

「概」算要求の「概」要

「概」×2ということで、サワリをサラッと紹介します。

文部科学省が要求した項目の一部です。

■小学校高学年の教科担任制や 35 人学級の推進
——定数と管理職手当改善等：1 兆 5,147 億円

■働き方改革の推進のための支援スタッフの充実
——スクールサポートスタッフ等：288 億円

■GIGA スクール運営支援・指導力向上支援等
——GIGA スクール支援センター設置等：68 億円

■学習者用デジタル教科書の普及促進
——1 教科分のデジタル教科書を提供等：57 億円

■全国学力・学習状況調査の CBT 化に向けた取組
——コンピュータを使った調査への移行：6 億円

■高校生等への修学支援
——高校生の授業料と修学給付金：4,289 億円

■アンチ・ドーピング体制の整備・強化
——ドーピング防止教育、研修：3 億円

詳細は、部活動の予算に絞ります。ヒトの配置と地域移行への予算が要求されています。

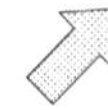

①ヒトの配置

部活動指導員の配置 ≒ 13 億円
→ 今年度比 600 人増 11,400 人分
（国と県と市が 1/3 ずつ負担）

◎配置の基準と取組

・適切な練習時間や休養日の設定など部活動の適正化を進めている教育委員会への教師に代わって顧問を担う部活動指導員の配置を支援

②地域移行（スポーツ庁）

休日の部活動を段階的に地域へ ≒ 4 億円
→ 令和 5 年度以降の地域移行に向けて全国各地の拠点校（地域）における研究
（県内、1 つの市と 1 つの町村で試行）

◎試行自治体の取組

・地域人材を確保・研修・マッチングする仕組みの構築
・地域部活動の運営団体の確保
・平日、休日の一貫指導のための連携、協力体制の構築
・費用負担の在り方の整理
・生徒のスポーツ環境充実に向けた学校と地域の協働体制の構築

部活動といったら「内田良」というくらい有名になられた方から本を戴きました！
本を戴いたときは「長めのレビュー」を書きお礼に代えています。裏面に転載します。

事務室 やなぎさわ

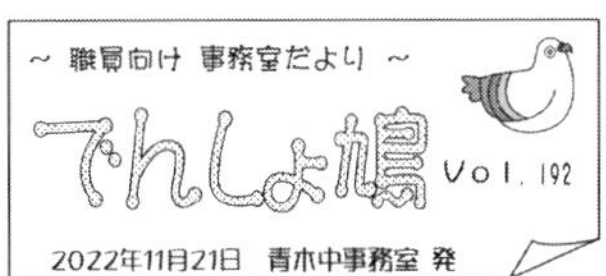

～ 職員向け 事務室だより ～
でんしょ鳩
Vol.192
2022年11月21日　青木中事務室 発

１１月号　「文化の日」を思う……

11 月 03 日は「文化の日」――祝日法によれば「自由と平和を愛し、文化をすすめる」日ですね。祝日法が制定されたときに廃止された「昭和二年勅令第二十五号」という同じく祝日を定めた勅令では、文化の日ではなく「明治節」とされていて、「明治天皇の遺徳をしのび、明治時代を追慕」という目的がありました（ちなみに明治天皇の誕生日＝「天長節」でもあります）。

天長節（天皇の誕生日）といえば、昭和の日（4/29）＝昭和天皇の誕生日があります。その流れで 11/3 を「明治の日」にしたいという動きもあります。

また、日本国憲法が「公布」された日でもあり、05 月 03 日に次ぐ、第 2 誕生日にもなります。

人事委員会勧告

令和 4 年職員の給与等に関する報告（意見）及び勧告

県人事委員会は、県職員の月給とボーナスを引き上げるよう大野知事に勧告しました。引き上げの勧告は 3 年ぶりです。

勧告通り改定されれば、県職員の平均年収は――5 万 4,000 円増えて 608 万円となります。【テレ玉】

月 例 給

民間	職員	差
379,308 円	378,386 円	**▲940 円**

ボーナス

民間	職員	差
4.39 月	4.30 月	**▲0.09 月**

※ 県内にある従業員 50 人以上の 474 民間事業所を対象に調査した結果
※ 月給は民間に比べて、940 円（0. 25%）ボーナスは 0. 09 月分下回っていた

議長と県知事に勧告した内容

◎月例給 0.24%、ボーナス 0.1 月分プラス
→ 12 月議会でこの給与条例改定案を審議

■各地の勧告状況（月給改定率高順・時事通信社しらべ）

	月給改定（%）	ボーナス改定・月	年間支給月数・月	平均年収増加額・円
大分県	0. 39	0. 10	4. 40	5万9000
島根県	0. 35	0. 15	4. 15	7万2000
千葉県	0. 33	0. 10	4. 40	5万6000
鳥取県	0. 33	0. 15	4. 10	7万0000
山口県	0. 32	0. 10	4. 40	5万4000
大阪府	0. 31	0. 10	4. 40	5万7000
青森県	0. 30	0. 10	4. 30	5万0000
京都府	0. 30	0. 10	4. 40	5万6000
岩手県	0. 29	0. 10	4. 40	5万2000
愛知県	0. 28	0. 10	4. 40	5万6000
滋賀県	0. 28	0. 10	4. 40	5万4000
愛媛県	0. 28	0. 10	4. 40	5万2000
神奈川県	0. 27	0. 10	4. 40	5万6000
宮城県	0. 26	0. 10	4. 40	5万2000
富山県	0. 26	0. 10	4. 40	5万1000
福岡県	0. 26	0. 10	4. 40	5万4000
兵庫県	0. 25	0. 10	4. 40	5万3000
奈良県	0. 25	0. 10	4. 35	5万2000
鹿児島県	0. 25	0. 10	4. 40	4万9000
埼玉県	0. 24	0. 10	4. 40	5万4000
石川県	0. 24	0. 10	4. 40	4万9000
佐賀県	0. 24	0. 10	4. 40	4万9000
長崎県	0. 24	0. 10	4. 40	5万0000
宮崎県	0. 24	0. 05	4. 40	3万0000
沖縄県	0. 24	0. 10	4. 40	4万7000
北海道	0. 23	0. 10	4. 40	5万0000
岐阜県	0. 23	0. 10	4. 40	4万5000
福井県	0. 22	0. 10	4. 40	4万9000
長野県	0. 22	0. 10	4. 40	5万2000
熊本県	0. 22	0. 10	4. 40	5万0000
福島県	0. 21	0. 10	4. 35	5万0000
茨城県	0. 21	0. 10	4. 40	5万2000
栃木県	0. 21	0. 10	4. 40	5万0000

事務室　やなぎさわ

「ふるさと納税」「iDeCo」「つみたて NISA」「マイナンバーカード作成」など、去年と今年でお得と呼ばれるものを制覇して、我ながら頑張ったと自画自賛しています。こんなことで「また一歩大人になった」と自尊心を満たしていたのですが、今月「ポケモン」が発売するので買おうかなと思っています。大人への道を一歩進んで二歩下がる今月の飯塚でした。

～ 職員向け 事務室だより ～

でんしょ鳩　Vol.144

2018年11月21日　小谷場中事務室 発

１１月号 あと２ヵ月ですね～

早い。すごく早い。あっという間に今年が終わりそうです。そろそろ今年を総括してみてはいかがでしょうか？　そこで今月は衛生推進者として年休のことを特集します。みなさん、今年は何日取得できそうですか？

＊＊＊＊＊

話は若干変わり、先週の土日で広島県三原市に行ってきました。タコが有名とのことでお土産は「タコせんべい」。ホテルの朝食では「タコカレー」を食べました。再来週は宮城県石巻市へ行きます（裏面参照）。水曜日なので【年休】で講演してきますが、翌日の午後は出張なので、午前中も【年休】をもらい石巻市から直接行きます。さらに、次の日金曜日は静岡県で学会に参加してきます【年休】。「年休」・「年休／出張」・「出勤／年休」という感じです。

――年休のご利用は計画的に（笑）。

使ってますか？ 年休

働き方改革を推進するための関係法律の整備に関する法律

前回の国会（196 回）で可決された法律。
この法律により「労働基準法」の一部が改正され、年休取得に対して企業に本人の希望を踏まえ、時季を指定して取得させる義務が生じた。

実は、4 年前にも検討されましたが、見送られた制度です（第 189 回の国会）。

極々かんたんに説明すると、来年 4 月から**「企業は、年休を 10 日以上与えている従業員に対して、毎年 5 日間は消化させる義務が生じる」**という労働基準法になりました。

それまでは、ご存知のとおり**「有給休暇を使うかどうかは本人に任され、1 日も取らなくても制度上の問題はありませんでした」**が、これからは、最低 5 日は社員に休暇を取らせないと労働基準法違反となりますので、6 ヵ月以下の懲役または 30 万円以下の罰金が課せられます。

◎学校の対応はどうなるか？

気になるところですよね。実のところまだわかりません（笑）。

改正条文は、

――労働基準法第 39 条 6 項なんです。

だから何？

――地方公務員法第 58 条 3 項により、我々は第 39 条 6 項が適用除外とされています。

ようするに、地方公務員法がどうなるかに左右されるわけであります。

事務室　やなぎさわ

―――　図　解　―――

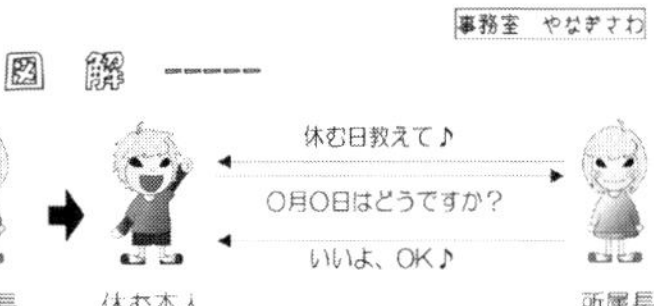

明日休ませてください
いいよ、OK♪

休む日教えて♪
○月○日はどうですか？
いいよ、OK♪

19 時期に合わせた特集を考えてみよう(3学期:1月号〜3月号)

3学期は出会いと別れのシーズンです。悔いが残らないように、それまでに書けなかったネタにも挑戦してみましょう。

» 2022年3月号(Vol.184)

3月号の鉄板は、卒業式ですね。とりあえず卒業式を扱えば紙面が引き締まります。

» 2018年3月号(Vol.136)

4月からの制度改変を扱うこともできます。もちろん、卒業式ネタは外しません。

» 2017年3月号(Vol.124)

制度改変は制度改変でも、反響大の「給与」ネタは外せませんね。

ほかのネタやコメント

源泉徴収票の見方から、源泉徴収制度と確定申告のネタにも繋げられます。

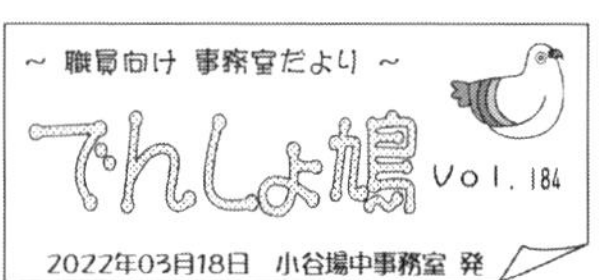

3月号 重版出来! 新刊出来!!

出来! 読めますか? 「デキ」じゃありません。
――「しゅったい」です。

いよいよ、最後の「事務室だより」発行です。あ、2021(令和03)年度の最後という意味です。ということで、【宣伝】して締めたいと思います。

3月に入り、TV局や新聞社から『隠れ教育費』関係の取材が増えています。じつは、発売後2年かかりましたが重版出来! 増刷になりました♪ このことから少しずつ、家庭の教育費負担に社会が関心を寄せているんだと考えています。

あと、『学校事務職員の基礎知識』という本をつくりました。

この本は、事務職員のための本だけではなく、事務職員を知ってもらうための本でもあります。両著とも読んでほしい1冊です(^^)/

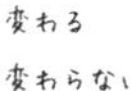

卒業式

コロナ禍の卒業式として、参列者の制限などは一般的になってきました。しかし、東大では卒業生の入場を制限したそうです。

あの「安田講堂」(懐かしい……)で卒業式に参加できるかどうかは[抽選]とのことです。

落選者には以下のメールが届いたそうです。

令和3年度東京大学学位記授与式の大講堂入場希望登録をいただき、ありがとうございました。
厳正なる抽選の結果、誠に残念ですが、大講堂にはご入場いただけないこととなりました。

――時代ですね。

これ、義務制学校ではできませんよね(笑)。
「学校生活に有意義な変化や折り目を付け、厳粛で清新な気分を味わい、新しい生活の展開への動機付けとなるような活動」(学指)とされる「儀式的行事」で、その一例に卒業式が入っていますね(解説)。

でも、内容の具体って「国旗及び国歌の取扱い」が中心なんですよね。現状を批判するわけではありませんが、時代に合わせたそれなりの変化は必要かもしれませんね。

Carrier-Pigeon Review 134

「格差という虚構」

著:小坂井敏晶

タイトルを素直に受取れば「格差」――それが虚構(つくりごと)であるという啓発本のように思える。

しかし、本書はそうではない。著者の言葉で表せば「能力という虚構が格差のヒエラルキーを正当化する」(p.10)こと、その仕組みを分析した本である。

ひとつの視点として、子どもの〈能力差〉を学校はどのように捉えるのか。英米のように「能力差は当然」と認め、その能力にあった教育を施すか、日本のようにそれを全面的に出すことをするべきではないのか、という問いがある。

能力の捉え方により、平等の捉え方も変わる。本書には、「格差」を捉え直すヒントが多く隠れている。

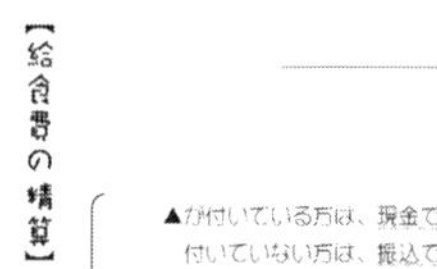

【給食費の精算】

＿＿＿＿＿＿＿＿ 様

▲が付いている方は、現金で徴収します。
付いていない方は、振込で返金します。

ひとりずつ個別に喫食数をカウントして、1食単価で集金済み額と清算しています。返金は、睦会関係と合わせて、近日中に「ゆうちょ銀行」へ振り込みます。

事務室 やなぎさわ

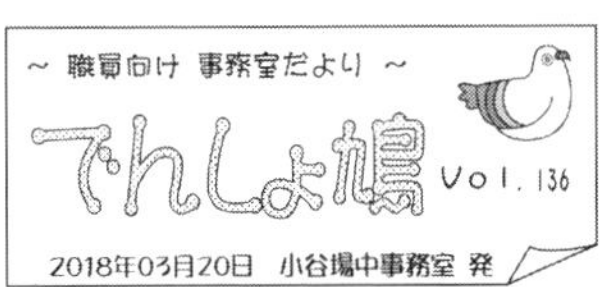

部活、埼玉県教育委員会うごく

――教員の働き方改革、中学部活動は週休2日以上

3月号 祝・卒業式

卒業式も終わり、これから年度末に向けてラストスパートですね。小谷場中に来て3回目の卒業式を迎えたわけですが……、という話を続けたいんじゃなくて、わたしも卒業を迎えたことを報告しておきます（3月25日卒業式行ってきます）。

知る人ぞ知る――、だったかもしれませんが、ここ数年、大学生だったのです。ラーメン屋では、学生証を見せて〈味付け玉子〉を無料でもらっていた身分でした（笑）。

味玉ばかり食べていたわけではなく、法学部で法律を学んでいたわけです。深い学びを体感することができました。生涯学習で有名なユーキャン社に「学ぶよろこびをあなたに」というコピーがあります。年を重ねてから高等教育を学んだよろこびって体験しないとわからないと思います。

ぜひ、〈機会と時間とお金〉があれば挑戦してみてください～♪　学食いいですよ。

埼玉県教委は、平成30年度から週2日以上休養日を設ける方向で調整を始めました。

3月9日（金）の報道によれば、「小松弥生教育長が産経新聞のインタビューに応じ、「（3月に）スポーツ庁の指針が決まれば、市町村教育委員会や学校と対話しながら進めていきたい」と考えを明らかにしたそうです。

（産経新聞）

スポーツ庁は、「運動部の活動時間について平日は2時間程度、土日は3時間以内とし、週2日以上の休養日を設ける」という指針案を示しています。

ほかにも、たとえば「夏休みなどの部活動も長期休養日を設けることや、都道府県単位の中学校体育連盟などが主催者に大会の統廃合を要請し、参加する大会数の上限を設ける」ことなどが指針には盛り込まれています。

――今度こそ、浸透するでしょうか。

実は、埼玉県は平成29年3月にも、「平日の部活動は原則2時間以内、土日のいずれかを休養日にする」という通知を市町村の教育委員会に出しています。

■部活動手当の整理――

・休日に普通の部活を3時間1分以上した

3,600円

・休日に県教委が認める大会の引率をした

1. 旅行命令簿書く
2. 部活動実績簿に書いて5,100円もらう

Or

2. 平日と振り替えて休みをとる

事務室　やなぎさわ

【給食費の精算】

＿＿＿＿＿＿＿＿ 様

▲が付いている方は、現金で徴収します
付いていない方は、睦会費と一緒に返金します

~ 職員向け 事務室だより ~
でんしょ鳩 Vol. 124
2017年03月21日 小谷場中 事務室 発

2017（平成29）年4月から――

人事評価が給与に反映されます！

3月号 Save the Children JAPAN

セーブ・ザ・チルドレン、たいへん有名なNGOなのでご存知の人も多いと思いますが、念のためWebサイトから引用すると「子どもの権利のパイオニアとして約100年の歴史を持つ、子ども支援専門の国際NGO」です。

先月、ひょんなことから子どもの貧困問題解決に向けたイベントで文科省の就学援助担当者と一緒にしゃべり仕事をさせていただきました。

※詳しくは　セーブザチルドレン　柳澤　で検索♪

〈http://www.savechildren.or.jp/scjcms/sc_activity.php?d=2417〉

根拠は、地方公務員法の改正です！　―が、あまり興味はないと思いますのでどのように反映されるのかだけ説明しておきます。

1.貢献度換算表

- チームワーク評価A、総合評価A＝5
- チームワーク評価A、総合評価B＝4（標準）

…というように、評価シートの評価が分類されます。

2.評価区分の決定

- 評価区分Ⅰ（標準4号＋1号で5号昇給）
- 評価区分Ⅱ（標準4号昇給）
- 評価区分Ⅲ（標準の半分2号昇給）
- 評価区分Ⅳ（昇給なし）

この評価区分はキャリアステージでⅡとⅢの人（経験10年以上）だけです。Ⅰの初任層は別要件となります。

はい、これだけでもややこしいです。最終評価シートで「5」をいただいても、それが評価区分の「Ⅰ」にストレートに繋がるわけではありませんが、貢献度として加算はされていきます。自分がどの区分になったのかは「評価区分シート」で確認してください。

【給食費の精算】

＿＿＿＿＿＿＿＿ 様

▲が付いている方は、現金で徴収します
付いていない方は、睦会費と一緒に返金します

Carrier-Pigeon Review 85

「書く力」

著：池上 彰・竹内 政明

元NHKの池上氏、読売新聞の竹内氏の対談を「朝日」が新書600巻を記念してつくったという不思議本。

池上氏の『伝える力』シリーズが面白かったので読んでみたが（たぶんこういう人間は多い、ちなみに『伝える力』はPHP新書）、こちらも勉強になった。

特に参考になったのは「ブリッジ」の作り方である。テーマと書き出し、冒頭と結論、結論と読書というように文章構成の基本は巧みな「ブリッジ」の繋ぎ方だという。そんなことを意識しながら卒業文集を書いていたら2時間もかかってしまった（笑）。

事務室　やなぎさわ

20 財務だよりをつくってみよう

事務だよりでお金のことを特集することもあるでしょう。もちろんそれでもよいと思いますが、学校財務の領域は定期的かつ継続的、そしてタイムリーな情報を提供することに意義があると考えています。そのため、事務だよりとは別に「財務だより」をつくってみようという提案です。

「定期的かつ継続的」を担保させるために、定期的かつ継続的に実施される職員会議や校内研修に合わせて発行することをお勧めします。これが定着すると会議や研修で事務職員の指定席（発信の場面）が確保されます。また、タイムリーに発信する必要がある内容は必要に応じて開催する学校財務（予算）委員会などのレジュメとして配付することも考えられます。

毎月の事務だよりと並行した情報発信に自信がないひともいるでしょう。そのため、作成者側の「定期的かつ継続的」を担保させる工夫としてある程度固定化したレイアウトにすること、データを財務システムなどから転用することが考えられます。紹介した財務だよりの構成は、タイトル下に年間テーマと取組などを固定し、右端に執行状況の一覧と裏側の購入物品一覧は財務管理システムからコピー＆ペーストです。実質は、表面三段組の中央部分だけ創作します。

このように構成することで、作成者の負担も考慮した「定期的かつ継続的」な発信とタイムリーさを兼ね備えた財務だよりが誕生します。

» 2023年1月号（Vol.8）

翌月に実施予定の「教材等費用対効果検証」について、ひとつ前の職員会議で財務だよりを使い、事前告知をしました。日報やメールを使っても事前告知は可能ですが、財務だよりに載せることで「学校財務」実践の一連性を示せる効果もあると考えます。また、安全点検への返信（指摘箇所への対処や修繕後のコメント）や、工事の予定などもわかっている範囲で示しておきます。

ほかのネタやコメント

- **お金に関することならなんでもよいと思います。**
- **コピー機や印刷機の月別カウントを示す。**
- **印刷関係機器のコストパフォーマンスを示す（1枚単価：コピー機○円など）。**
- **補助教材費や生徒会費などの私費について執行状況を示す。**
- **人事委員会の給与勧告やコロナ予算の執行、親睦会の会計だってありです。**

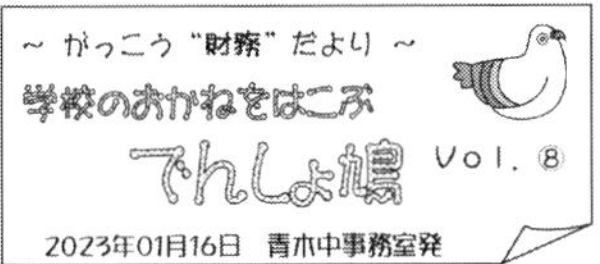

~ がっこう"財務"だより ~
学校のおかねをはこぶ
でんしょ鳩
Vol. ⑧
2023年01月16日　青木中事務室発

学校財務 年間テーマ

「振り返りを重視した PDCA」

具体的な取組

1.定期的な公費執行状況の共有と展望

→ 財務だよりで定期的に発信（継続）

2.私費（保護者負担金）会計の検討

→ 公費との連携、私費の見直し（継続）

3.授業内有用性（費用対効果）の検証

→ 中間ヒアリングと年度末評価（継続）

→

学校財務委員会の基本的な柱

① 現状把握と教育計画の長期的展望にもとづく整備計画および年次計画等を考慮する

② 各教科、分掌、領域からの要求をバランス・緩急・軽重の観点で検討する

③ 年間を見通した執行の計画化と適正執行

④ 私費（保護者負担金）見解の統一と軽減

1. 教材等費用対効果検証-実践

今年度も各教科領域用に購入した、教材・教具、補助教材や消耗品の振り返り（使用効果、費用対効果、授業内有用性の検証）を実施します。

今月中に運営委員会へ提案し、来月初めの職員会議で提案をします。

実施期間

・2/6（月）～2/17（金）の予定

実施方法

・各教科、領域で検証シートを完成させる

・各主任が事務職員とヒアリングをする

→ 時間が取れるときに事務室へ

結果報告

・2/27（月）or 3/22（水）を予定

期間中にスムーズな検証と、ヒアリングを実施するために、いまから1年間を振り返って頭を整理しておいてください。よろしくお願いいたします。

■安全点検による指摘部分へのコメント

・体育館ステージ「床剥がれ」修繕予定

→ 部活動との兼ね合いで修繕のタイミングがありません。卒業式間際になるかもしれません。

・1年4組入口のトビラ「ガラス」シリコン固定

・職員室3年生側「窓」ブラインド修繕（1/17）

2. 公費執行状況

予算残高等（01月16日現在）

分類	年度当初額	執行済額	残高	執行率
学校管理費・合計				
消耗品費				
印刷製本費				
備品修繕費				
ピアノ調律料				
洗濯代				
自動車等損害保険料				
電子複写機等借上料				
印刷機械等借上料				
校用器具費				
図書購入費				
消耗品（CS）				
食糧費（CS）				
通信運搬費（CS）				
小破修繕費・合計				
小破修繕料				
補修用材料費				
教育振興費・合計				
消耗品費（応援団）				
学校保健事業費・合計				
消耗品費				
医薬材料費				
学校給食事業費・合計				
消耗品費				
感染症対策支援事業				

項目別・教科別支出

品目	金額	備考	品目	金額	備考	品目	金額	備考
再生紙			[illegible]			音楽科		
画用紙（色含）			国語科			特別支援学級		
上質紙（色含）			数学科			総合・道徳		
[illegible]			理科			行事用品		
清掃用品			社会科			教室整備		
印刷消耗品			英語科			共通教材		
事務用品			技術科			コピー機		
事務参考書			家庭科			印刷機		
保健消耗品			美術科					
給食消耗品			保健体育科			感染症対策		

執行状況（11月24日～01月13日）

月	日	科目	品名	数量	単価	金額
1	13	学・消耗品費	リサイクルトナー(事務室) 2本			
1	13	学・消耗品費	リサイクルトナー			
1	13	学・消耗品費	リサイクルトナー 2本			
1	13	学・消耗品費	リサイクルトナー(職員室モノクロ)			
1	13	学・消耗品費	リサイクルドラム(ブラック)			
1	13	学・消耗品費	リサイクルトナー			
1	12	学・消耗品費	連結式掲示ホルダー A4			
1	11	小破修繕料	教室黒板灯修繕(諸経費)			
1	11	小破修繕料	教室黒板灯修繕(既設撤去処分費)			
1	11	小破修繕料	教室黒板灯修繕(労務費)			
1	11	小破修繕料	教室黒板灯修繕(雑材、消耗品)			
1	11	小破修繕料	教室黒板灯修繕(照明器具40W)			
1	10	感染症対策支援	調整			
1	10	学・消耗品費	埼玉新聞(10-12月分)			
12	23	学・備品修繕費	ミシン修繕(糸切り)			
12	23	学・備品修繕費	ミシン修繕(内釜)			
12	23	学・備品修繕費	ミシン修繕(部品交換:電源コード)			
12	23	学・備品修繕費	ミシン修繕(タイミングズレ)			
12	23	学・備品修繕費	ミシン修繕(点検料)			
12	22	学・消耗品費	パーラービーズ 11000P			
11	21	学・電子複写機等	コピー代			
12	19	学・消耗品費	結束バンド 450mm 50本			
12	19	学・消耗品費	コーティング剤			
12	19	学・消耗品費	ローラー 75mm			
12	19	学・消耗品費	クシ刷毛			
12	19	学・消耗品費	セメント			
12	19	学・消耗品費	再生紙 A4 500枚			
12	19	学・消耗品費	再生紙 A3 500枚			
12	19	学・電子複写機等	コピー代			
12	16	教材備品費	電源装置			
12	16	教材備品費	100mリール			
12	16	教材備品費	CDラジカセ			
12	16	教材備品費	地球儀			
12	16	教材備品費	CDラジオ			
12	15	学・消耗品費	色画用紙 八つ切り 100枚			
12	14	学・消耗品費	液体のり 50ml 10本			
12	14	学・消耗品費	フラットファイル 10冊			
12	14	学・消耗品費	リングファイル			
12	14	学・消耗品費	再生紙 A4 500枚 10冊			
12	14	学・消耗品費	再生紙 A3 500枚 3冊			
12	14	学・消耗品費	色上質紙 B4 500枚			
12	14	学・消耗品費	色上質紙 A4 500枚			
12	14	学・消耗品費	アルカリ電池 単3形 10本			
12	14	学・消耗品費	ボンド 180g			
12	14	学・消耗品費	テプラテープ 18mm			
12	14	学・消耗品費	トイレ詰まり取り			
12	14	学・消耗品費	通知表フォルダ A4横置き 400枚			
12	14	学・消耗品費	封筒 長3 3000枚			
12	14	学・消耗品費	色上質紙 A4 500枚			
12	14	学・消耗品費	ホワイトボードマーカーカートリッジ 10本			
12	14	小破修繕料	テレビ壁掛修繕(アンカーボルト設置)			
12	14	小破修繕料	テレビ壁掛修繕(金具)			
12	8	学・消耗品費	斧			
12	8	学・消耗品費	防水テープ			
12	8	学・消耗品費	布テープ			
12	8	学・消耗品費	セロハンテープ 10巻			
12	5	学・自動車等損害	自転車防犯登録料			
12	5	学・自動車等損害	消耗品費より流用			
12	5	学・消耗品費	自動車等損害保険料へ流用			
12	5	学・自動車等損害	TSマーク保険			
12	5	学・消耗品費	蛍光管			
12	5	補修用材料費	塩化カルシウム 25kg			
11	30	小破修繕料	A棟2階3年生教室扉戸車修繕(諸経費			
11	30	小破修繕料	A棟2階3年生教室扉戸車修繕(木製枠			
11	30	小破修繕料	A棟2階3年生教室扉戸車修繕(戸車交			
11	30	学・校用器具費	端数調整			
11	30	学・消耗品費	再生紙 A4 500枚			
11	30	学・消耗品費	再生紙 B4 500枚			
11	30	学・消耗品費	再生紙 A3 500枚			
11	29	学・消耗品費	色画用紙 八つ切り 100枚			
11	28	小破修繕料	A棟3階男子便所つまり修繕(運搬諸経			
11	28	小破修繕料	A棟3階男子便所つまり修繕(消耗品雑			
11	28	小破修繕料	A棟3階男子便所つまり修繕(調査及び			
11	28	学・消耗品費	塩 瓶入り			
11	28	学・消耗品費	中濃ソース 580g			
11	28	学・消耗品費	ケチャップ 800g			
11	28	学・消耗品費	サラダ油 1500g			
11	28	学・消耗品費	ごま油 300ml			
11	24	学・消耗品費	スポーツライン			
11	24	学・消耗品費	A4ファイルボックス			

第2節

「保護者・地域向け」をつくろう！

1　学期ごとに発信してみよう

保護者・地域向けは、職員向けと比べて発行回数を絞っている実践が多いように思えます。毎月という実践も聞きますが、不定期、隔月、学期ごとの発行が目立ちます。そのため、ここでは発行しやすいと感じる「学期ごと」の保護者・地域に向けた事務だよりを紹介します。保護者・地域にとっては、事務だよりも学校から配付される情報紙のひとつであり、内容が重ならないような配慮も必要です。給食だよりや保健だよりに寄ることは考えられませんが、「施設設備」などは学校だよりと重なることもあるかもしれません。確認しながら編集していきましょう。

以下の3号では、毎回「学校財務」と「就学支援」について触れています。

» 2022年度1学期号

まず、異動により事務室が新体制になったことと仕事内容を伝えました。就学援助については、4月当初に「制度のお知らせ」、5月過ぎに「継続審査のお知らせ」を配付しています。それに続けて7月には事務だよりで周知し、捕捉率を高めています（学期に3回）。学校給食費と補助教材費等の徴収主体が違うため、説明を加えています。裏面は、新規に購入した備品と夏休みに向けた学割申請のお知らせです。

» 2022年度2学期号

11月上旬から開始される埼玉県の奨学金制度を10月中旬に事務だよりでお知らせし、その下旬に実施される進路説明会へ繋げます（事務室から説明）。裏面はお金の話として、教科書のことをまとめてみました。

» 2022年度3学期号

保護者アンケートについての考察、年度末を迎えるにあたり就学援助は継続すること、補助教材費の清算に向けたお願いです。裏面は、学校のお金と称して公費と私費のことを中心に、安心安全な教育環境の実現に向けて実践していることを書きました。最後に社会福祉協議会の教育支援制度を紹介しました。

～ ご家庭向け 事務室だより ～

でんしょ鳩

2022 ①学期号

2022年07月07日 青木中事務室 発

1学期号 事務室が新体制となりました！

前任の柳澤清香から引き継ぎました柳澤靖明と申します。どうぞよろしくお願いいたします。そして、3 年目を迎えた飯塚布貴とともに青木中の学校事務を担当していきます。

「学校事務」という仕事を一言で説明するのは難しいですが、一般の会社に例えますと「総務課」、「経理課」、「管財課」、「人事課の一部」の職務が近いと思います。先生の給料や福利厚生、子どもたちの就学支援、授業をしていくための教材教具をそろえること――、などが具体的な仕事です。

事務室から学校事務の仕事を通してご家庭にお知らせしたいことを「でんしょ鳩」に載せて、お届けします。学期発行（年 3 回）となりますが、「保健だより」や「食育だより」のように家庭でお子さまと一緒に読んでいただければ幸いです。

不明な部分、質問等がございましたら遠慮なくお問い合わせください。

就学援助・随時受付

就学援助制度

川口市 HP

川口市では就学困難な家庭に対して子どもたちが「元気で健康に学校生活を過ごせるよう」就学援助という制度を実施しています（コロナウイルスの影響による家計急変にも対応・詳細は裏）。

お知らせ

「就学困難」と書くと申請しづらく思うかもしれませんが、所得基準があります。こちらを参考にして、家庭全体の所得（収入≠所得、源泉徴収票で 2 番目に大きい数字）が基準以下の場合は、利用できる制度です。給食費は全額、修学旅行費もほぼ全額、その他学用品費に対する補助もあります。

まずは、事務室又は担任まで連絡ください。

保護者の人数	子どもの人数	家族全体の所得
1 人	1 人	220 万円
	2 人	310 万円
2 人	1 人	290 万円
	2 人	380 万円
	3 人	420 万円

※ この表は「めやす」所得です（収入ではなく所得）。

学校納入金・詳細

年間引落計画

青木中 HP

青木中学校では学校納入金を各家庭で登録していただいている「ゆうちょ銀行」の口座から毎月一定額を引き落としさせていただいています。

引き落とし日にタイミングが合わず、未納通知が届いたご家庭は、現金による支払いをお願いいたします。また、現金事故を防ぐためにも、次回の引き落とし日（毎月 10 日）までに口座への確実な入金にご協力ください。

費用	納入	未納金の対応
学校給食費	川口市	原則、未納分を合算して翌月に再引き落としする。
補助教材費 修学旅行費	青木中	未納通知を同封のうえ事務室まで現金で納める。

備品購入・学校予算

予算の概要

川口市 HP

新しい年度が始まると教育委員会事務局から、学校を運営するためのお金が配当されます。川口市全体の予算から教育費が確保され、校種や支出（消耗品や備品など）に分けられます。

事務室では、配当されたお金を効果的に使い、円滑な学校運営を支える仕事をしています。今学期号では、備品費を使用して購入する予定の物品を紹介します。

費目	説明
教材備品費	授業で使う教具（ハードルやミシンなど）
管理備品費	授業以外で使う物品（書類整理棚など）

※ このほかにも保健用や給食用もあります。

■ テレビ（教室用・共通備品）

物を大切にすることは大事なことです……が 10 年以上使っていて老朽化しているテレビも多く、調子が悪いものも出てきました。また、各教室に 1 台置ける数がそろっていません。

そのため、今年度はテレビを購入・更新するということを重点目標としました。全教室同時使用ができるように配置計画を進めています。

■ 100m リールメジャー（保健体育科）

運動会や新体力テスト、体育の授業でラインを引くときに使います。伸ばしたリールメジャーに従ってラインを引くと、校庭に真っ直ぐなラインを引くことができます。

■ CD ラジカセ（英語科・音楽科）

いま、英語の授業で使っているラジカセと同じものを 2 台増やします。また、授業用よりも安価なものですが、合唱コンクール用に各教室で使うラジカセ（Bluetooth 対応：タブレットから音を飛ばしスピーカーとしても使用可能）も購入します。

■ でんまね Wind（技術科）

エネルギー変換技術（風力）を学習する装置です。

■ 地球儀（社会科）

地図の図法との違いを理解するために使います。

■ 電源装置（理科）

学割・発行

学割申請書

青木中 HP

片道 101km 以上で申請可能です。運賃が 2 割引になります。

JR 等、学割が使用できる公共交通機関を利用する場合、学割証を発行できます。詳細は、青木中の Web サイト「事務室」ページをご覧いただき、手続きを進めてください。

コロナウイルスの影響で家計が急変した場合

新型コロナウイルス感染拡大の影響により家計が急変した場合、表面で紹介した就学援助制度が利用できます。通常は、前年度所得で利用可能の可否を判定しますが急変の場合は以下の方法でも判定が可能となります。

- 3 カ月分の給与明細（写）
- 3 カ月分の売上減少を証明できる書類（写）
- 離職証明書または雇用保険受給証明書（写）

『でんしょ鳩』へのお問い合わせ等は、青木中事務室 柳澤・飯塚までお願いします。
電話：048-253-1371

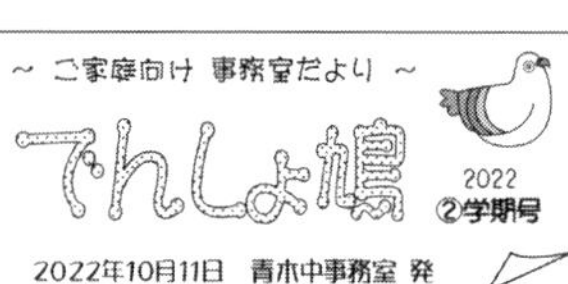

2学期号 今年も助成いただきました！

学校事務を担当している柳澤・飯塚です。

事務室から、ご家庭にお知らせしたい内容を『でんしょ鳩』に載せてお届けします。

今年度も「川口市オートレース公益啓発（体育）促進事業」によりオートレース収益金から助成をいただき、以下の体育用品を購入しました。

- ハンドボール（20 個）
- バレーボール（7 個）

奨学金・受付開始

奨学金制度

埼玉県 HP

埼玉県教育委員会では、高等学校等に通う生徒に対して奨学金の貸与事業を実施しています。
募集期間は、11 月上旬からとなります。

保護者の所得が一定以下である場合に利用が可能です。学力は問いません。

また、連帯保証人を用意するも必要ありません。

高校等を卒業したのち、4 年 6 ヵ月～12 年の範囲で返済をしていく必要があります。その範囲内では利子を支払う必要はありません。

詳しくは事務室までお問い合わせください。

校種	貸与額
公立高校	月額 25,000 円が上限
私立高校	月額 40,000 円が上限

■ **その他の就学支援制度**

- 私立学校の父母負担軽減事業
- 母子及び父子並びに寡婦福祉資金の修学資金

■ **川口市奨学資金貸付制度**

- 第 2 期（1 月上旬貸付）の締切は 10/31（月）

修学旅行費・精算

年間引落計画

青木中 HP

8 月で補助教材費の引き落としが終わり、9 月から修学旅行費の引き落としが始まりました。
補助教材費に比べて金額が若干増加し、毎月 8,000 円となっています。

3年生は、修学旅行の精算が終了次第決算を配付し、返金手続きに入ります。

2 年生で就学支援（就学援助・生活保護）利用家庭は、引き落としのパターンが変わります。

右の表で確認よろしくお願いします。

■ **就学支援制度利用家庭**

学年	引き落とし額	説明
1 年生	8,000 円	翌年継続認定されなかった場合に備えます。
2 年生	0 円	旅行当日までに認定がほぼ継続されるため、経済的な負担を考慮して引き落としを止めます。

教科書・無償給与

教科書の紹介

教科書協会 HP

教科書の無償化は、日本国憲法第 26 条第 2 項後段「義務教育は、これを無償とする」という規定を広く捉えた法律（義務教育諸学校の教科用図書の無償に関する法律）より実現しています。

2022（令和04）年度
文部科学省・教科書購入費
年間46,038,000,000円

無償＝保護者の支払いがないことです。

教科書代金は税金から支払われています。

そのため、教科書の裏に「この教科書は、これからの日本を担う皆さんへの期待をこめ、税金によって無償で支給されています。大切に使いましょう。」という記述が載っています。

■ **転校する場合**

- 教科書は採択地区によって違います。
- 違う教科書だけ新しく無償給与されます。
  → すぐに捨てないでください。

■ **紛失した場合**

- 火事などの場合は再給与できます。
- 不注意の紛失は自費で購入となります。
  → 事務室で注文できます。

■ **高校も無償？**

- 高校の教科書は自費で購入です。
- 現在は義務教育期間だけが無償です。

青木中で使っている教科書（川口市共通）

教科	出版社	価格
国語	光村出版社	1～2 年：828 円 3 年：856 円
書写	光村出版社	1～3 年：451 円
地理	東京書籍	801 円
歴史	東京書籍	801 円
公民	東京書籍	801 円
地図	帝国書院	1,138 円
理科	大日本図書	1～3 年：796 円
英語	光村出版社	1～3 年：339 円
数学	新興出版社啓林館	1～3 年：633 円
器楽	教育芸術社	286 円
技術	東京書籍	680 円
家庭	東京書籍	680 円
保体	学研教育みらい	435 円
道徳	東京書籍	1～3 年：449 円

教科	出版社	価格
音楽	教育芸術社	1 年：258 円 2・3 年上：259 円 2・3 年下：252 円
美術	日本文教出版	1 年：339 円 2・3 年上：340 円 2・3 年下：339 円

価格の決め方

- 文部科学大臣が最高額（上限）を決めます。
- 令和 04 年 02 月の価格が最新の価格です。

もし、無償給与制度の法律がなくなった場合は、3 年間でひとりあたり 17,925 円の費用がかかることになります。たいせつに使いましょう。

『でんしょ鳩』へのお問い合わせ等は、
青木中事務室 柳澤・飯塚までお願いします。
電話：048-253-1371

～ ご家庭向け 事務室だより ～

でんしょ鳩

2022 ③学期号

2023年02月14日 青木中事務室 発

3学期号 保護者負担の軽減に向けて！

学校事務を担当している柳澤・飯塚です。

事務室から、ご家庭にお知らせしたい内容を『でんしょ鳩』に載せてお届けします。

毎年、学校評価アンケートで補助教材費など、保護者さまに負担していただいている費用等について「学校は軽減の努力をしているか」という質問をしています。その結果 93.1%の肯定的評価（よくあてはまる 31.0%、ややあてはまる 62.1%）をいただきました。昨年度は、92.6%でしたので、継続的な取組の効果が表れていると感じます。

今年度も保護者さまの負担を軽減するために、補助教材などに関して、集金事務のみを事務室で扱うのではなく、授業担当者と共に軽減の視点を踏まえ、検討してきました。

限られた公費配当（公費※裏面を参照）ですが、今後もさまざまな視点から効果的・効率的に使い、負担を軽減できるように努めてまいります。

就学援助・継続申請

就学援助制度
川口市 HP

川口市では就学困難な家庭に対して子どもたちが「元気で健康に学校生活を過ごせるよう」就学援助という制度を実施しています（コロナウイルスの影響による家計急変にも対応しています）。

現在、就学援助を利用している家庭は進級後に継続申請の手続きがあります。

現在の認定は、6/30 まで継続します。そのため、概ね、5 月下旬頃に事務室から「継続申請の書類」を家庭に配付いたします。

よって、年度末に手続きする必要はありません。ご安心ください。

■ 新規申請は「随時」受付中

- 申請書はウェブサイトから入手可能
- お子様を通じて渡すことも可能
- 郵送対応も可能（お電話ください）
- 利用の所得基準
  - → 所得とは源泉徴収票で **2 番目**に多い額

所得のある人の人数	19 歳以下の家族の人数	家族全体の総所得
1 人	1 人	220 万円
	2 人	310 万円
2 人	1 人	290 万円
	2 人	380 万円

就学援助は、義務教育期間に限定した制度です。そのため、3 年生は卒業と同時に就学援助が停止し以降の援助はなくなります。

高等学校等には、「就学援助制度」がありません。しかし、独自の費用減免制度を用意している学校もあります。各学校へお問い合わせください。

未納への対応

学校納入金の「引き落とし」が終わっています。
未納通知が届いている家庭は対応お願いします。

補助教材費は、未納がなくならないと精算・返金の手続きに進みません。

現在、若干の未納金があります。個別に電話連絡させていただいておりますが、早めの対応よろしくお願いいたします。

学校のお金・公費と私費

公費
川口市 HP

私費
青木中 HP

「公費」：教育委員会から配当されるお金（机や椅子のような備品、インク代等に使用）
「私費」：保護者のみなさまからお預かりしているお金（補助教材や修学旅行の費用）

公費の財源は税金です。ひとり当りに換算すると学校を運営するお金や授業の準備に使うお金が、約 16,000 円配当されています。

今年度の使用状況からその金額（ひとり当たり）がどのような割合で使われたのか、計算してみました。

用途	説明	決算（%）
校舎修繕	校舎そのものや設備の修繕料	4,500 円（29.1）
消耗品等	授業で使う消耗品や紙など	3,150 円（18.6）
備品購入	授業で使う備品や管理備品	1,800 円（11.6）
印刷用品	コピー機や印刷機の使用料	1,200 円（ 7.5）
生徒図書	図書館の本やその整備費用	600 円（ 3.7）
備品修繕	教材や管理用の備品修繕料	250 円（ 1.5）
給食用品	配膳室用品や割烹着など	150 円（ 0.9）
清掃用具	石鹸やゴミ袋、ほうきなど	150 円（ 0.9）
役務行為	ピアノ調律や洗濯代など	100 円（ 0.6）
保健用品	シップなど保健室で使うもの	100 円（ 0.6）
感染症対策など	感染拡大防止、学習保障用品	4,000 円（25.0）

私費は学年によって差があります。

1 年生は、3 年間使うものを購入したり、修学旅行に向けた積立も始まったりと高額になっています。

今年度の徴収額を平均すると約 42,000 円です。

＃ 総額は、青木中の生徒数を乗じてみてください。

■ 安心な教育環境

- 「シックスクール」に配慮しています。（学校版：シックハウス症候群）
- 物品に含まれる有化学物質を確認しています。
  - → マジックは、水性顔料を選択
  - → 清掃用具も安全なものを精選

■ 安全な教育環境

- 毎月「安全点検」を実施しています。
- 教職員で校舎内外の危険等を点検します。
  - → 2 階 3 年生教室「扉（戸車）」修繕
  - → 3 年 5 組「窓」修繕
  - → 2 年 2 組「エアコン」修繕
  - → B 棟階段「照明」修繕（LED 化）
  - → プール「濾過機」修繕
  - → 各種「トイレ（詰まり）」修繕

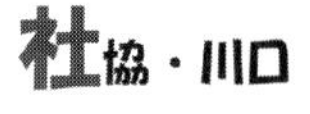

社協・川口

学費支援
社協川口 HP

社会福祉法人川口市社会福祉協議会は地域福祉を進める民間福祉団体です。

学費を支援する、交通遺児育英事業と教育支援金制度を紹介します。

■交通遺児育英事業

対象：交通事故で父または母と死別等

- 高校生の場合 100,000 円給付（奨学金）
  - 年額 50,000 円給付（入学祝金）
  - 30,000 円給付（年末支援金）
  - 50,000 円給付（修学旅行支援金）
- 小中学生、大学生対象の給付もあります。
- 返済の必要はない給付型の支援制度です。

■教育支援金制度

対象：低所得世帯（就学援助制度よりハードルは低い）

- 高校生の場合 500,000 円貸付（入学一時金）
  - 35,000 円貸付（月額）
- 無利子ですが、返済の必要な支援制度です。

『でんしょ鳩』へのお問い合わせ等は、
青木中事務室 柳澤・飯塚までお願いします。
電話：048-253-1371

2 「学校財務」を特集してみよう

保護者・地域にとって興味があること、事務職員の職務から主体的に情報発信ができること、その共通事項は「学校のお金」（学校財務）だと考えています。事務職員のもっている情報を発信することで、保護者・地域に対する情報提供の質が高まります。

学校だよりには、お金のことが書かれていたとしても「学校徴収金の引き落とし日」、「給食費未納対応のお願い」程度です。修繕や工事のお知らせは載ることもありますが、財務面というよりは安全管理の視点から書かれることが多いでしょう。

たとえば、学校だよりに載せた工事情報の裏側ではありませんが、費用面を事務だよりで特集すれば興味をもって読んでくれると思います。施設設備の情報からお金の話を切り取った事務だよりになります。ほかにも、掃除用具や教材教具からお金の話を切り取れば、事務だより特有の特集が組めます。

前のページ（P.61-63）で紹介した「購入備品の紹介」、「使用教科書の費用」、「学校配当予算の決算」などは反響が大きいため、基本的な内容として扱っていくとよいでしょう。そして、その基本が定着してきたら、そこから各校に合わせた学校財務実践の展開を発信していくと話題が広がっていくと思います。

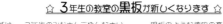

学校配当予算（公費）と保護者負担金（私費）！

☆ 3年生の教室の黒板が新しくなります ☆

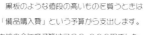

まずは、、、3年生のみなさんごめんなさい。実は４教室の黒板を新しいものに買い替えますが、工事が春休みになってしまいました‥

冬休み中に設置工事をしてもらい、卒業までの少ない期間ですが綺麗で隅から隅まで良く見える（反射の関係で両端が見えないし、チョークのノリも悪かったですね）黒板を使ってもらう予定でした。

しかし、予算の関係で業者さんと事務室の交渉が長引いてしまいました。

こんなお願いをしました‥

- 今より小さい黒板にしてください。
- 黒板の横に棚も作ってください。
- 光の反射を考えて取り付けてください。
- 冬休み中に工事を完了してください。
- 予算内でお願いいたします

黒板のような値段の高いものを買うときは「備品購入費」という予算から支出します。本校の今年度予算は７３２，０００円でした。

今年の執行内容‥

- 紙折り機（テスト作成などに欠かせない）
- ポット（体育祭などの行事の接待に使用）
- アンプ（体育祭などの行事で放送に使用）

そこで、残高が５３万円弱となり、その中で黒板を買うことにいたしました。

見積と相談を重ねていくことで、なんとか予算内で買うことができそうです。

見積結果では‥

- 今より小さい黒板にして横に棚を作成！
- 光の入射が背になるように取り付け！
- 金額は４教室で５２８，０００円（予定）
- 残念ながら、工事は春休みということに‥

～ 新3年生、大事に使ってくださいね ～

学年教材費について

本校では、３学年平均して約１０，０００円を集金させていただいております。

少しでも集金額が減りご家庭の負担を軽減できるように、学校配当予算から購入するものを増やしました。

先日、その中のひとつ英語のノートが生徒数×３冊≒１３５０冊が届きました。事務室掃除を終えた２年生の生徒に手伝ってもらい倉庫まで運びながらのひとコマ。

「これ来年オレたちが使う英語のノート？」
『そう、全部学校で用意することにしたの！』
「スゲー！！」

そんな会話から子どもたちとも学校のお金の使い方を話し合っていけたらいいなと思いました。

最後まで読んでいただきありがとうございました。この「でんしょ鳩」は学期に１回発行いたします。ご感想等いただけると嬉しいです。よろしくお願いいたします
鳩ヶ谷中学校事務室 やなぎさわ

学校配当予算の効率的・民主的な執行と工夫！ ～みんなで使い方を考えよう～

○ 学校配当予算って？

学校配当予算とは、鳩ヶ谷市から本校に「子どもたちの学習環境整備のために使ってください！」と配当されたお金です。それを公費（こうひ）と呼びます。

財源は、もちろん税金です。

実際にお金が振り込まれるわけではなく支払いは教育委員会が行います。学校では購入後に教育委員会へ請求書を送るところまで行っています。

以前、学校だよりにも載せましたが今年度の配当予算額は以下の通りです。

学校管理費：3,066,000円
教育振興費：2,532,000円

※ 当時より後期追加配当の分で若干増加

合計額5,598,000円 － 448人

鳩中の子どもたち
ひとりあたりに換算すると・・
1年間で12,495円が使われることになります。

○ 体育館の渡りに新しい「すのこ」！

老朽化によりガタガタで危険だった体育館へ行く通路の「すのこ」を新しくいたしました！写真でもわかるように、サイズがピッタリの鳩中特別仕様です。

実は本校の学校校務員さんの前職で大工経験を活かした手づくりです。

特注で業者に依頼すると大変お金がかかります。わたしも一緒にサイズを測ったりしましたが、しごとはまさにプロ！設計図作成から材料購入のアドバイスまでいろいろとお世話になりました。既製品よりも温かく心のこもったものが完成しました。

○ 教えて鳩中生☆

事務室では、授業や委員会活動などで使う文房具などで「あったらいいなぁー」と思うものの意見を聞きながら、購入しています。これまでに、子どもたちから教えてもらった意見で購入したものは「ポスカ（水性マジック）」や「クレヨン」などがあります。

他にも「学校で壊れている場所を見つけたよ」という意見も募集中です。

WantcardとRepairCardという専用の紙が事務室にあるので色々教えてください！

最後まで読んでいただきありがとうございました。事務室からの情報発信ツールとして、今後も「でんしょ鳩」にのせて色々な事をお知らせしていきたいと考えておりますのでよろしくお願いいたします。
鳩ヶ谷中学校事務室 やなぎさわ

学校配当予算の効率的・民主的な執行と工夫！

☆ 体育館のカーテンを直しました ☆

みんなの声が形になった！

○ 教えて鳩中生（子どもアンケート）

先月、目安箱に「Repair Card」が5枚入っていました。内容は体育館のカーテンを直して欲しいというものでした。

○ 体育館カーテンの現状を確認

体育館の後ろロフト部分（卓球台が置いてある所）のカーテンレールが外れていたり、カーテン自体が付いていない窓もあったり、また、左右のカーテンも破れや汚れがひどい状態でした。

○ 職員会議で提案

みんなの声と体育館カーテンの現状を職員会議で伝えました。その結果、カーテンを直せることになりました！

○ 鳩中誕生日おめでとう♪

11月1日に60周年記念式典がありました。当日までにカーテンをキレイにすることができました。みんなからの鳩中校舎への誕生日プレゼントとなりましたね！

＜ 使ったお金 ＞

・遮光カーテン（黒いカーテン）
4枚で106,260円
→ 学校備品費から支出しました。

・カーテンレール他 修理
4箇所で36,086円
→ 学校修繕料から支出しました。

～ 協力してくれた生徒のみなさん、ありがとう ～

校務員の島田さん
今度は子どもたちと一緒に作成中！

2学年の子どもたちが職場体験で校務員さんと一緒にゴミ置き場を作成中です。材料は廃材を利用し、足りないネジやトタンなどは学校予算で用意いたしました。

とても楽しそうに作業をしていたようです。職業に対する理解も深まりましたか？

2学期は運動会や学習発表会など行事がもりだくさん。普段とは違う顔をみせてくれる子どもたちの様子に校内の空気もどこか違って感じます。そんな職場が私は好きです。学校って楽しいですよね♪ 事務室 やなぎさわ

3　「就学援助」を特集してみよう

この制度は「知っているひとが得をするような制度」ではなく、「必要なひとに必要な援助を届けるための制度」です。そのため、第一に周知徹底（情報の発信）が重要です。定期的に事務だよりでお知らせを掲載することと合わせて、「就学援助特集号」という号外が有効です。たとえば、新入生保護者説明会に合わせて配付したり、個別相談されたときに説明資料として使ったりすることもできます。

情報発信を続けた結果、利用者が増えた（捕捉率が高まった）という経験もあります。赴任当時の就学援助利用率は全国平均程度（15％前後）でしたが、その学校を去るときまでの6年間で2倍（30％前後）まで上昇しました。もちろん、事務だよりだけの効果とはいえませんが、その一躍は担っていると考えられます。実際に「これを申請したいです」と事務だよりをもって事務室に来るひとも多かったです。

保護者に届けたい内容のポイントは、どれくらいの援助があるのかという金額面でしょう。そのため、詳細は簡略化しても「金額」は明示します。次に「事務室に来て（連絡）ください」を伝えることが重要です。下は、わたしの事務だよりデビュー作です（職員向けからではなく、保護者向けからこの世界に入りました）。

○事務室について○

はじめまして、事務室の柳澤です。今年度から不定期に事務室からのお知らせとして『むくの木』を発行していきたいと思います。

～ 事務室のお仕事 ～

給与事務のほかに‥

集　　金（給食・積立金等）
就学援助（申請・請求等）
消耗品・備品（管理・購入等）
教科書（購入・報告等）
施設・設備（維持・管理等）

・・と様々な仕事を子どもたちが安心して教育を受けられるように日々先生方と一緒にがんばっています。

これらのことで何かありましたらいつでもお電話ください！ 事務室 柳澤 TEL224-7889

給食費集金始まる

１回目の引き落としが５月６日におこなわれました。預金不足により引き落としができなかった家庭には『振替不能通知』を配布します。次の振替日５月16日（月）までに指定口座へ入金をお願いいたします。

就学援助について

就学援助とは？　昨年度末に配布した『就学援助新規申込について』をご覧になっていただければ詳しくわかると思います↓

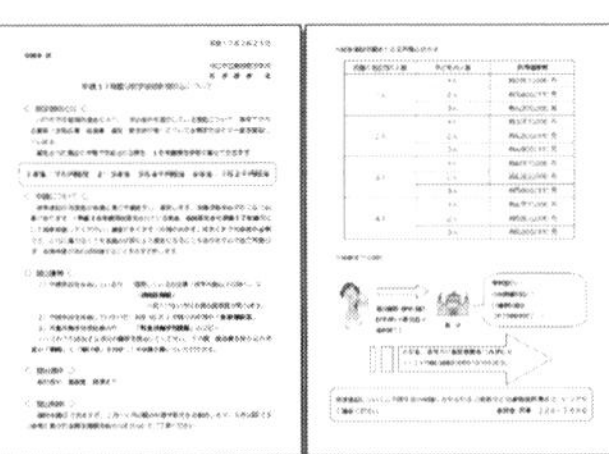

※小さくて読めないと思いますが、見覚えがないという方には電話一本でお送りいたします。

就学援助続き→

（今回は簡単にお知らせいたします。）

川口市では経済的理由により、一定条件を満たしている家庭に学校でかかる費用の全額または、その一部を補助している制度です。

～ 年間で支給される参考額 ～

１年生：７万円程度
２～５年生：５万４千円程度
６年生：７万２千円程度

手続きは事務室で

必要書類：同居者全員（就学年齢以下は除く）の**『課税・非課税証明』**
→市役所へ行ってください。
または、**『源泉徴収票』**
※児童扶養手当を受けている家庭は確実に認定されるので**『児童扶養手当証のコピー』**を持参してください。

提出期限：随時受け付け可能です！
持ち物：通帳・印鑑・必要書類

○次号は、学校予算を予定しております。

朝日西小事務室　やなぎさわ

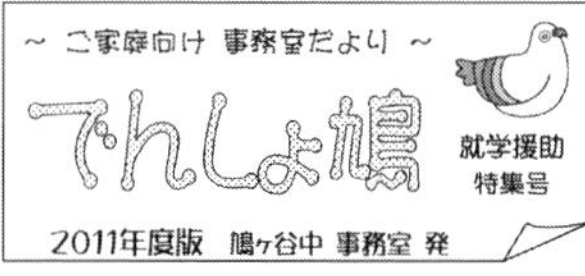

給食費や修学旅行費・学用品費などが補助される制度です！

鳩ヶ谷中学校で学校事務のしごとをしております、柳澤と申します。

このおたよりは、鳩ヶ谷市の就学援助制度を分かりやすく紹介したものです。申請する時の参考にしてください。ご家庭でお子さまと一緒に読んでいただければ幸いです。

就学援助
制度の利用状況

全国では約 7 人に 1 人が利用
就学援助受給率は 14.5 %
（2009 年度：文部科学省調査）

鳩中では約 4 人に 1 人が利用
就学援助受給率は 27.8 %
（2010 年度：鳩ヶ谷中学校調査）

憲法を始め、いろいろな法律で保障されている制度です。安心して利用してください！

1．就学援助制度って何？

子どもたちがみんな安心して楽しく学校生活を送ることができるように、必要なお金（給食の食材料費・体育着代・上履き代・指定の制服代など）の全額または一部を対象者へ補助する制度です。

2．年間どれくらいの補助があるの？

全学年共通で、給食費や学用品費の補助、医療券の支給を受けられます。他にも学年に応じた補助があります。

１年生：９６,０００円程度
<新入学学用品費（22,900 円）>

２年生：７５,０００円程度

３年生：１２６,０００円程度
<修学旅行費（55,000 円程度）>
<卒業アルバム（5,500 円程度）>

原則、ご家庭の口座へ振り込まれます。学校納入金に未納がある場合は、そちらに充てることも可能です。

3．申請の仕方は？ 受付はいつ？

手続きは簡単です。学校または教育委員会へ印鑑を持参し、申請書を書くだけです。後日結果が送付されます。

受付は年間を通していつでもできます。年度途中で、家庭の状況が変わられた時などなるべく早めに相談してください。

鳩中のホームページ（事務室コーナー）から申請書をダウンロードすることも可能です。

郵送でも対応いたします。お気軽にお電話ください。

担当：鳩ヶ谷中事務室 柳澤
電話：048-281-1010

4．認定の基準ってあるの？

鳩ヶ谷市では認定基準の所得のめやすが申請書に記載されていないので、隣の川口市を参考にしてください。

2011 年度の川口市「就学援助制度のお知らせ」より抜粋したものです。だいたい鳩ヶ谷市と基準は同じだそうです。

鳩ヶ谷市では生活保護制度の所得基準を基本としてその１.３倍を就学援助制度の所得基準としています。

就学援助が認定となる所得のめやす

所得のある方の人数	小・中学生の人数	所得基準額（めやす）	※めやすについて
１ 人	1人	２６０万円	お子様の年齢が低ければ低いほど生活に必要な金額は少なく、高ければ高いほど生活に必要な金額は多くなります。 また、生計が同一な同居者の人数によっても、生活に必要な金額が変化します。 生計が同一な同居者全員の所得金額に対し、同居者全員が生活するために必要な金額を考慮したうえで認定の判定をしますので、この表はあくまでも簡易な“めやす”としてご理解ください。
	2人	３４０万円	
	3人	４２０万円	
２ 人	1人	３３０万円	
	2人	４２０万円	
	3人	４９０万円	
３ 人	1人	４００万円	
	2人	４８０万円	
	3人	５６０万円	
４ 人	1人	４７０万円	
	2人	５５０万円	
	3人	６２０万円	

参考法令等

日本国憲法 第 26 条 すべて国民は、法律の定めるところにより、その能力に応じて、ひとしく教育を受ける権利を有する。

2 すべて国民は、法律の定めるところにより、その保護する子女に普通教育を受けさせる義務を負ふ。義務教育は、これを無償とする。

学校教育法 第 19 条 経済的理由によつて、就学困難と認められる学齢児童又は学齢生徒の保護者に対しては、市町村は、必要な援助を与えなければならない。

教育基本法 第 4 条 すべて国民は、ひとしく、その能力に応じた教育を受ける機会を与えられなければならず、人種、信条、性別、社会的身分、経済的地位又は門地によって、教育上差別されない。

学校給食法 12 条には給食費の補助に関することが、学校保健安全法 24 条、25 条には医療に関する補助が書かれています。

独立行政法人日本スポーツ振興センター法 29 条に災害共済給付に係る共済掛金に関する補助が書かれています。

～ 就学困難な児童及び生徒に係る就学奨励についての国の援助に関する法律 1 条に就学援助の目的、2 条に国の補助について書かれています ～

4　ネタを「使いまわし」してみよう

事務だよりを継続的に発行していくためには話題が必要です。ネタが切れるかもしれない……、そんな不安を払しょくしてもらうために、第1節では職員向けのネタを豊富に紹介しました。しかし、本節ではそこまで多くのネタを提供できませんが、「使いまわす」という方法と効果を紹介します。

本節の冒頭「1.学期ごとに発信してみよう」で紹介したように、各学期で内容の大枠を固定すると3パターンの保護者・地域向け事務だよりが完成します。それを年度サイクルで発信していく方法がお勧めです。どんどん話題を広げていくよりも、反復したほうが理解は深まり、作成者の負担も軽減できます。たとえば、子どもがひとりの場合、中学校3年間で同じ内容を最大3回読みますが、保護者は前年のものと比べるようなことはしませんし、年に1回であるため新鮮さが薄れることもないと思います。逆に、毎回内容が変わるより、知識は定着していくでしょう。「あ、就学援助ね、知っているよ」という反応があるくらいでよいと思います。

紙面全体を使いまわす以外にも、項目だけ使いまわす方法も可能です。「事務室の仕事」などは大きく変わることもありませんし、毎年紹介する意義もあります。

～ ご家庭向け 事務室だより ～

でんしょ鳩 Vol. ①

平成19年10月22日　鳩ヶ谷中 事務室

鳩ヶ谷中学校で学校事務のしごとをしております。柳澤と申します。毎月学校だよりの裏にも「事務室からのお知らせ」という形で連載しておりますが、今回は単独で発行させていただきました。保健だよりや給食だよりのような感じで、事務室では主に学校で扱うお金のことを特集していこうと考えております。不定期ではございますが、ご家庭でお子様と一緒に読んでいただければ幸いです。

- 毎月の引き落とし -

本校の引き落とし日は毎月5日です。タイミングが合わずに一回目に引き落としができなかった場合は、通知を出させていただきます。再振替（15日）に備えて、残高の確認をお願いいたします。安全性を考え現金持参となりませんようご協力お願いいたします！

学校事務室のしごと

事務室はどんなしごとをしているか想像できますか？　先生方の給料計算？給食費を集めること？そんなことが想像されるのではないでしょうか？実は電算化（コンピュータ処理）が進んでおり、昔ほど給料計算に時間を費やすことはありません。

今、学校事務室の主なしごとは、子どもたちが毎日勉強や運動ができるように学習環境の整備が中心です。

具体的なしごと

① 学校で扱う色々なお金の管理や執行
教育委員会より配当されるお金（公費）を始め給食費、教材費や生徒会費など会議で提案したり先生方や子どもたちと一緒に使い方を考えたりしています。

② 授業で使う消耗品や備品の整備
毎年各教科に希望を取り、買い揃えています。教室の机や椅子は定期的に新しいものと交換していく予定です。

③ その他 多岐にわたるしごと
①と②で書いたしごと以外にも授業で教えること以外、学校で働くひとりの大人として、子どもたちのことを思い考え、関わり合いの中で成長を見守りながらどんなしごともしていこうと考えております。

安心安全な学校で・・

○ お金のことは心配しないで！

― 就学援助制度について ―

鳩ヶ谷市では就学のため経済的に困難な家庭に対して就学援助制度を実施しています。

給食費を始め、学用品費、修学旅行費などの援助があります。ご家庭の事情が変わられた場合などお気軽に事務室までご相談ください。申請の手続きをすることができます。

そして、援助以外にも保護者負担金軽減を日々の目標とし、子どもたちが安心して学校生活を送れるように努めたいと思います。

○ 学校の施設や消耗品は安全に！

― シックスクールについて ―

事務室で貸し出している消耗品や学校施設で使う消耗品などはできる限り安全なものを選んで購入するようにしています。化学物質過敏症などの症状が報告されている物品（油性マジックや接着剤、洗浄剤など）の購入はなるべく避けて、成分を確認して購入しております。

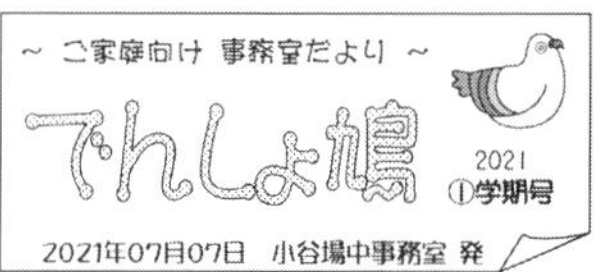

～ ご家庭向け 事務室だより ～
でんしょ鳩
2021
①学期号
2021年07月07日　小谷場中事務室 発

Ｉ学期号　７年目を迎えました！

早いもので着任し、6 年間が過ぎ、小谷場中も 7 年目となりました。改めまして学校事務を担当している栁澤靖明（事務主査）と申します。

今年度も、**学校・生徒・保護者・地域のために「力の限り」**頑張ります！

「学校事務」という仕事を一言で説明するのは難しいですが、一般の会社に例えますと「総務課」、「経理課」、「管財課」、「人事課」の担当職務が、近いと思います。先生の給料や福利厚生、子どもたちの就学支援、授業をおこなうための教材教具をそろえること、などが具体的な仕事です。

事務室から学校事務の仕事を通してご家庭にお知らせしたいことを『でんしょ鳩』に載せて、お届けします。学期の発行（年 3 回）となりますが、「保健だより」や「給食だより」のように家庭でお子さまと一緒に読んでいただければ幸いです。どうぞ、よろしくお願いいたします。

就学援助・随時受付

川口市では、就学困難な家庭に対して就学援助という制度を実施しています。

「就学困難」と書くと、申請しづらいかもしれませんが、所得基準（右表）があります。こちらを参考にして、家庭の所得（収入とは違い源泉徴収票で 2 番目に大きい数字）が基準以下の家庭は、利用できる制度です。**給食費は全額、修学旅行費もほぼ全額、その他の学用品に対する補助も受けられます。**

まずは、事務室又は担任まで連絡ください。

所得のある人の人数	19 歳以下の家族の人数	家族全体の総所得
1 人	1 人	220 万円
	2 人	310 万円
	3 人	360 万円
2 人	1 人	290 万円
	2 人	380 万円
	3 人	420 万円

※ この表は、「めやす」です。この表よりも所得が多いからといって即不認定になるわけではありません。

給食費・教材費についてのお願い

給食費と教材費の違いを表にまとめました。引き落とし日にタイミングが合わず、未納通知が届いたご家庭は、**現金事故を防ぐためにも**次回までに口座への確実な入金にご協力ください。

種別	納入場所	納入額の決定	振替日	引き落としできなかった場合の対応
給食費	川口市	毎年、 市長が決定	原則は、 月末	未納通知が届いたら指定口座に入金してください。 原則、未納分を合算して翌月に引き落とされます。
教材費	小谷場中	担当で相談し、 校長が決定	10 日 再 20 日	未納通知を読んで対応してください。 （1 回目は口座に、2 回目は現金で学校へ納入）

～ ご家庭向け 事務室だより ～
でんしょ鳩
2020
①学期号
2020年07月07日　小谷場中事務室 発

Ｉ学期号　６年目を迎えました！

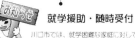

早いもので着任し、5 年間が過ぎ、小谷場中も 6 年目となりました。改めまして学校事務を担当している栁澤靖明（事務主査）と申します。

今年度も、**学校・生徒・保護者・地域のために「力の限り」**頑張ります！

「学校事務」という仕事を一言で説明するのは難しいですが、一般の会社に例えますと「総務課」、「経理課」、「管財課」、「人事課」の担当職務が、近いと思います。先生の給料や福利厚生、子どもたちの就学支援、授業をおこなうための教材教具をそろえること、などが具体的な仕事です。

事務室から学校事務の仕事を通してご家庭にお知らせしたいことを『でんしょ鳩』に載せて、お届けします。学期の発行（年 3 回）となりますが、「保健だより」や「給食だより」のように家庭でお子さまと一緒に読んでいただければ幸いです。どうぞ、よろしくお願いいたします。

就学援助　随時受付

川口市では、就学困難な家庭に対して就学援助という制度を実施しています。

「就学困難」と書くと、申請しづらいかもしれませんが、所得基準（右表）があります。こちらを参考にして、家庭の所得（収入とは違い源泉徴収票で 2 番目に大きい数字）が基準以下の家庭は、利用できる制度です。**給食費は全額、修学旅行費もほぼ全額、その他の学用品に対する補助も受けられます。**

まずは、事務室又は担任まで連絡ください。

所得のある人の人数	19 歳以下の家族の人数	家族全体の総所得
1 人	1 人	220 万円
	2 人	310 万円
	3 人	360 万円
2 人	1 人	290 万円
	2 人	380 万円
	3 人	420 万円

※ この表は、「めやす」です。この表よりも所得が多いからといって即不認定になるわけではありません。

給食費　教材費についてのお願い

給食費と教材費の違いを表にまとめました。引き落とし日にタイミングが合わず、未納通知が届いたご家庭は、**現金事故を防ぐために**も次回までに口座への確実な入金にご協力ください。

種別	納入場所	納入額の決定	振替日	引き落としできなかった場合の対応
給食費	川口市	毎年、 市長が決定	原則は、 月末	未納通知が届いたら指定口座に入金してください。 原則、未納分を合算して翌月に引き落とされます。
教材費	小谷場中	担当で相談し、 校長が決定	10 日 再 20 日	未納通知を読んで対応してください。 （1 回目は口座に、2 回目は現金で学校へ納入）

第3節

「子ども向け」をつくろう！

1 「子どもと繋がれる内容」を考えてみよう

子どもと繋がるといったら運動会や合唱祭などの学校行事ですね。思い出の共有から入るとスムーズです。

中学生の場合は「学割の発行」で繋がりがありますね。長期休業の前には申請も多いです。片道100km以上という条件があるので、「どこ行くの？」という問いかけから話題も広がります。夏休み前には、号外「学割特集号」が効果的です。

小中問わず、文房具の貸し出しをしている事務室もあるでしょう。それに伴い「貸出記録リスト」などを掲示していると思います。それを事務だよりに変更することで子どもたちへメッセージが添えられます。同時に、リクエストも受け付ければ、子どもアンケートの実践へと発展します。

子ども向け事務だよりとして配付する方法もありますが、壁新聞として校内に掲示してもよいですね。

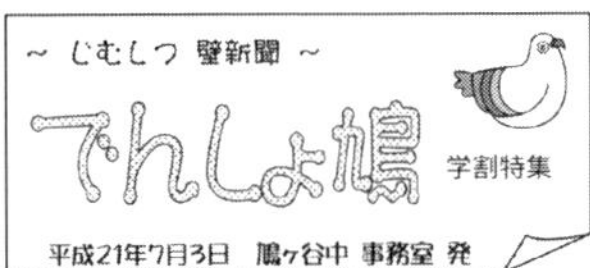

みなさん、こんにちは☆。

期末テストが終わってあとは夏休みを待つだけですね！ いや、その前に…通知表が配られるけどね(笑)

子どもには「遊ぶ権利」があります。改めて言うと不思議な感じだけど、子どもの権利条約という国際条約に書いてあることなのです。

だからみなさんも、夏休みは心と体を十分にリフレッシュさせて、いっぱい遊んでください！(もちろん宿題や１学期の復習、高校受験の準備で忙しいこともあると思うけど……。)

夏休みに向けて・・

学割証発行しています！

☆ 今回は学割証について特集します ☆

もう直ぐ夏休みです。中学生からは「学割」が使えます！ JRなど「学割」が使用できる交通機関を利用して旅行などへ行く場合は発行できますよ♪

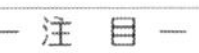

① 片道が１００キロ以上の旅行
② 割引はおおむね２割引
③ 旅行当日は生徒手帳を持参
④ 有効期限は３ヶ月

ー 手続き ー

事務室で「学割証交付願」という右の紙をもらい、お家の人に記入してもらい事務室に持ってきてください。

その後、学割証を発行します☆。

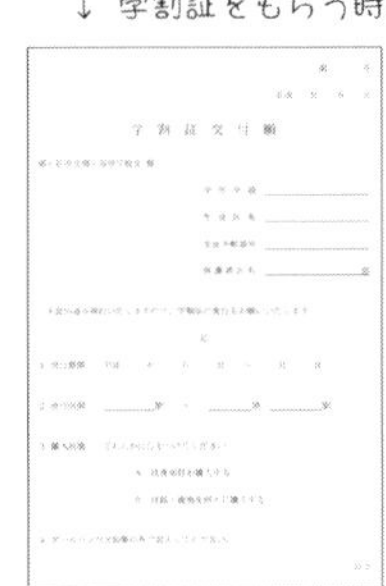

夏休み以外でもOKなので必要な時はこの紙を取りにきてくださいね！

学割証を使う時は、必ず生徒手帳を持って行きましょう～！

事務室の貸し出しコーナーに張ってあるおたよりでは「教えて鳩中生！」という企画もやっているので、ぜひ声を聞かせてね！ 鳩中事務室 やなぎさわ

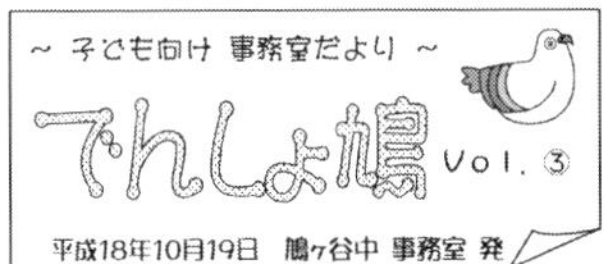

～ 子ども向け 事務室だより ～
でんしょ鳩 Vol.③
平成18年10月19日 鳩ヶ谷中 事務室 発

みなさん、こんにちは！

秋ですね。食欲の秋・勉強の秋スポーツの秋、みなさんはどんな秋を過ごしていますか？

秋はどんなことをするにも気候が適している季節です。この秋、みなさんも何かひとつ集中してやってみてはいかがですか？

そこで事務室ではこの秋に学校のみんなと一緒に、学校をもっと良くしようと思います。

みんなの日頃の思いや願いを学校中から集めたいと思います。

☆ 鳩中あったらいいなぁがそこにある ☆

教えて鳩中生！

みんなの「あったらいいなぁ」「直して欲しいなぁ」を教えてください！叶えられる願いから叶えていこうと思います。

「**WantCard**(欲しいもの用)」

「**RepairCard**(直して欲しい用)」

それぞれのカードに記入して目安箱に入れてください☆名前を記入してくれたら事務室から返事を書きますよ♪

貸し出し記録簿

借りる日	借りるもの	数	借りた人	返した日	返した人
8/1	マジックセット	8	鳩中太郎	8/3	鳩中太郎
/				/	
/				/	
/				/	
/				/	
/				/	
/				/	
/				/	
/				/	
/				/	
/				/	
/				/	
/				/	
/				/	
/				/	
/				/	
/				/	
/				/	
/				/	
/				/	
/				/	
/				/	

※借りたら必ず返してネ！！

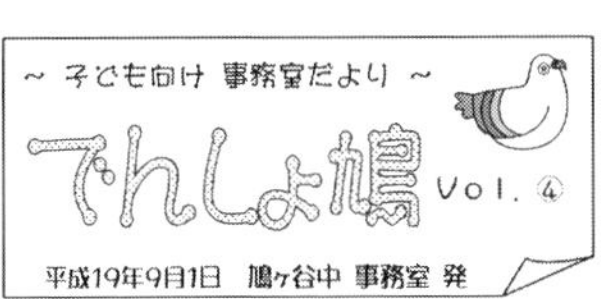

～ 子ども向け 事務室だより ～
でんしょ鳩 Vol.④
平成19年9月1日 鳩ヶ谷中 事務室 発

さて新学期が始まりましたね！どんな夏休みだったでしょうか？

今回は「教えて鳩中生」でリクエストがあったものを紹介しようと思います☆

「**WantCard**(欲しいもの)」では‥

「ポスカ」と「クレヨン」が出ました！

ポスカは8色セットを8セット、クレヨンは16色セットを4セット買いましたよ！

「**RepairCard**(直して欲しい)」では‥

「トイレが臭い」の声でした！

トイレの改修は鳩ヶ谷市教育委員会へ要望を出しているので、ちょっと待ってて……!!

☆ 鳩中あったらいいなぁがそこにある ☆

教えて鳩中生！

みんなの「あったらいいなぁ」「直して欲しいなぁ」引き続き受け付けしています！

協力してくれた人には
ありがとうの手紙を書くよ☆。

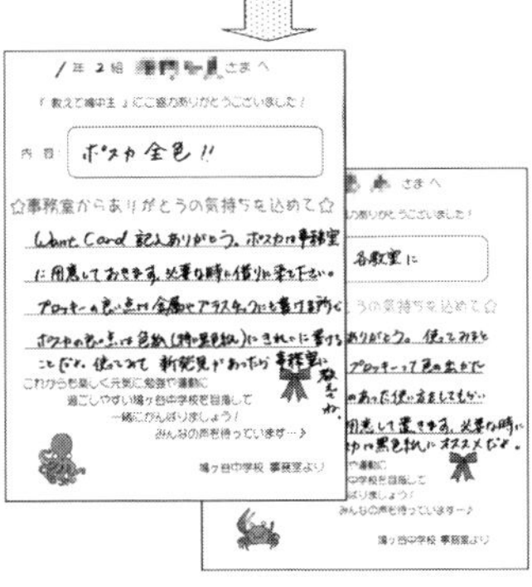

それぞれのカードに記入して目安箱に入れてください☆

♪～よかったら名前を書いてね～♪

貸し出し記録簿

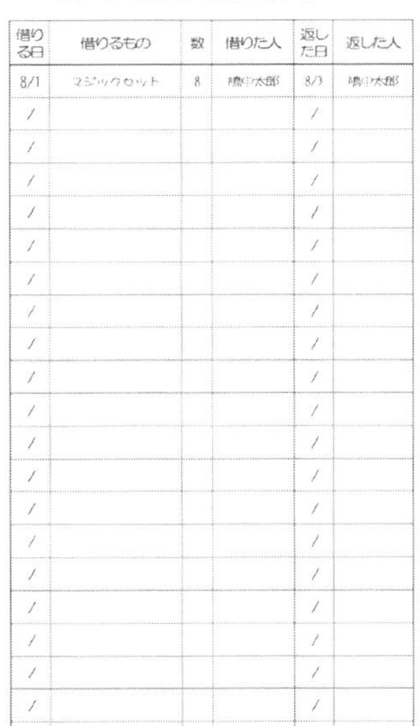

借りる日	借りるもの	数	借りた人	返した日	返した人
8/1	マジックセット	8	鳩中太郎	8/3	鳩中太郎
/				/	
/				/	
/				/	
/				/	
/				/	
/				/	
/				/	
/				/	
/				/	
/				/	
/				/	
/				/	
/				/	
/				/	
/				/	
/				/	
/				/	
/				/	
/				/	
/				/	
/				/	

※借りたら必ず返してネ！！

2　小・中「校種別」で考えてみよう

小学生に向けた事務だよりを発行するとき、注意することは「漢字が読めるかどうか」と「内容を理解できるかどうか」だと思います。小学1年生と6年生の差はさまざまな面で大きいため、内容によっては学年を絞ることも必要です。平仮名を中心に絵本のようにするか、ルビを振るか、漢字の割合はどうするかなど、考慮しなければならないことは多いです。低・中・高学年でカテゴリー分けして、それぞれのバージョンをつくるのがベストだとは思いますが、それでは作成者の負担が大きすぎます。

全校配付をめざすなら、低学年をターゲットにするか、保護者といっしょに読むことを前程として編集するか、などという工夫が必要です。レイアウトは凝り過ぎず、シンプルな紙面を心がけることも大事でしょう。

中学生は、小学生ほどの学年差はないと思います。難しい言葉は使わないという注意があればじゅうぶんでしょう。しかし、おとな向けより文字を大きくしたり、語りかけるような文章にしたりするなど、読ませる工夫は必要です。生徒会活動や各種専門委員会活動とのかかわりや協同も話題にできそうですね。また、学校財務や施設設備のことなどを特集することで協同が生まれそうです。

～ こども向け 事務室だより ～
むくのき　だい1ごう
平成17年6月28日じむしつでつくりました

西小のみんな、こんにちは！
西小のじむしつで おしごとをしている『やなぎさわ』といいます。おぼえてくれましたか？
西小へ来て3ねんたちました。あの時1ねんせいだったお友だちは4ねんせいになりました。おおきくなったね。
きょうは、じむしつの おしごとと西小のみんなが どんなものがほしいか・どんなことを かんがえて西小でおべんきょうしているか 聞きたくておたよりをつくりました♪

西小のじむしつ

西小のじむしつは、みんなが 毎日べんきょうが できるように 授業でつかうものを買っています。
何があるかな？ 教室には、黒板に字を書くためのチョークやみんながつかっている、つくえ・いすなど色々買っているよ。

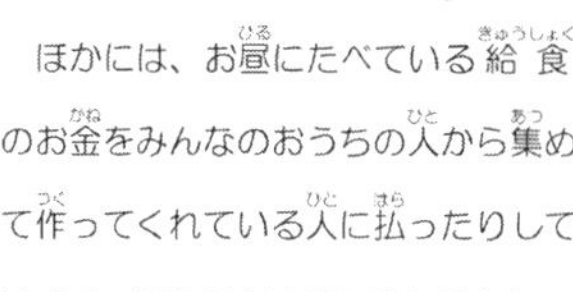

ほかには、お昼にたべている給食のお金をみんなのおうちの人から集めて作ってくれている人に払ったりしています。ほかにもいろいろあるよ！

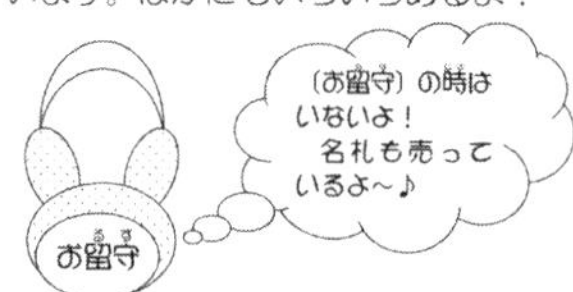

(お留守) の時はいないよ！
名札も売っているよ～♪
お留守

あったらいいな
アンケート2

西小のみんなが学校で友だちや先生とべんきょうしたり あそんだりするときに 「あったらいいなぁ～」「こうなっていればいいのになぁ～」と思っていることをおしえてください！
みんなの声を聞いてもっともっと良い西小にしていきたいと思います。みんなで力を合わせがんばりましょう。

☆★☆ 西小のみんな ☆★☆
みんなの力をまっているぜ～！

7月20日までにじむしつの箱にいれてね！

じむしつ　やなぎさわ

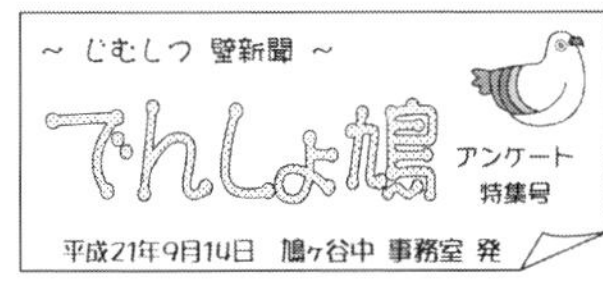

～ じむしつ 壁新聞 ～
でんしょ鳩
アンケート特集号
平成21年9月14日 鳩ヶ谷中 事務室 発

357件（全生徒の85％）の声が届きました！

― 施設・設備 編 ―

みなさん、こんにちは☆。
ちょっと前に、生徒会と一緒に行った「学校改善アンケート」に協力してくれてありがとうございました！
アンケートの集計をしてから今まで「直ぐにできること」「学校のみんなで相談が必要なこと」「教育委員会へ要望が必要なこと」などに分けて取り組みを考えていました。

今回は、中間報告として一部お知らせします。

放送施設を直して欲しい

今回のアンケート結果では、この要望が一番多かったです。
実は、学校改善アンケートをやるきっかけのひとつにお昼の放送ができない状態なので放送施設を直して欲しいという生徒会役員からの声もありました。

このことは、トイレ改修と並んで鳩中の最優先事項だと考えています。教育委員会へ学校の要望を伝える会議（予算ヒアリング）があります。そこで、校長先生と一緒に、生徒からも意見がたくさん出ていますので直して欲しい！ ということを伝えてきました。

教育委員会の方は、なるべく早く新しいものと交換したいと言っていました。

地震対策をして欲しい

今年の夏休みに体育館の地震対策が行われました。体育館関係では、床を張り替えて欲しいという声もありましたが、地震対策の工事と一緒に床の張替えもやってもらいました。

他の校舎も、これから地震対策の工事が行われます。ちなみに来年度は東校舎が予定されています。

教室のベランダの鍵を直して欲しい
トイレの鍵を直して欲しい
学習室のドアをスムーズにして欲しい

他にもたくさんこのような声がありました。一覧表にして校務員さんにお願いしたところ、直ぐに対応してもらえました。もう直っていますよね！

…… いつでもだれでも、気づいたんが気づいた時に、より良い学校をつくるための声を届けてください ……

まだまだあります！ みんなの声♪

― 備品・消耗品 編 ―

新しいバレー支柱が欲しい

バレーの支柱は備品費で買うのですが、学校に配当されている予算でバレー支柱を買うと、8割くらい終わってしまい相談の結果、購入を見合わせていました。
ですが指を挟んで怪我をするということが発生したので、そのことを教育委員会に伝えてきました。

教育委員会の方は、なるべく早く新しいものを購入できるように手続きをしますと言っていました。

貸し出し用のボールが欲しい

昼休みに生徒会が貸し出しを行っているボールですね。これは、昨年度の生徒会本部費で新しいボールを買いました。
大切に使ってくださいね。

校庭整備用品を新しくして欲しい

校庭に凹凸を何とかして欲しいという声や水はけを良くして欲しいという声を始め校庭に関する要望をたくさん集まりました。少しずつ何とかしていきたいと考えています。
今回は校庭整備用品ですが、野球部からの声で「鉄のとんぼ」を！0本学校の備品として購入しました。
大切に使ってください。

チョークを買って欲しい
モップと箒を買って欲しい
磁石を買って欲しい

このような声もありましたが、チョークや磁石、清掃用具などは在庫を切らさないように購入しています。
学校にないような特殊なものだったらもう少し詳しく教えてください。

― 学校生活 編 ―

緑を増やして欲しい

このことについて、生徒会役員では「果実のなる木」を植えたらどうか？ という意見がありました。しっかり面倒を見られるのかが心配ということで見合わせています。良い方法があったら教えてください。

年に1回バイキング給食にして欲しい

栄養士さんに相談したところ、バイキングにすると残飯が多くなってしまうと言っていました。バイキングではなく、セレクト給食（事前にメニューを選ぶ）ならできるかも。お楽しみ給食に近いですがね。

ここには紹介しませんでしたが、「水道からジュースを出して欲しい！」という声がありました。静岡の学校ではお茶が出るらしいですが鳩中では現実的に難しいと思います。
ですが、わたしも小学生時代そんな夢を見ていました（笑）　　事務室　やなぎさわ

…… いつでもだれでも、気づいたんが気づいた時に、より良い学校をつくるための声を届けてください ……

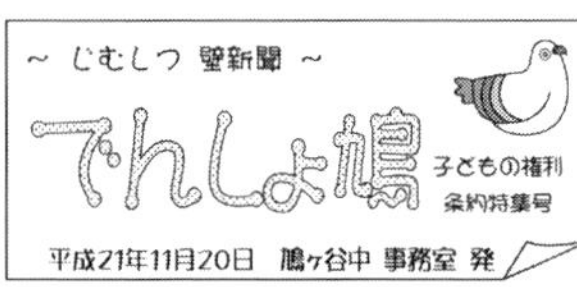

「子どもの権利条約」が定めている権利

～ 世界中の子どもたちのために ～
子どもの権利条約

みなさん、こんにちは☆
今回は「子どもの権利条約」について特集します。知っている人も、知らない人もみんなで読んで下さい！

子どもの権利条約

・国連総会で採択された条約です。
・日本は１５８番目に批准しました。
・現在１９３ヶ国が批准しています。
・未批准国はアメリカとソマリアだけ。
※批准とは条約をみとめて実行します、という国の最終の確認、同意の手続きのことです。

「子どもの権利条約」は、世界中のすべての子どもたちがもつ権利について書かれている条約であり、子どものたちの強い味方です。

この条約は大きくわけて次の４つの子どもの権利を守るように定めています。そして、子どもにとって一番良いことを実現しようということが書かれています。ひとつずつみていきましょう！

生存<生きる権利>

子どもたちは健康に生まれ、安全な水や十分な栄養を得て、すこやかに成長する権利をもっています。

病気やケガをしたら、適切な治療を受けられなければなりません。

保護<守られる権利>

子どもたちはあらゆる種類の差別や虐待、搾取から守られなければなりません。障がいをもつ子ども、少数民族の子どもなどは特別に守られなければなりません。

発達<育つ権利>

子どもたちは教育を受ける権利をもっています。また、休んだり遊んだりすることや自分の考えや信じることが守られます。

参加<参加する権利>

子どもたちは自分に関係のある事柄について自由に意見を表したり、集まってグループをつくったり、活動することができます。

子どもの権利条約って
これな内容です！

日本ユニセフ協会のホームページに日本語の抄訳が載っています。調べてみてください。

第12条
意見表明権
自分の考えを自由に発言

子どもは、自分に関係のあることについて自由に自分の意見を表す権利をもっています。その意見は、子どもの発達に応じて、じゅうぶん考慮されなければなりません。

第28条
教育を受ける権利
みんなに勉強ができる環境を

子どもには教育を受ける権利があります。国はすべての子どもが小学校に行けるようにしなければなりません。さらに上の学校に進みたいときには、みんなにそのチャンスが与えられなければなりません。学校のきまりは、人はだれでも人間として大切にされるという考え方からはずれるものであってはなりません。

第3条
子どもの最善の利益
子どもにとって、もっとも良いことを

子どもに関係のあることを行うときには、子どもにもっともよいことは何かを第一に考えなければなりません。

第24条
健康・医療への権利
毎日を健康で過ごすために

国は、子どもがいつも健康でいられるように、できるかぎりのことをしなければなりません。子どもは、病気になったときや、けがをしたときには、治療を受けることができます。

第31条
休み・遊ぶ権利
自由に休んで・自由に遊んで

子どもは、休んだり、遊んだり、文化・芸術活動に参加する権利があります。

日本ユニセフ協会のホームページアドレス
http://www.unicef.or.jp/kenri/syouyaku.htm

引用条文：日本ユニセフ協会HP
「でんしょ鳩」子どもの権利条約特集号　鳩ヶ谷中学校

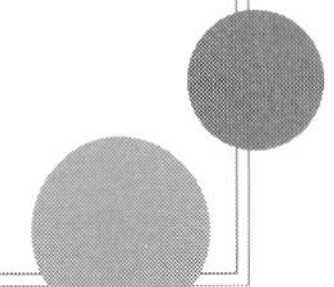

捕節

共同実施・
共同学校事務室でつくろう！

1　「共同実施」・「共同学校事務室」の取組を発信してみよう

学校事務の共同実施が叫ばれて20年以上が経過しています。さらに、2017（平成29）年「地方教育行政の組織及び運営に関する法律」の一部改正により、共同学校事務室が法制化されました。まず、それ自体を職員に発信してみようという提案です。

月に数回など学校を空けて集合する意義や効果なども事務だよりを通して発信していくとその価値を共通理解していくことにも繋がると考えます。

» 2019年08月号（Vol.153）

就学援助制度について職員向けの共通リーフレットを作成したとき、同時に共同実施について説明を加えました。

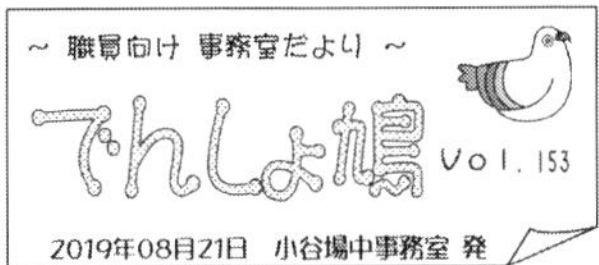

8月号 新刊出来！！

新刊出来、これなんて読むか知っていますか？シンカン「デキ」！！　ではありません（笑）。

自分ではあまり使わない言葉ですが、本屋さんではよく見かけますよね。出版業界では、「デキ」って発音してしまうことも多いそうですがね。

前振りが長くなりましたが、『隠れ教育費――公立小中学校でかかるお金を徹底検証』という本を書きました（もちろん、兼職兼業は承認済み）。

タイトルって出版社の領分であることが多く、このタイトルも先方が付けました。隠れているかどうか分かりませんが、教育費の実態・歴史・理念・対策をまとめました。歴史と理念は研究者にお任せして、ほかを自分が担当しました。

前回は、「学校事務」が主語でしたが、今回は「教育費」を主語にした一般書です。みなさまもきっとお楽しみいただけると思います。

本屋さんか、Amazon・楽天ほかへGo！！！

子どもの**就学**を支えるための**援助**制度

――学校事務の共同実施による取組

事務職員は共同で仕事を実施しないと、ミスが多いから「学校事務の共同実施」という取組がある――わけではありません！！

どの学校でも、高いレベルの学校事務を実施し、教育活動を支えていくための組織です。

年に３回、本校ではお馴染みの「事務室だより」を共同でつくったり、初任者・若手の教員に向けた研修を実施したりしています。

今年も、来週の金曜日に「給与規程・学校財務・就学支援」というテーマで実施します。

取組の一環として、教職員向けリーフレットもつくっています。今回は、「就学援助」を特集しました。制度の熟知、説明の担当は事務職員がすればよいですが、発見の担当は多い方がよく、子どもや保護者から情報を得ることが多いため、制度のサワリをまとめてみました。

気になる子どもや、詳細が気になる部分がありましたら事務室までお声がけください。

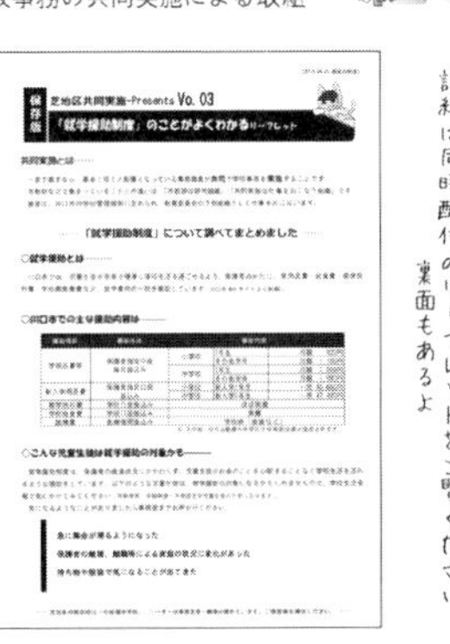

詳細は同時配付のリーフレットをご覧ください

裏面もあるよ

Carrier-Pigeon Review 106

「元気がでる 就学援助の本」

編：全国学校事務職員制度研究会 他

「なくそう！　子どもの貧困」全国ネットワークと事務職員研究会の共著。そう、就学援助は子どもの元気の素なのだ。　事務室　やなぎさわ

2　職員に発信してみよう

学校事務の「共同処理」促進施策により、事務だよりも個人による発行ではなく、組織による発行が増えてきました。今後もさらに増えていくことが想像できます。しかし、組織発行の事務だよりをみていると、どうしてもインパクトが弱い内容になっていると思います。その原因として、配付校区内で共通の話題だったり、普遍的な内容を特集しないとダメだったりというバイアスがあるからでしょうね。

もちろん、特定の学校にしか通じない話題や作成した担当者しかわからない話題は避けるべきですが、校務分掌による差はそんなに気にしなくてもよいと考えています。たとえば、事務職員が施設設備を担当している学校とそうではない学校が混在しているからといって、その話題を避けるという選択は不要だということです。ひとつの基準として「標準職務表」の範囲をベースにもしてもよいと思います。

ある程度、内容を固定化してみるのも手段です。たとえば、学期ごとに発行して年間3回と決めれば、時期によって発信したい情報も固定化されます。そして、作成者側の負担も軽減され、読者側も情報が渋滞しないと考えます。定期的な情報発信にもれてしまう部分や足りない部分は、個別の事務だよりで補うことも考えられますし、各校が自由に使えるフリースペースを用意しておくこともできるでしょう。

ここで事務だよりとは別に「リーフレット」の発行を提案します。事務だよりには、いろいろな情報を少しずつ載せていくのが一般的に思えますが、特集号という形で話題をひとつに絞る方法もありますね。組織発行の課題については前述しましたが、それをカバーする意味で各論的リーフレット（特集リーフレット）の作成をお勧めします。事務職員が共同で作業をすると、チェックリストやマニュアルをつくりたくなるような傾向にありますが、一層のこと事務職員的内部資料ではなく、職員に共有できる形＝リーフレットで発行すると、知識の蓄積と合わせた効果的な情報発信にも繋がっていくことでしょう。

よくある事例をまとめておくとたいへん便利です。たとえば、出産の報告を受けたら産休育休リーフレット、再任用の質問にこたえているリーフレット、次々ページ（P.78）で例示したものは年末調整リーフレットです。このあたりは、だれがつくっても周知したい情報は同じです。さらに自治体内でも共有したら相当な負担軽減にもなります。次ページ（P.77）は、年度末にかならず質問されたり、手続きを確認したりすることが必要な情報をまとめた「共同実施だより3学期号」です。

組織発行の事務だよりは教育委員会事務局で内容を確認してもらうか、組織内の責任者が確認し、そこから各学校（校長）へ配信してもらうとよいでしょう。

「芝地区共同実施」2022 年 03 月発行

2021 年度―3 学期号

芝地区「共同実施」だより

柳崎小・前川小・芝中央小・芝小・芝西小・芝南小・芝富士小・芝樋ノ爪小・芝中・芝西中（陽春分校）・芝東中・小谷場中 教職員のみなさまへ

共同実施とは――

一言で表すなら、基本 1 校 1 人配置となっている事務職員が共同で学校事務を実施することです。市教研などで集まっていることとの違いは「市教研は研究組織」・「共同実施は仕事をおこなう組織」ということです。

後者は、川口市の学校管理規則に定められ、教育委員会の下部組織的な業務をおこないます。

■手続きが必要な場合もあります――年度末に確認してほしい事

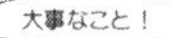

【扶養手当】（「変更なし」でも臨時的任用職員は手続きが必要になる場合もある）

- □ 家族が就職・退職した　例）配偶者が退職した・お子さんが就職した
- □ 新たに扶養する家族がいる　例）出産・60 歳になる無職の父母がいる

【住居手当】（「変更なし」でも臨時的任用職員は手続きが必要になる場合もある）

- □ 引っ越しの予定がある
- □ 契約更新の予定がある

【通勤手当】（「変更なし」でも再任用職員・臨時的任用職員は手続きが必要になる場合もある）

- □ 通勤方法に変更がある　例）自転車から自動車、徒歩から自転車
  → 自動車、バイクを利用する人は提出する書類があります。

【給与口座】

- □ 給与が振り込まれる口座を変更したい　例）○○銀行 → △△信用金庫
- □ 口座に入金される金額を変更したい
  → 学校集金用口座を登録している場合は解約前に事務職員へ相談してください。

■意外と知らない豆知識――通勤手当、住居手当、返納の事例

【扶養手当】中学校を卒業する年の 4 月～22 歳年度末までは、5, 000 円

【通勤手当】（学校まで、2 km認定の場合）→ 徒歩だと 0 円ですが、車と自

【住居手当】家賃を支払っていれば最大 28, 000 円支給ですが、持家の

【手当返納】（扶養）アルバイトで年収 130 万超過、（住居）「フリーレ

―― 芝地区の拠点校は「小谷場中学校」、リーダーは事務主査・栁澤が務めています。ご感想

■保険証の手続き――異動、任期満了、退職時の手続きをまとめました

・4 月から個人の状況によって扱いが異なります。

・不明な点は、自己判断せずに事務室まで相談に来てください。

今年度の状況	来年度の予定	今年度末の手続き	来年度の手続き
■公立学校共済組合 ・本採用 ・再任用（フルタイム） ・臨時的任用 ・任期付教職員	市立小・中・高校職員 （←にある雇用形態）	特になし（継続使用）	
	県教委へ転出		
	市教委へ転出	共済組合員証を返却	市町村共済に加入
	本採用 （他県・政令指定都市・国）	共済組合員証は 着任校へ提出	支部変更の手続き
■社会保険 ・再任用（4/5・3/5）	再任用（4/5・3/5）	特になし（継続使用）	
	再任用（フルタイム）	社会保険証を返却	共済に加入
■国民健康保険等 ・再任用（1/2・2/5） ・任期付短時間教職員	本採用 再任用（フルタイム） 臨時的任用 任期付教職員	現在使用中の 保険証を返却	共済に加入
	再任用（4/5・3/5）		社保に加入
	その他	特になし（継続使用）	
すべての教職員	他県（さいたま市含む）・ 民間企業等に就職	現在使用中の 保険証を返却	就職先の保険制度に加入
	退職（就職予定なし） 次の任用まで間が空く 再任用（1/2・2/5） 任期付短時間教職員		任意継続に加入 国保に加入 家族の被扶養者になる

※社保＝社会保険、国保＝国民健康保険、共済＝公立学校共済組合

芝地区「共同実施」組織で
リーダーを務めている小谷場学校　事務主査・栁澤です。

今年度で本誌の発行も 5 年目になりました。いつも読んでいただきありがとうございます。
学期ごとに、その時期に合った「お願い」や「有益な情報」を発信し、共有してきました。
また、姉妹ツールとして「共同リーフレット」（テーマに沿った説明資料）も 8 号発行しました。
「出産に向けて」、「再任用に向けて」、「年末調整に向けて」など盛りだくさんです。
校務支援 PC の共有 F【教育委員会】→【学務課】→【共同実施】内で提供しています。
ご活用いただければ幸いです（詳細は各校の事務職員へ問い合わせください）。
わたしたち事務職員も共同実施組織を通して、組織内すべての学校の経営や運営を支え、
子どもたちの成長発達をめざした教育活動の充実に寄与していきたいと考えています。
今度ともどうぞよろしくお願いいたします。

―― 芝地区の拠点校は「小谷場中学校」、リーダーは事務主査・栁澤が務めています。ご感想等お寄せください。 ――

（2021.10.01 現在の制度）

保存版 芝地区共同実施-Presents Vo. 07 「年末調整」のことがよくわかるリーフレット

共同実施とは――

一言で表すなら、基本1校1人配置となっている事務職員が共同で学校事務を実施することです。市教研などで集まっていることとの違いは「市教研は研究組織」・「共同実施は仕事をおこなう組織」ということです。後者は、川口市の学校管理規則に定められ、教育委員会の下部組織的な業務をおこないます。

――「年末調整」に関する手続き等をまとめました――

年末調整は本人の申告によるものです。提出していただいたとおりに、手続きをします。
申告漏れや誤りがあっても本人の責任となります。十分確認のうえ申告してください。
不明な点などありましたら、要点を整理して事務室までご相談ください。

年末調整をするにあたり、証明書類等の準備をしておいてください

○給与所得者の保険料控除申告書（証明書が必要）

一般の生命保険料、個人年金保険料、介護医療保険料、地震保険料、社会保険料、共済任意継続掛金、国民年金保険料・国民健康保険料・個人型確定拠出年金（iDeCo）などが対象です。

※ 自分自身の保険料等以外でも、保険料を支払った事実があれば控除の対象です。
※ 給与天引きの保険料は証明書の添付を省略できます。

【国民年金保険料】よくあるケース
◎20歳以上のお子様の保険料を負担しているひとは、特に注意してください。
・領収書または日本年金機構発行の証明書が必要です。証明書は送付時期が例年11月以降です。
・領収書を紛失した場合は、年金事務所に金額を確認しておくと申告がスムーズです。
・証明書が届き次第、事務室に提出ください。

○給与所得者の扶養控除等（異動）申告書（税法上の扶養があるひと）

扶養者がいる場合は、そのひとの「該当年の総所得」を概算で記入してもらいます。年金額や給与額などの総収入額を調べておいてください。

○扶養している親族の所得確認（「扶養控除等（異動）申告書」などで申告できる収入のボーダー）

配偶者特別控除対象配偶者――該当年の所得見積額48万超～133万円以下（給与収入201万6千円未満）
扶養親族（同一生計配偶者含）――該当年の所得見積額48万円以下（給与収入103万円以下）
※申告内容に誤りがあると、遡って追徴されます。ご注意ください。

―― 芝地区の拠点校は「小谷場中学校」、リーダーは事務主査・柳澤が務めています。ご感想等お寄せください。 ――

（2021.10.01 現在の制度）

除関係（住宅ローンがあるひと＝1年目は確定申告のみ）

ための住宅借入金等特別控除証明書」――税務署発行（1年目の確定申告でもらう）
入金の年末残高等証明書」――――金融機関発行 ……が必要になります。

事をしていたひと）

外（市費、アルバイト、一般企業等）から給与を得た期間があるひとは、源泉徴収票を提出
的任用者が該当する場合があります。手元にあるか確認してください)。

■参考

・そもそも年末調整とは？

1年間の源泉徴収額を正しく計算し、所得税を確定させる手続きです。毎月の給与から、所得税が差し引かれていますが（源泉徴収という）、この所得税額はあくまで概算の金額です。そこで、年末に1～12月の給与確定額から各種所得控除額を引いて、所得税額を改めて計算し、既納額との過不足を精算します。

・控除とは？

所得税は所得の金額に対して課税されるものではありません。所得から一定の金額を差し引いた額に対して、所得税が計算されます。この「一定の金額を差し引く」ことを控除といい、生命保険料控除のような「所得控除」と、住宅ローン控除のような「税額控除」が存在します。

・パートタイム労働者の年収と税制、控除の適用条件早見表

Ex）．年収120万円の場合、住民税と所得税の支払いは発生するが、社会保険料の支払いは発生しない。
Ex）．年収220万円の場合、住民税と所得税、社会保険料の支払いが発生し、配偶者の控除も適用されない。

パートの年間収入	住民税	所得税	社会保険料（*1）	配偶者控除・同特別控除（*2）
100万円以下	なし	なし	なし	控除適用（定額）
100万円超～103万円以下	有			
103万円超～130万円未満		有		特別控除適用（定額）
130万円～150万円以下			有	
150万円超～201万円6千円未満				△特別控除適用（段階的に減額）
201万6千円以上				控除適用なし

*1 従業員501名以上の企業（パート）は、年間収入106万円以上で支払が生じる
*2 納税者である配偶者の収入に応じて金額は変動する

何度も書きますが、年末調整は本人の申告によるものです。提出していただいたとおりに、手続きをします。
申告漏れや誤りがあっても本人の責任となります。十分確認のうえ申告してください。

―― 芝地区の拠点校は「小谷場中学校」、リーダーは事務主査・柳澤が務めています。ご感想等お寄せください。 ――

3　保護者に発信してみよう

職員への発信も同じことがいえますが、組織による事務だよりは同時多発的な発信ができることと、主語を個人から組織に変えられるというメリットがあります。

一般的に、職員向けより発行のハードルが高いとされる保護者向け事務だよりですが、「みんなでつくれば怖くない」——もとい、みんなでつくれば正確性も高まるし、各校で校長に配付の説明をするときも組織名が使えるので、若手事務職員のハードルが下がるかもしれません。

» 2021年度「芝地区共同実施だより」3学期号

1学期号では「共同実施の目的」を冒頭に掲げ、「夏休みの動静表」や「休暇の取得方法」など、2学期号は「福利厚生の情報」と「人事委員会勧告」をまとめています。そして、03学期号は「異動」の特集——各種手当に関する「異動」や保険証の「異動」をわかりやすくまとめています。

» 芝地区共同実施Presents Vol.07「年末調整」のことがよくわかるリーフレット

芝地区共同実施では、「再任用」、「産休・育休」、「就学援助」、「メンタルヘルス」、「給料・諸手当」、「看護・介護」、「部分休業・育児短時間勤務」についてリーフレット化しています。Vol.07は「年末調整」です。概要的な通知はすべての学校で発信していたのでリーフレット化しました。制度改正などを考えると、共同で集中的にまとめたほうが効果的だと考えます。

» 保護者向け「就学援助制度」がよくわかるリーフレット

P80のリーフレットは保護者向けに作成しました。コロナ禍に突入し、所得が不安定になった保護者も多いだろうと想像し、このタイミング組織内すべての学校から同時に発信しました。当時、一斉休業中ということもあり、各校のウェブサイトにも掲載しました。

ほかのネタやコメント

- **学校事務職員リーフレットや学校事務リーフレットなどもよいかもしれません。**
- **教育委員会事務局監修だけではなく、校長会などとの連携もよいと思います。**

（2021.04.01 現在の制度）

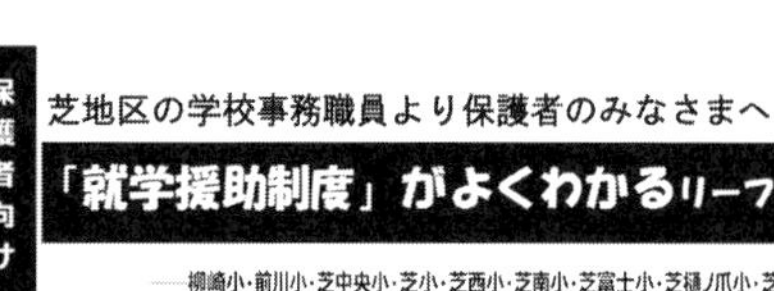

保護者向け

芝地区の学校事務職員より保護者のみなさまへ

「就学援助制度」がよくわかるリーフレット

――柳崎小・前川小・芝中央小・芝小・芝西小・芝南小・芝富士小・芝樋ノ爪小・芝中・芝西中・芝東中・小谷場中

このリーフレットは、芝地区に属する12校の事務職員が連携して活動している組織「芝地区共同実施」で作成しています。リーフレットなどの「情報発信活動」以外にも、子どもたちの豊かな学びや健やかな成長のために、学習環境や学校の様々な課題解決ができるよう活動をしています。

―― 以下、「就学援助」の概要と申請についてまとめています ――

○「就学援助」は、どんな制度ですか？

就学援助制度は、学校教育法19条（経済的理由によつて、就学困難と認められる学齢児童又は学齢生徒の保護者に対しては、市町村は、必要な援助を与えなければならない）にもとづいて実施されている行政サービスです。

具体的には、「川口市では、児童生徒が元気で健康に学校生活を過ごせるよう、保護者のかたに、学用品費・給食費・修学旅行費・学校病医療費など、就学費用の一部を援助」（川口市Webサイト）している制度です。

○どんな人が利用できますか？（所得のめやす）

家族の人数を基準として、所得の〈めやす〉が定められています。あくまでも〈めやす〉であるため、所得が上回っているという理由だけで対象外になるわけではありません。

■たとえば――

例）両親と子ども2人の場合

20歳以上	19歳以下	所得基準
2人	2人	380万円

例）ひとり親と子ども2人の場合

20歳以上	19歳以下	所得基準
1人	2人	310万円

■このほかの例は川口市Webサイトをご覧ください→ 検索：川口　就学援助

https://www.city.kawaguchi.lg.jp/kenko_kaigo/seikatsuniokomarinokata/11292.html

○どんな援助がありますか？（援助内容）

■学校給食費の全額
■学用品を購入するための費用の一部
■遠足や社会科見学の費用の一部
■修学旅行費のほぼ全額
■大貫や水上（臨海・林間学校）の食事代の全額
■小学校では音楽鑑賞教室のバス代の実費
■中学校では体育実技費（柔道着や竹刀）の実費
□一部の指定疾病（むし歯など）については医療費の援助もあります

裏面に1年間のシュミレーションを載せています

―― 芝地区の拠点校は「小谷場中学校」、リーダーは事務主査・柳澤が務めています。ご感想等お寄せください。 ――

（2021.04.01 現在の制度）

…をシミュレーション（実際の援助額）

…2人（小学校6年生・中学校1年生）の場合

	小学校6年生	中学校1年生
	1,126円×12ヵ月	1,842円×12ヵ月
		47,400円
	1,510円（上限）	2,180円（上限）
体育実技費		柔道着、剣道竹刀等の実費
修学旅行費	バス代や宿泊料など、ほぼ実費	
スポーツ振興センター災害共済掛金	460円	460円
学校給食費	3,895円×12ヵ月	4,565円×12ヵ月
医療費	一部の指定疾病に対して医療券（窓口支払いなし）を発行	

○どうやって申請すればよいですか？（申請方法）

■申請書を各学校事務室や川口市Webサイトからダウンロードし、取得します。
　→　一緒に援助費の振込先口座がわかる通帳等のコピーも必要になります
■申請書を記入後、各学校事務室へ提出してください。

○申請したあとはどうしたらいいですか？

申請後、1ヵ月程度で学校から認定の可否について通知が渡されます。認定されると、学校給食費の引き落としが止まり、学用品費の振り込み等が始まります。ご確認ください。

■継続申請

毎年5月頃、継続申請書が学校から配付されます。引き続き利用するためには提出が必要になります。
家庭状況等により、証明書等が追加で必要になることもあります。

□異動報告

就学援助を利用していて――

家族が増える・減る
銀行口座の変更
生活保護費を受給
市内へ転居する
家族の就職・離職
市外へ転居する

転居先の市区町村で改めて就学援助の申請が必要です。所得証明書など――川口市で発行する書類が必要になることもありますので、転居先市区町村へ確認が必要です。

※ このような事由がおきた場合は、速やかに学校事務室へ相談ください。

―― 芝地区の拠点校は「小谷場中学校」、リーダーは事務主査・柳澤が務めています。ご感想等お寄せください。 ――

第3章

つくってみよう！ レイアウト編

第1節
効果的なフォントの使いかた

第2節
図や表を作成する

第3節
レイアウトを工夫しよう

第4節
ヘッドラインの効果的な見せかた

第5節
知っていると便利な小技

この章では、実際に発行した事務だよりの一部を使いながら紙面の見せかたや工夫、編集に役立つテクニックを紹介していきます。

「事務だよりをつくろう！」と思い立ったとき、他校で実践しているものを参考にする場合も多いと思います。しかし、目でみて雰囲気がわかったとしても、パソコン上でそれをどうやれば実現できるのかわからないという経験はありませんか？

たとえば、読みやすくてインパクトのあるタイトル文字は、どんなタイプのフォントが向いているのか？　ヘッドラインの見せかたは？　などというテクニックを紹介していきます。

機能の説明は、ほとんどMicrosoft「Word」です。説明が偏りますがご了承ください。なお、ソフトの標準機能をつかって説明している部分もありますので、ソフトのヘルプも同時に参照してください。

第1節
効果的なフォントの使いかた

1 「フォント」とは何か

フォントとは書体を表すための活字セットです。書体とは一貫したデザインでつくられた文字の集合です。もっと一般化すれば、パソコンで文字を表したり、プリンターで印字したりするときの字体でもよいかもしれません。「明朝体」や「ゴシック体」と呼ばれる一般的なもののほかに「ポップ体」や「行書体」と呼ばれるものもあります。明朝体は、判読性が高いため本文に適しています。それに対してゴシック体は、見出しやキャプションなどの目立つところで使われることが多いです。

たとえば、明朝体は「MS 明朝」や「DF平成明朝体」、ゴシック体は「MS ゴシック」や「HG-丸ゴシックM-PRO」というフォントがあります。ちなみに、MSやHG、DFというのはフォントをつくったメーカーの名称です。MSはマイクロソフトコーポレーション、HGは株式会社リコー、DFはダイナコムウェア株式会社です。同じ明朝体でも「MS 明朝」というものや「MS P明朝」というものがあります。このPは、プロポーショナル（Proportional）という意味です。Pがついているフォントをプロポーショナルフォントといい、「均整のとれたフォント」という意味になります。ひと文字ひと文字、文字幅が異なるフォントとなっていることから、日本語では「可変幅フォント」ともいいます。Pがついていないものは、モノスペース（Monospace）と呼ばれ「等幅フォント」または「固定幅フォント」といいます。

ほかにも、SやL、M、Bがついているものもあります。S＝半角文字のみ、ほかは文字の太さを表します（L＝細、M＝中、B＝太）。太さは、数字で表している場合もあります。「DFPまるもじ体W3」は、DF（ダイナコムウェア株式会社）、P（プロポーショナル）、まるもじ体（名称）、W3（太さ3）を表したフォントの名称です。

フォントは、好みです。プロポーショナルフォントが好きなひともいれば、縦横のラインをそろえたいからモノスペースフォントしか使わないというひともいます。本書の付録でフリーフォントがダウンロードできるサイトを紹介しています。まずは、いろいろと試しながら好みを探ったり、使い勝手のよいフォントを探したりするとよいでしょう。

2　効果的なフォントとサイズ、ウエイト

事務だよりの紙面は「パッ！ と見たときの印象」がとても重要です。そのため、目を引くような紙面を心がけることが大切ですね。しかし、奇抜すぎるデザインでもよくありません。読者がスムーズに読み進めてもらうための配慮も必要だからです。

たとえば、ヘッドライン（最も目立つように書かれている部分）を目立つようにさせるためには、ゴシック体のようになるべくウエイトの太いフォントを使うと効果的です。図の一番上が実際に発行したときのヘッドラインです。インパクトを出すために太文字にしましたが、硬い印象を避けるためにポップ体（創英角ポップ体）を選択しています。それ以下は、行書体、明朝体に続き「クラフト遊」という少し奇抜なフォントです。「創英角ポップ体」に比べると印象が薄く感じます。

デジタル教科書——コロナ専門医

学習者用デジタル教科書普及促進事業

≒5,000,000,000円（50億円）

文科省概算要求の一部

デジタル教科書——コロナ専門医

学習者用デジタル教科書普及促進事業　——少人数学級

≒5,000,000,000円（50億円）

文科省概算要求の一部

■ デジタル教科書——コロナ専門医

学習者用デジタル教科書普及促進事業

≒5,000,000,000円（50億円）

文科省概算要求の一部

■ デジタル教科書——コロナ専門医

学習者用デジタル教科書普及促進事業　——少人数学級

≒5,000,000,000円（50億円）

文科省概算要求の一部

第2節

図や表を作成する

1 Microsoft「Word」でつくる

事務だよりの作成に文書作成ソフトである「Microsoft Word」（以下、Wordと表記）を使っているひとは多いでしょう。文書でも表を挿入することはあります。そのため「Word」にも表を作成するための標準機能が搭載されています。その機能を使えば、手軽に表枠が作成できます。また、【罫線】機能を使うことで、その表をかんたんに加工することができます。

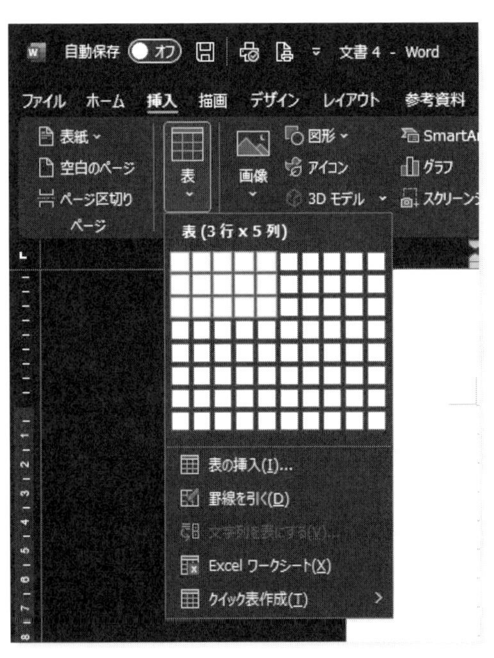

- 【挿入】→【表】をクリックし、表に必要な縦横のマスを選択するだけで表枠が表れます。
- 【挿入】→【表】→【罫線を引く】をクリックし、カーソルが「えんぴつ型」に変わったら罫線を引くことができます。

日付	科目	品名	数量	価格
1/1	学校管理費	ボールペン（10本）	2セット	700円
1/2	教育振興費	色画用紙（八つ切り：100枚）	5パック	3,250円

2　Microsoft「Excel」でつくり、「Word」に貼り付ける

「表」の作成は、文書作成ソフトより表計算ソフトのほうが得意です。「Word」では表枠からつくりますが、表計算ソフトであるMicrosoft「Excel」（以下、Excelと表記）にはセルと呼ばれる枠が設定されています。必要に応じて、その枠に罫線を引く（色をつけるイメージ）だけで表枠になります。「Excel」の表が完成したら、Microsoftの標準機能【コピー】と【貼り付け】を少し工夫するだけで「Word」に貼り付けることができます。

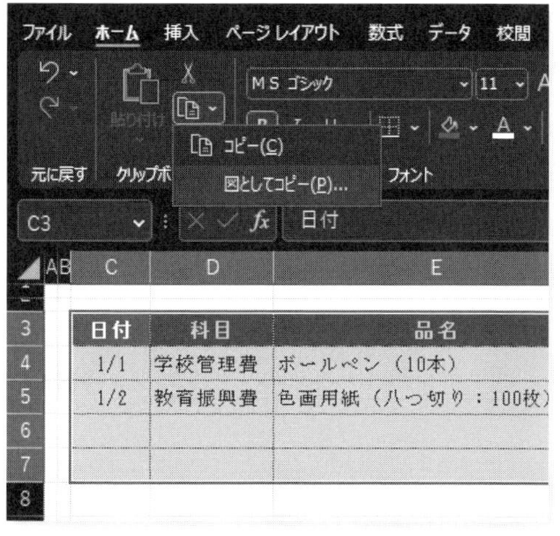

●「Excel」のセルをドラッグ（選択）し、【コピー】（図としてコピー）を押します。これで、パソコン内のクリップボード（一時保存しておく場所）に画像として保存されました。「Word」を開いて、【貼り付け】をクリックすれば完了です。

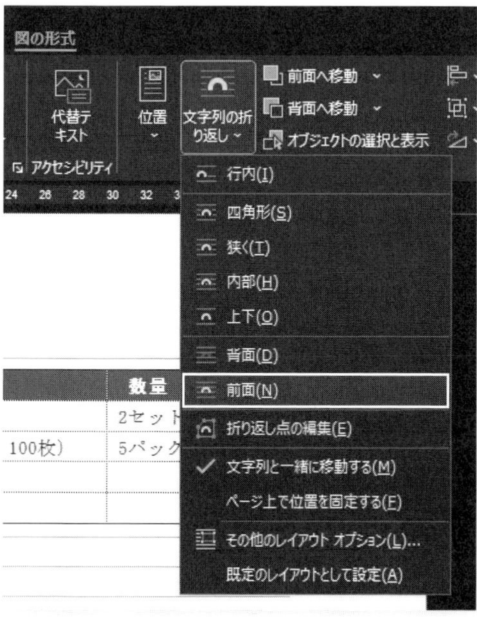

●貼り付けた「Word」側で表を自由に動かすためには、もう一動作が必要です。図として貼り付けた表をクリックしておき、【図の形式】→【文字列の折り返し】→【前面】をクリックします。「Word」側の用途に応じ、【行内】や【四角形】なども試してみましょう。

ちなみに本書「このページ」は、左に図を入れて右に文字を入れています。図を避けて文字を入れたいときは【四角形】を選択すると扱いやすくなります。

3 Adobe「Acrobat Reader」をつかって、PDFからコピーする

情報をPDFに変換して扱うことが増えてきました。Adobe社は「Acrobat Reader」というPDF閲覧ソフトを無料で提供しています。PDF（Portable Document Format）は、閲覧者のパソコン環境に依存することなく、作成者のパソコン環境とかぎりなく同じ状態で表示ができます（フォントなどが埋め込まれるため、その分データの容量は大きくなってしまいます）。その反面、修正などには専用ソフトが必要です。そのため、基本的には図や表などをコピーして転載することができません。しかし、「Acrobat Reader」の標準機能を使うことで、「Word」や「Excel」のようにデータをクリップボードへ格納させることができます。

ただし、著作権などを侵害してしまう恐れがありますので注意してくださいね。

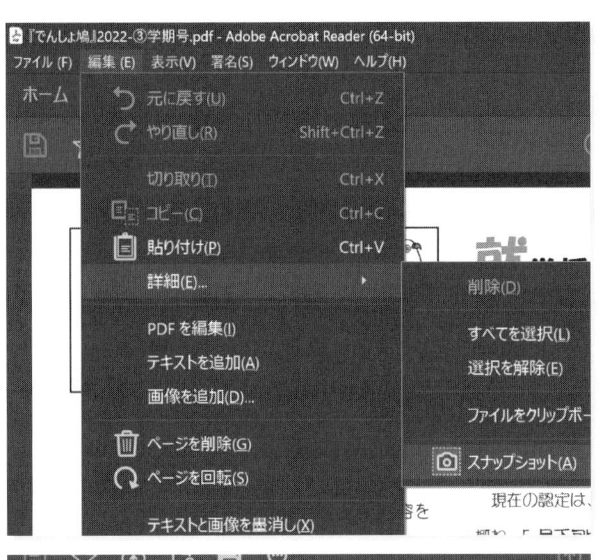

●コピーしたい素材が含まれているデータを「Acrobat Reader」で開きます。【コピー】（図としてコピー）を押します。【編集】→【詳細】→【スナップショット】をクリックします。

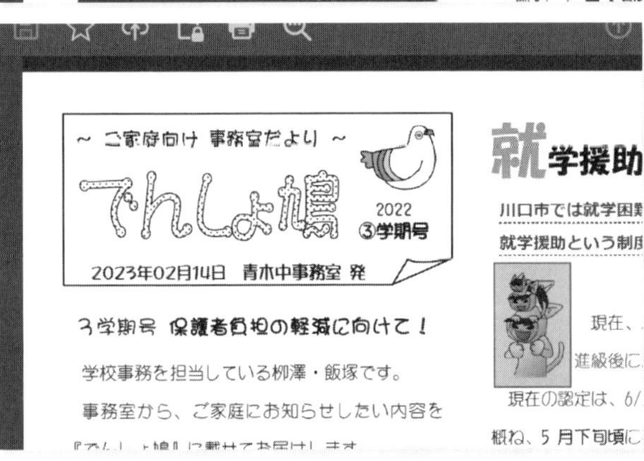

●カーソルが「＋」に変わり、それでコピーしたい図や表をドラッグします。位置の調整をし、指を離せばクリップボードへ自動的に保存されます。PDF全体をコピーしたいときは、任意の場所でクリックするとコピーできます。

4　ほかの方法でコピーする

「Word」や「Excel」、「Acrobat Reader」などのアプリケーションを使わずにコピーする方法もあります。ハードコピーといったり、画面キャプチャー、スクリーンショットといったりするような機能です。

たとえば、基本OSであるWindowsに搭載された機能を紹介します。

●パソコン画面そのもの（液晶に写っている状態のママ）をコピーしたいときは、キーボードの【Print Screen】や【PrtSc】というキーを押すと、画面そのものがクリップボードに格納されます（PrtScと四角で囲まれているキーの場合は、Fnを押しながらPrtScを押すと同じ効果になります）。クリップボードに格納された画像を貼り付けるときは、標準機能の【貼り付け】を押します。画像データとして保存しておく場合は、「Microsoftペイント」などを経由させるとかんたんにできます。

●画面全体ではなくアクティブな部分だけ（「ダイアログボックス」など）をコピーしたいときは【Alt】キーを押しながら【Print Screen】や【PrtSc】キーを押すと、その部分だけ切り取られてクリップボードに格納されます。また、自由にスニッピング（切り取り）したい場合は、【Windowsロゴ】を押しながら【Shift】＋【S】キーで「Snipping機能」が起動します。

●デスクトップ型かノート型などとキーボードにより、若干配置の差や操作方法の違いがあります。

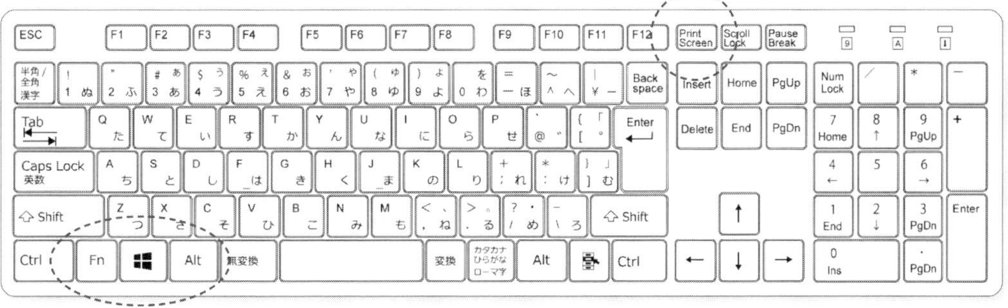

第3節 レイアウトを工夫しよう

1 レイアウトの「向き」と「段組み」を考えよう

レイアウトの「向き」（紙の場合は、A判横置きや縦置きなど）だけでも、事務だよりの印象は大きく変わります。印刷して配付する場合は、A判かB判を選択する必要はありますが、印刷を前提にしなければ「向き」が関係しない正方形や円形の事務だよりもおもしろそうですね。「Word」のデフォルトは、A4縦置きであり、このままつくり始めると通知文のような印象が強い事務だよりになってしまいます。それを回避するためにも【段組み】機能による「領域区分」をお勧めします。

下の事務だより（共同実施が導入される以前、事務職員会という組織を母体にした共同編集の先駆け的実践）にコメントを加えていきます。

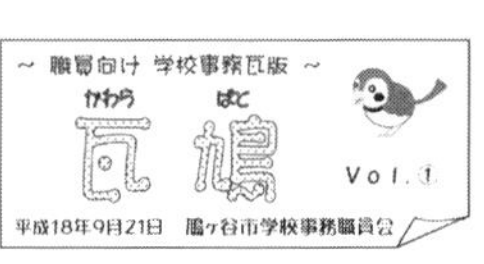

みなさんこんにちは！
今回、鳩ヶ谷市学校事務職員会で市内９校統一のおたよりを作成することになりました。不定期ですが、読んでください。

第①号は地球にやさしい教育特集です。その前に題名「かわら鳩」のお話から‥

江戸時代の「瓦版」の性質と鳩ヶ谷ですので、「カワラバト（ドバト）」（よく目にする鳩）を合わせた感じの意味です。

では、本題に入ります‥

みなさんはもうお気づきでしょうか？２学期よりコピー用紙等で主に使用している紙が変わりました。以前は学校単位で違う紙を使用していましが２学期より共同購入を開始しいたしました。内容は主に２点を中心として見積もりを取ることにいたしました。

再生紙１００％で白色度７０％であること
購入先は市内統一とするため単価の検討

白色度とは、紙の白さであり真っ白い紙ほど漂白を重ねているため、その際に塩素がパルプ（紙の主原料）に残っており、焼却の段階で焼却炉の温度が 300 度～400 度くらいになると、塩素は他の有機物と反応し、一部ダイオキシンに変化します。

そこで、コピー紙等においてベストなのが白色度７０％ということです。

以前使っていなかった学校はちょっと暗く思えるかもしれませんが、よろしくご協力お願いいたします。ちなみに市教委から届く文書もすべてこの紙ですよ！

✿４つのRって知っていますか？？

ReFuse　：断る・受け取らない
→ いらないものは受け取らない！
カタログや教本見本は必要なときに業者へ請求します！
過剰包装は断ります！

ReDuce　：減らす
→ ゴミの発生、電気、水道の使用を抑制します！
節水・節電に努めます！
不用な印刷物・発行物を作成しません！

ReUse　：再使用する
→ 物を大切にし、永く使用します！安易に買い換えず修理します！不用になったら捨てないで必要とする人に譲る

ReCycle：再利用する
→ 分別を徹底し再資源化します！リサイクル製品を使用します！

Respect 3R

この政策は、経済産業省のプロジェクトとしても委託され、リスペクトスリーアール（特にリデュース・リユース・リサイクル）を中心として３R政策として取り組んでいます。

今回初めての試みでしたが、いかがでしたか？感想等いただけると嬉です。現在、市内の学校事務職員会で職員向け「就学援助の手引き」を作成しております。それに伴い次号は就学援助特集を作れればいいなと考えております。
読んでいただきありがとうございました！

A4縦置き2段組みのレイアウトです。左側に文章をまとめて「読ませる」ことを意識し、右側はポスター的に文字を配置して「見せる」ことを意識しました。左右で印象が変わるのは、余白の問題です。

文章の部分は、どうしても余白が狭くなり息苦しい雰囲気になってしまいます。だからといって余白を広げると文章が引き締まらなくなり、かっこう悪いです。ある程度の行間調整やフォントで工夫するしかありません。その点、右側はある程度の自由が利きます。

このように縦置きなら2段、横置きなら3段などにレイアウトを組み、効果的に領域を区分してみましょう。

2 「余白」を考えよう

レイアウトは好みです――といってしまえばそれまでで「ベスト」というものはありません。しかし、デザイナーという職業もありますし、専門の学校もあります。そのため、ある程度の「約束」や「型」はあります。

そのひとつとして、「余白」の使いかたや見せかたがあります。そして、「デザインは余白で決まる」といっても過言ではありません。ここでは、【段組み】機能によるレイアウトの余白について考えてみましょう。

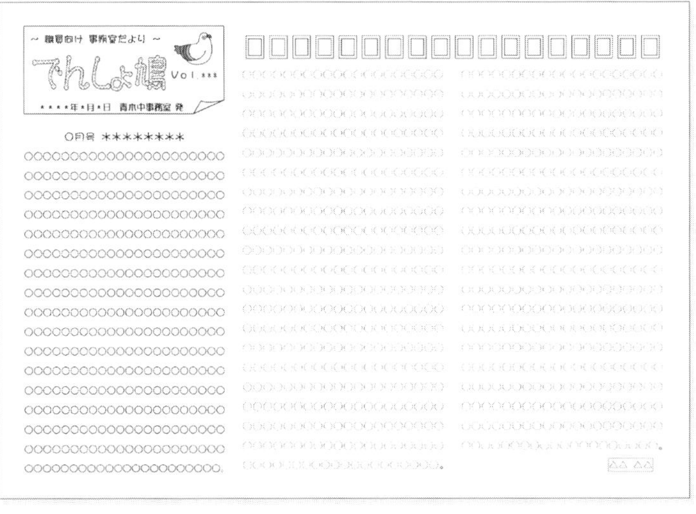

↑　文字数は大体同じなのに印象が違います　↓

上図は、横置き3段組み上下左右10㎜の余白です。下図は、横置き2段組み上下左右10㎜の余白です。3段組みにした場合、すべてを文章で埋めたとしても縦ラインの余白が4本入ります。その分、1行（改行まで）の文字数も少なくなり読者にとって読みやすいレイアウトになります。

2段組みにした場合、文字数は上図とだいたい同じですが、窮屈な印象になってしまいます。縦ラインの余白が1本減ったことで1行（改行まで）の文字数が増えました。これだけで、読みづらさが増しています。

3 「タイトル」をデザインしよう

タイトルは事務だよりの顔です。以下の2つを見比べてみてください。左は、インパクトが強く感じますが、少し重たい印象もありますね。右は、線の細いフォントを使っていることもあり、タイトルの文字より「鳩のイラスト」に印象が流れてしまいます。タイトルは基本的に固定ですから、後悔しないようにいろいろ試してみてください（付録のフリーフォント紹介サイトからフォントを探し、一番のお気に入りをタイトルに使ってみましょう）。

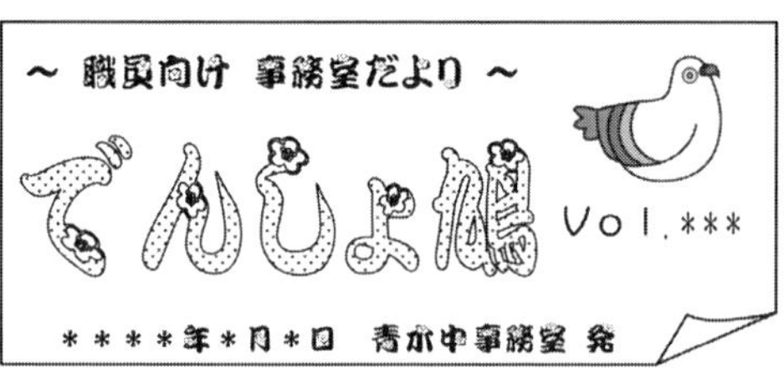

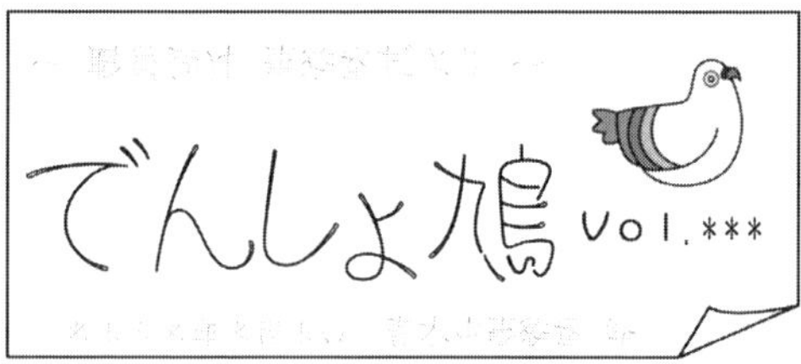

4 「ヘッドライン」で興味を引きつけよう

目の動き（動線）を考慮したレイアウトを考えてみましょう。具体的には「ヘッドライン」からの動線を工夫します。下の事務だよりでは、最初にヘッドライン（点線で囲んだ部分）へ視線が流れ、その次にイラストへと流れるのが一般的な動線になると考えます。そのため、「子どもの手当の裏側」というヘッドラインで興味を引きつけ、イラストに向かって動線を下に流します。ヘッドライン直下のイラスト近くに結論を置きます。さらに、その結論はフォントも周辺と区別してあるため目立ちます。この結論まで興味を引きつけることができれば、ほかで説明した細かい計算式や小さい文字も読みたいという意欲がわいてくると考えます。

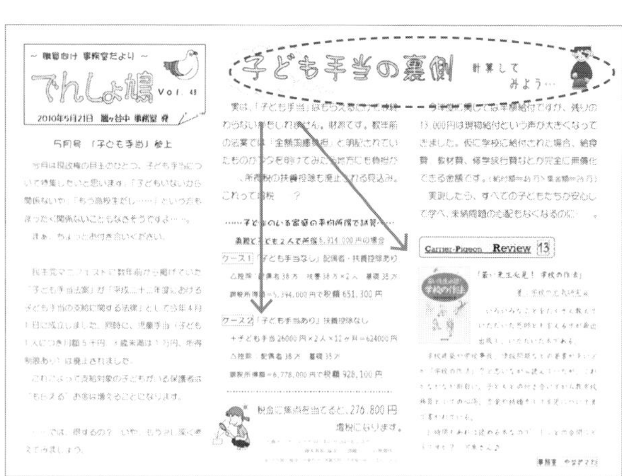

このように、目の動き（動線）も意識してつくっていくとレイアウトが深まります。ヘッドラインを読ませることは事務だよりを読ませる第一歩です。

次節は、ヘッドラインの見せかたをいくつか紹介しますので参考にしてください。

第 4 節

ヘッドラインの効果的な見せかた

1 「見出し」に魅せるチカラを与えよう

4月からの変化を特集した記事です。「4月」という印象を強調したいため、「4月から変わったこと！」と一文でまとめず、「4月」という文字だけ、フォントと塗りつぶし効果で変化をつけてみました。これは、ワードアート機能が得意とする手法です（自由に文字を配置でき、白抜きなどの文字飾りがかんたんにできます）。

- 機能【図形の作成：楕円】
- フォント【MT たれ】

図形の作成で「楕円」を2つ重ねてみました。内側の円にテキストを追加して、文字に「サイドライン」を引きました。

- 機能【ワードアートの挿入】
- フォント【DFPブラッシュSQW12】
- 色【塗りつぶし効果で前景（黒）を20%に指定】

紙面上で一番大きな文字にしました。塗りつぶしの効果もあり、目線が最初に誘導されます。

さらに、左の二重丸に被せることで、その効果が上がります。

- ㊤機能【画像の挿入】
- 本書イラスト集（184.PNG）
- ㊦機能【図形の作成：線（破線に変更）】

「区切り線」を入れると行間の区別がつきやすく読者が内容の変化を理解しやすいです。行間が狭い部分に無理矢理「区切り線」を入れてもかえて読みづらくなるのである程度の余白が必要です。

- 機能【図形の作成：吹き出し（円形）】
- フォント【DF丸文字体W9】

サブタイトル的に、ちょっと表示したいときは「吹き出し」が効果的です。表題におんぶさせる感覚ですね。

近くにイラストを載せることで自然と目立ちます。

2 「センタリング」と「図形」で魅せる

コンパクトな「見出し」を紹介します。コンパクトであるため、デコラティブさは欠けますが、それでも紙面上で一番大きな文字です。紙幅が少ないにも関わらず、装飾し過ぎると逆に読みづらくなるので注意が必要です。しかし、「見出し」にはそれなりのインパクトも大切です。フォントや色、太さなどを工夫してインパクトを与えましょう。

文字と文字との間を「区切り線」で区別するほかに、「図形」で囲って区別する方法もあります。そのときは、紙幅を多めに使用し「もったいない？」と思うくらい余白をつくりましょう。無理やり押し込むとせっかくの装飾が逆効果となります。余白の使い方に慣れるとレイアウトづくりもグッと洗練されますよ。

- 機能【図形の作成：四角形（角を丸くする）】
- フォント【メイリオ】

「図形」の作成で四角形を貼り付け、なかに文字を入れました。このような場合は、完全なセンタリングではなく、中央付近で頭を左揃えにするとよいです。

- 機能【ワードアートの挿入】
- フォント【HG創英角ポップ体】
- ポイント【32】
- 色【塗りつぶし効果で前景（黒）を10％に指定】

紙面上で一番大きな文字です。今回の記事では主題となり、話題の中心を示しています。

なされました。

条件1：順位付けは行わない

条件2：改善策なども併せて公表する

条件3：事前に学校側と十分相談する

首長は説明責任を果たす目的で公表を推奨していますが、教育委員会は序列化などを理由に否

全国学力テスト

成績公表、教委に賛否

（産経新聞：4月23日）

↑ 学力テストが行われた翌日の見出し ↑

文科省の発表によると、今年度のテスト参加率

- 機能【ワードアートの挿入】
- フォント【IPAexゴシック】
- ポイント【9】
- 色【塗りつぶし（黒）】

上から3連続「ワードアート」の3つ目です。主題、副題と同様にセンタリングし、ポイントは順に小さくしました。新聞などを引用するときは、出典を明記しましょう。

- 機能【ワードアートの挿入】
- フォント【HG創英丸ポップ体】
- ポイント【18】
- 色【塗りつぶし（黒）】

ここが副題となります。主題と副題の相互関係を考え、同じメーカー(リコー) のフォントでタイプを「角」と「丸」に変えました。副題の両端が主題より内側に入ると副題らしく綺麗です。

3　いろいろできる「図形」

「図形」はかんたんに作図ができるのでたいへん便利です。「図形」を組み合わせてオリジナルマークをつくることも可能です。100個以上の「図形」が用意されていますので、組み合わせは無限大でしょう。自分を表すオリジナルマークをつくっておき、事務だよりの署名的に使う方法も考えられます。

かんたんにつくることができて、効果的に事務だよりで使える組み合わせを紹介します。「図形：太陽」と「図形：スマイル」を合わせた「スマイル太陽」です。コツは、スマイルの輪郭と太陽の輪郭を完全に重ね合わせることです。ぜひ、お試しください。（以前のofficeは「図形」を「オートシェイプ」と表示していましたが同じです）

- 機能【図形の作成：平行四辺形】
- ㊧塗りつぶし【白】
- ㊨塗りつぶし【灰色：横にグラデーション】

平行四辺形を平行に並べてみました（笑）。このような「図形」に深い意味はまったくありません。強いていうならなんとなくこうしてみただけです。基本をおさえて自由な発想に任せてデザインしてみましょう。

- 機能【ワードアートの挿入：2段】
- フォント【あくあフォント】
- ポイント【16】
- 塗りつぶし【黒】

ポイントを下げて1行で書くという方法もありますが、ここは「サブタイトル」の部分なので文字をこれ以上に小さくしたくなかったため、区切りのよい部分で改行（ワードアート2段）して表示しました。

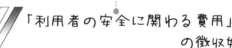

「利用者の安全に関わる費用」
の徴収始まる！

——値上がり！？？？？

先月、26日に教育委員会より「新たな貸切バスの運賃・料金制度の周知について（依頼）」という通知が届きました。内容のさわりをサラリと紹介します。

- フォント【IPAexゴシック】
- ポイント【10.5】

この部分は本来「リード文」のようなポジションですが、さらにこの下に「サブリード文」的な文章があるため、特集した内容の出所を示しただけで留めています。

- 機能【画像の挿入】
- 付録イラスト集（047.PNG）

付録のイラスト集から選びました。バスはもちろん、車、船、電車など「事務だより」で使いたくなるような交通機関のイラストも満載です。ぜひご利用ください。

4 いろいろできる「テキストボックス」

「テキストボックス」とは、枠のなかに文字が入力でき、自由に配置できる機能です。基本の形として「横書きテキストボックス」と「縦書きテキストボックス」があります。また、さまざまな書式が組み込まれているテキストボックスもあり、デコレーションを加えずにそのまま使え、見栄えのよい仕上がりになるものもあります。

前ページで「図形」について触れましたが、「図形」にもテキストを入力することが可能です。難しい手順は必要なく、図形を選択して、右クリックし「テキストの追加」を選択するだけです。これで、さまざまな形のテキストボックスがつくれますね。

たとえば「吹き出し的テキストボックス」をつくることも可能です。「人事勧告とは？」と書かれているテキストボックスはオリジナル仕様です。

- 機能【ワードアート2段】
- フォント【HGあかね平成丸ゴシック体W8】
- ポイント【㊤18／㊦36】
- 色【塗りつぶし効果で前景（黒）を20%】
- 機能【図形の作成：楕円】

ワードアートの文字とイラストの背景に「図形」で楕円（円）を入れてみました。背景に図形を合わせることで2段の文字に一体感が生まれます。

- 機能【画像の挿入】
- 本書イラスト集（005.PNG）

本書定番の猫ちゃんイラストです。お金の内容なので、財布を持っているイラストを選びました。

お金の話です。給料の話です。
全員もらえるお金が増えるという話です。

勧告内容の詳細は先週回覧したとおりです。
ここでは大切な部分のみ、再度補足します。

人事勧告とは？

ごく簡単に説明します。公務員は労働基本権の制限があり、それを補うため、人事委員会は労使以外の第三者として、民間給与水準を調べて多いとか少ないという勧告を出します。ちなみに、今年度は県内約2,500の事業所を調査しています。

人事委員会は、給与以外の勧告もするため、正しくは「給与に関する勧告」となります。

- フォント【メイリオ】
- ポイント【10.5】

今回の「リード文」です。まさに内容をリードするような内容にしてみました。「全員もらえるお金が増える」と書いて、以下を読まないひとはまずいないでしょう（笑）。

- 機能【テキストボックスの選択】
- 機能【図形の作成：線】

テキストボックスの枠線を透明にして、「図形」（線）で6本引いて枠を囲い、オリジナルの「吹き出し」を作成しました。「人事勧告」という文字から吹き出すことで、その説明という感じが伝わると思います。

5 「続き」という印象を与えるレイアウト

2回目の「変わる 教育委員会制度」という特集です。連載とまではいかなくても、上・中・下のように継続性をもたせたいこともあるでしょう。特に、時系列を追って特集していく場合（中教審答申から法律改正まで、間に審議会の情報などを入れることも）一連の流れに載せていくとよいでしょう。

そのためには、レイアウトから継続性を意識づけることが効果的です。1回目のときと、タイトルそのもの、それを表現したフォントやサイズ、もっといえば全体のレイアウトも同じにしています。読者に「あれ？ これ見たことあるな——」と思ってもらえたら成功ですね。

継続性を意識づけるために「その②」という文字を目立たせることも有効です。本来なら、内容に関係ない部分で注目させる意味はないのですが、今回のように特例扱いもあります。

- 機能【ワードアートの挿入】
- フォント【HGS創英角ポップ体、HG重ね角ゴシックH】
- ポイント【24、28】

「変わる」の部分は、1文字ずつワードアートをつくり、「わ」だけ左に半身ずらしています。「教育委員会制度」の部分は、28ポイントですが、縦に2倍伸ばしているため大きく見えます。

- 機能【ワードアートの挿入：2つ】
- フォント【HGゴシックM】
- ポイント【10】

ワードアートの横書きと縦書きを組み合わせて、タイトル的な部分を囲むようにテロップをイメージしてデザインしました。

— 地方教育行政の組織及び運営に関する法律の一部を改正する法律（平成26年法律第76号）が

来年4月1日に施行されます —

変わる

教育委員会制度

その②「新教育長と首長」

中教審の答申が提出された約１年前に特集した教育員会制度改正の話題、第２弾です。答申を受けてカタチでつくられた改正法案が可決されました。

大きな改正点は、首長の教育施策への関わりにあります。首長は「総合教育会議」を招集して、

Point

- 新「教育長」
  教育委員長と教育長を一体化
- 新「教育委員会」
  教育長へのチェック機能強化と会議透明化
- 総合教育会議
  すべての自治体に、総合教育会議を設置
- 教育に関する大綱
  教育に関する大綱を首長が策定

- 機能【図形の作成：直線２本】
- 太さ【2ptと0.75pt】

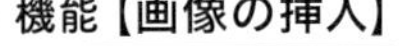

「リード文」とトピックス的な「Point」部分の区切り線を同じような雰囲気でデザインしてみました。

- 機能【画像の挿入】
- 本書イラスト集（058.PNG）

「なるほど〜」という雰囲気の顔だけねこちゃん。

6 特集内容の雰囲気にデザインを合わせよう

特集の内容は「文部科学省の概算要求が予算案に反映されなかった」という残念な記事です。全体的にガッカリ感が出るようなデザインにしてみました。

まず、「図形」で矢印を2つ斜め下に向けて配置しました。黒く塗りつぶしたほうがマイナスイメージに繋がると考えましたが、じっさいにやってみると「2760人」という一番注目させたい部分より目立ってしまったので、塗りつぶしをやめて白抜きにしました。さらに、「カギ線」的な線を2本並行に配置し、矢印の方向をいずれも斜め下にしました。始点よりも終点を下げる「カギ線」のように配置しています。また、「定数改善ならず……」の「…」(三点リーダ)も効果的です。三点リーダは、2つ連続して使うとよい感じになります。

そして、極め付けに「泣いているイラスト」を配置しました。ここまでやればだれがどうみたって「マイナスイメージ」となるでしょうね。

- **機能【ワードアート の挿入】**
- **フォント【HG重ね角ゴシックH】**
- **ポイント【40】**
- **色【塗りつぶし効果で前景(黒)を25%に指定】**

ワードアートで40ポイントの文字をつくり、縦に1.5倍伸ばしました。

- **機能【図形の作成入:矢印】**

図形には予め「左右上下の矢印」は用意されていますが、斜めの矢印はありません。そのため、どれでもよいので挿入したら回転ハンドルで斜めに調整し、並行に並べると完成です。

「2015年当初予算案」1月14日に閣議決定

の定数改善ならず○○○○○○

コトバ【閣議決定】

閣議決定とは、政府の意思決定機関である閣議において、全大臣合意のもとで決定される政府全体の合意事項のことです。昨年、集団的自衛権について憲法解釈を変更して話題になったのも、コレです。もちろん、予算案は憲法に従い両議院での決議を行います

中学校の先生へ(笑)

今月から部活動手当が600円上がります。さらに要求では、来年から3,600円へ増額される予定でしたが見送られるそうです。

- **機能【図形の作成:直線4本】**
- **太さ【0.75pt、1.5pt】**

「直線」を4本組み合わせてつくりました。始点と終点となる「直線」にはそれぞれの始点と終点を円形と矢印に変更し、4本の線を1本線にみせました。なんとなくいちばん長い線だけほかより太さを2倍にしてみました。

- **機能【画像の挿入】**
- **本書イラスト集(060.PNG)**

胴体なしの「顔だけねこちゃん」は、20種類用意してあります。

7 シリーズ的タイトルを考えよう

第2章で触れた「シリーズとして位置づける」の具体的な方法です。毎回違うデザインでタイトリングするようなレイアウトよりも、毎回同じデザインのほうがシリーズ感を出せます。月刊誌の表紙デザインが毎月違ったら戸惑いますよね。事務だよりもタイトル欄は固定して編集していくのが普通です。当然といってしまえば当然ですが、イメージを固定させるためにはデザインの工夫も必要です。

「シリーズ研修報告」、「シリーズ判例研究」、「シリーズ○○○○」というように四文字の熟語を繋げれば、さらに一貫した「シリーズ感」も出せるでしょう。しかし、シリーズ感とルーティン感は紙一重です。

「シリーズ研修報告」部分はシリーズ感を出すために固定しますが、ほかもすべて固定してしまうとルーティン感に寄ってしまうかもしれません。ルーティン感は、代わり映えがなくつまらない印象を与えてしまうので注意が必要です。

- **機能【ワードアートの挿入】**
- **フォント【Cherry bomb】**
- **ポイント【12】**
- **色【塗りつぶし効果で前景（黒）を20%に指定】**

「Cherry bomb」というフォントはそのままでも印象に残りやすい字形なので、特別な工夫はしていませんが、イタリック（斜体）にしてあります。

- **機能【図形の作成：フリーハンド】**
- **太さ【0.75pt】**

図形の挿入には、用意された図形（四角や楕円）以外にも自分でデザインできる「フリーハンド」という機能があります。今回は、その機能をつかいマウスを走らせてデザインしました。

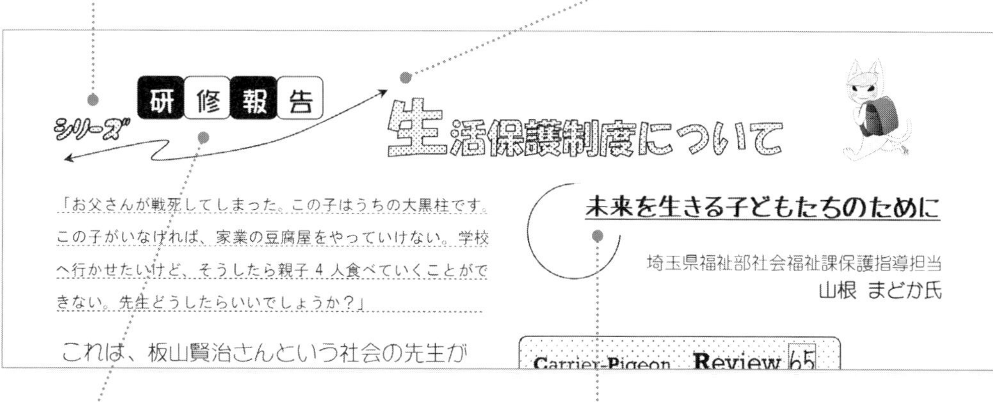

- **機能【図形の作成：四角形（角を丸くする）】**

図形の四角形に、ワードアートで文字を重ねました。「黒塗りつぶしに白抜き文字」「塗りつぶしなしに黒文字」を交互に並べて、反転表示させたようなデザインにしています。

- **機能【図形の作成：楕円】**
- **機能【テキストボックスの選択：背景白】**
- **フォント【たぬき油性マジック】**
- **ポイント【14：ボールド、アンダーバー】**

図形としての円をドロップキャップ的につかい、講演タイトルを目立つようにしました。テキストボックスの背景を白くし、円に重ねると文字が引き立ちます。

8 「文章」だけど「文章」ではないと割り切る

「使ってますか?」という表記は間違いであり、本来なら「使って『い』ますか?」と書くべきですね。しかし、ねらいをもって「『い』抜き言葉」を使っています。

たとえば、文章では「待っているよ」と書くべきですが、話し言葉では「待ってるよ」というほうが通りよくなってしまいました。それと同じで、伝わりかたを重視して文章の決まりをあえて外してみるという割り切りです。

いまのところ、「使ってますか」という「『い』抜き言葉」は減点対象かもしれませんが、事務だよりは作文ではなく、見せかた・読ませかた重視のツールだと考えています。ねらいをもって使うのなら、OKでしょう。それでも「食べれる」、「来れる」という「『ら』抜き言葉」は、まだまだ気持ち悪いですが、それでも口語として一般化されていくかもしれません。時代が言葉を変えていきますね。

――このページは、Wordの校閲機能に二重下線で激しく指摘されています(笑)。

- 機能【ワードアート の挿入】
- フォント【瀬戸フォント】
- ポイント【20】
- 形状【上アーチ】

「年休」という文字をアーチで囲むようなワードアートにしてみました。

- 機能【テキストボックスの選択】
- 枠線【なし】

頭文字の位置を調整し、フォントを変えてあるのでわかりづらいかもしれませんが、「労働基準法――」と「今国会――」の部分は大きなテキストボックス1つです。ちなみにフォントは「HG創英角ポップ体」㊤と「HGゴシックM」㊦です。

使ってますか?

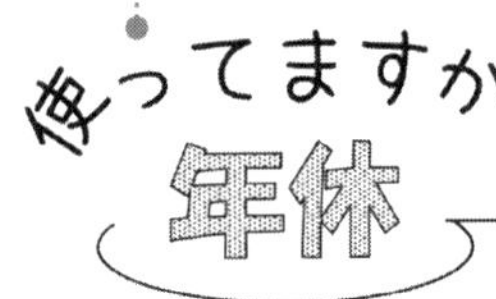

労働基準法等の
一部を改正する法律

今国会(189回)に提出予定の法案で
企業が従業員に対し有給休暇の使用日を指定することを義務付け

厚生労働省は「労働政策審議会」に諮問した「労働基準法等の一部を改正する法律案要綱」について、審議が行われた結果を2/17に厚生労働大臣

埼玉県では……

平成7年3月30日付で埼玉県教育委員

- 機能【図形の作成:円弧】
- 機能【図形の作成:直線】

「円弧」を挿入して、調整ハンドル(黄色の丸)で形を調整しました。それに直線を繋げてつくりました。

- 機能【画像の挿入】
- 付録イラスト集(053.PNG)

付録のイラスト集には、300種類のイラストが用意されていますが、横長のイラストは以外と少ないです。スペースによっては横長だと使いづらいときもありますが、ここではバッチリ収まりました。年休をとって遊びに行っているイメージです。

第5節

知っていると便利な小技

1 あと1行入れたい

入れたい文字数は決まっているけど、スペースが足りない、レイアウトは崩したくない、文字の大きさも変更したくない、余白も調整できない——そんな八方塞がりのときに使える小技を紹介します。下のように、最後の1行が次ページへ移ってしまいました。この1行を1ページに収める小技です。

教育は無限 v.s. 時間は有限

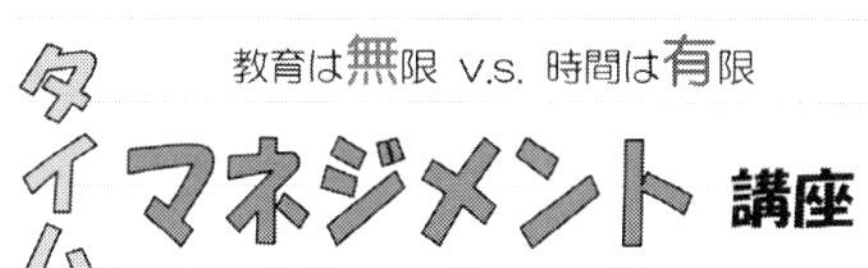

Vol.①「時間を生み出す」

使える時間——それは、例外なくひとり、24時間です。その限られた枠のなかで、どのように生活し、仕事をしていくのか、それを考えることがマネジメントです。

ちょっとした工夫でも「時間は生み出せます」

- 1 -

し、数秒も〈塵積って山となる〉でしょう。

- 2 -

教育は無限 v.s. 時間は有限

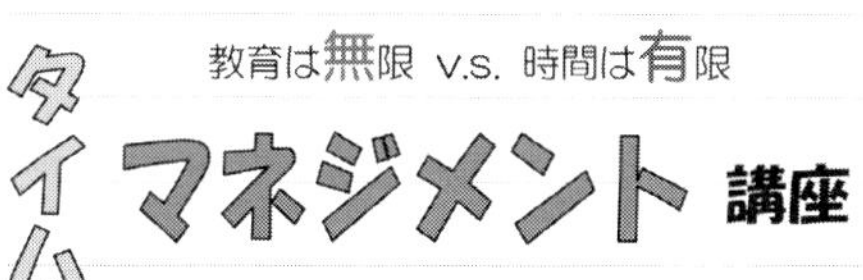

Vol.①「時間を生み出す」

使える時間——それは、例外なくひとり、24時間です。その限られた枠のなかで、どのように生活し、仕事をしていくのか、それを考えることがマネジメントです。

ちょっとした工夫でも「時間は生み出せますし、数秒も〈塵積って山となる〉でしょう。

- 1 -

ここで使う機能は、「Word」の標準機能【段落の行間隔】です。本文の行間を少しだけ狭くして、余白を変更せずに5行から6行入るように調整します。文字の大きさにもよりますが、1行分くらいの増加ならそんなに影響はありませんが、行間は詰めすぎると読みづらくなりますので注意してください。

逆にスペースが余ってしまう場合に、行間を広げることも可能です。

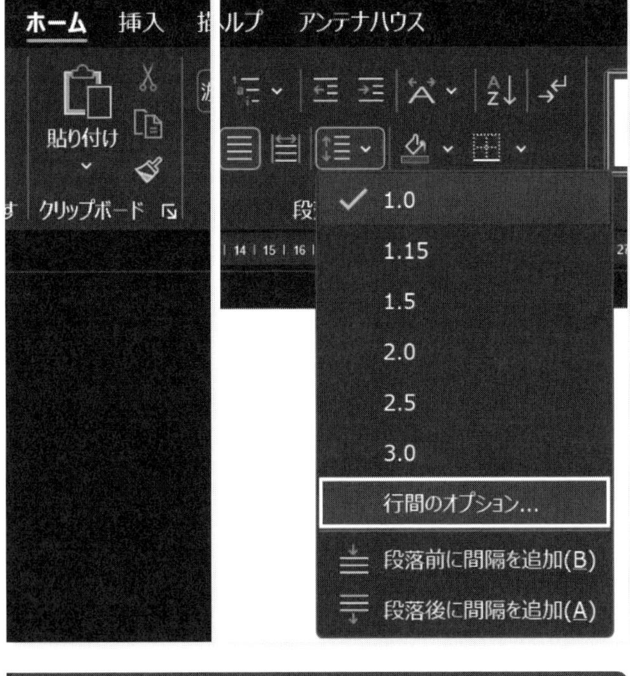

●行間を調整したい文章全体をドラックします。その状態で【ホーム】→【段落】→【行と段落の間隔】をクリックして、表示される数値を選択すると行間が変更できます。
「1.0」は現状のまま、「1.5」倍や「2.0」倍に変更可能です。

●規定値ではなく、ある程度自由に微調整したい場合は【行間のオプション】をクリックすると、【段落ダイアログボックス】が出現します。【インデントと行間隔】タブ【間隔】エリア、【行間】部分のプルダウンリストから【固定値】を選びます。
その後、スピンボタンを操作することで1pt単位の調整ができます。

2 文字の配置をそろえたい

教科名の一覧を載せたいけど、教科により文字数がバラバラ、文字と文字のあいだにスペースを入れてもそろわない、文字の大きさも変更したくない――そんな八方塞がりのときに使える小技を紹介します。右下図のように、縦をそろえる小技です。

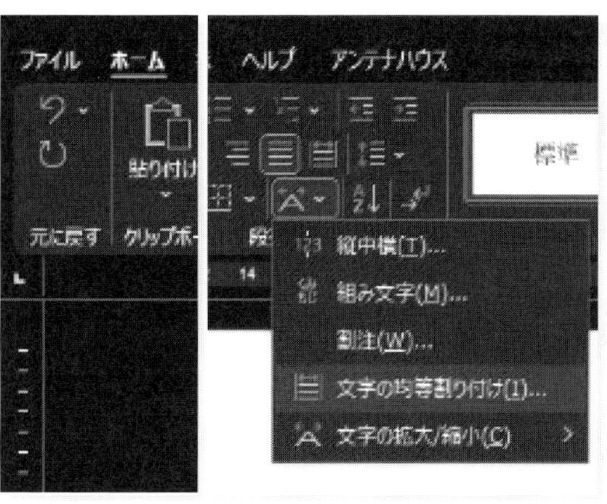

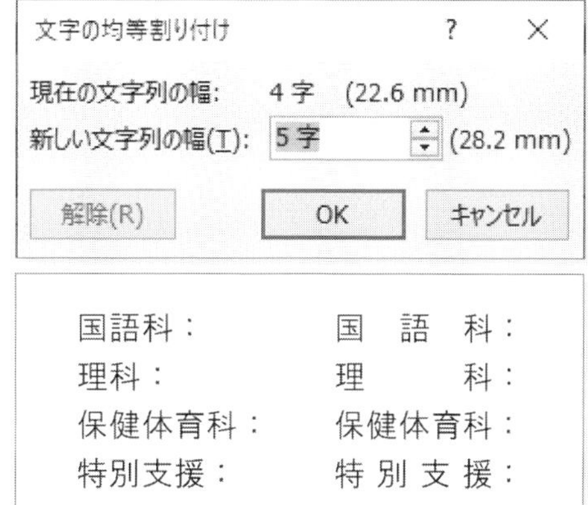

●そろえたい文字のなかで一番多い文字数（「保健体育科」の5文字）に合わせます。それ以外の文字をドラックし、【ホーム】→【拡張書式】→【文字の均等割り付け】をクリックするとダイアログボックスが出現します。【新しい文字列の幅】を「5文字」にセットすると上図のように縦がそろいます。

■交通遺児育英事業

対象：交通事故で父または母と死別等

・高校生の場合 100,000 円給付（奨学金）
年額　50,000 円給付（入学祝金）
　　　30,000 円給付（年末支援金）
　　　50,000 円給付（修学旅行支援金）
・小中学生、大学生対象の給付もあります。
・返済の必要はない給付型の支援制度です。

■交通遺児育英事業

対象：交通事故で父または母と死別等

・高校生の場合 100,000 円給付（奨学金）
・高校生の場合 150,000 円給付（入学祝金）
・高校生の場合 130,000 円給付（年末支援金）
・高校生の場合 150,000 円給付（修学旅行支援金）
・小中学生、大学生対象の給付もあります。
・返済の必要はない給付型の支援制度です。

●左上図のような場合は、スペースを「均等割り付け」して合わせる方法もありますが、自動インデント機能により調整が難しい場合もあります。また、フォントによってはスペースの調整ではそろわないこともあります。そのため、右上図のように入力をして置き、表示したくない部分（今回は、ボールド部分「高校生の場合1」）を「白文字」にすると縦をそろえることができます。ある意味「裏技」です。

3 自由に文字を配置したい

何度もいいますが、事務だよりは文書ではなくリーフレットと捉えるべきです。文章を「読ませる」のではなく、文章を「見せる」努力が必要です。そのため、「Word」のレイアウトに沿って、決められた位置に決められた文字を打っていくだけではなく工夫が必要です。「Word」の標準機能（図形・テキストボックス・ワードアートなど）をじょうずに使いましょう。

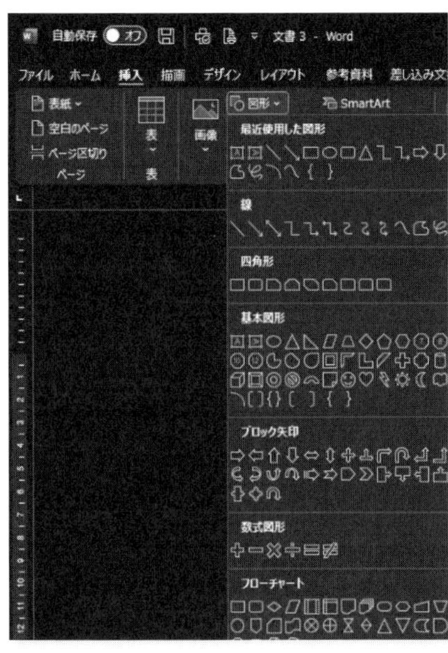

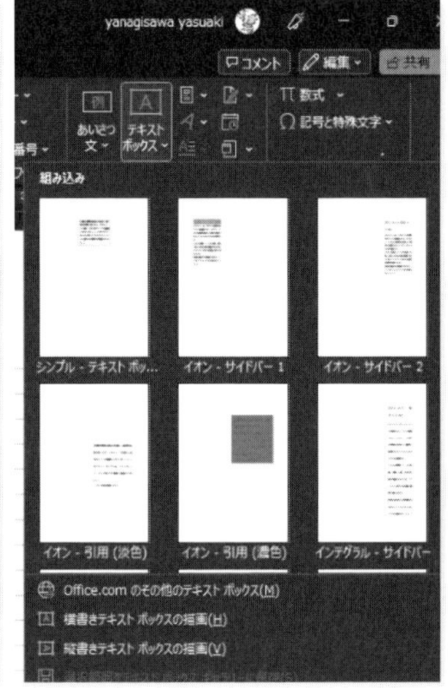

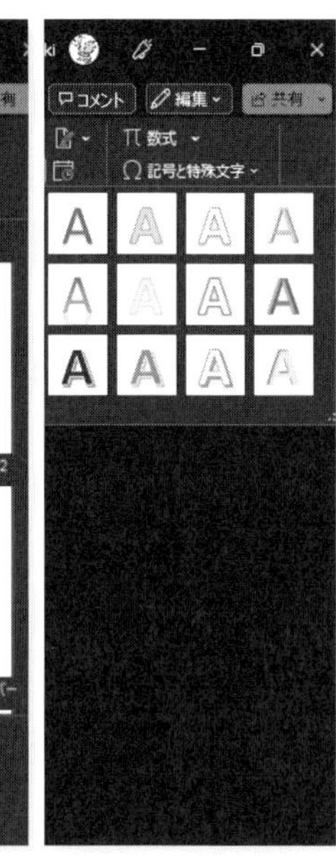

● 【挿入】→【図形】or【テキストボックス】or【ワードアート】をクリックし、配置したい場所に文字入力領域を確保しましょう。

● 【図形】→【楕円】→【テキストの編集】、【線】（点線）

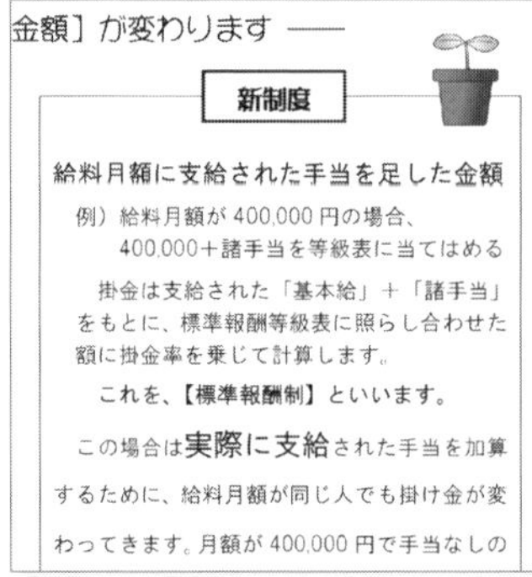

● 【テキストボックス】→【横書きテキストボックス】

● 【ワードアート】→【塗りつぶし】

4 真似をしてはいけない小技

「小技」といいますか、ほとんどのひとはスルーしてOKです。わたしがレイアウトで気にしていることを最後に紹介します。

ここまで読んでいただいた読者には、事務だよりは「読ませる」ことよりも「見せる」ことを重視したいとわたしが考えていることは伝っているでしょう。前節で「ヘッドラインの見せかた」の工夫をいろいろ紹介してきたこともそのためです。少しでも「見せる」ために役立てていただければ幸いです。

さて、「真似をしてはいけない」と書いた小技——もしかしたら、お気づきのひともいるかもしれません。わたしは文章であっても「見せる」工夫をしています。もちろん、その「見せる」工夫が「読ませる」工夫にも繋がっていると考えています。

具体的にいえば「改行」に注意し、文言を選んでいます。小説でそんなことをしたら本末転倒になりますが、わたしの事務だよりはあくまでも「見せる」に力を注ぎます（しつこい）。そのため、多少意味が変わってしまってもギリギリのラインまで検討し、文言を選んでいます。それも、「ちょうどよいところで改行がしたい」という理由からです。……しかし、ここにこだわるとどうしようもなくなりますので、お勧めしない小技として最後に紹介しました。でも、やっぱり気持ちよいところで改行が決まると爽快じゃありませんか？

まだまだ修行不足ですが、毎回満足度95％以上をねらっています（笑）。

6月号 津田沼市……（？）

千葉県のある私立大学で特別講義を担当して早6年目——先月のとある土曜日、初めてクルマで向かいました。余裕をもって講義開始2時間前に自宅を出発したにもかかわらず、到着したのは5分前。サングラスにメガネを重ねてかけた姿を守衛さんに怪しまれながらも臨時講師だと理解してくれて、「♪人波をかきわけながら～すべり込んだ2分前～♪」（古いか）。

無事に終わり、聞いていた准教授がひとこと。「津田沼市と習志野市を比較してみよう」とか、「津田沼市の教育を調べてみよう」とか、ずっと言っていたけど、「津田沼市」ってないんだよ……（笑）。　詳しくは→

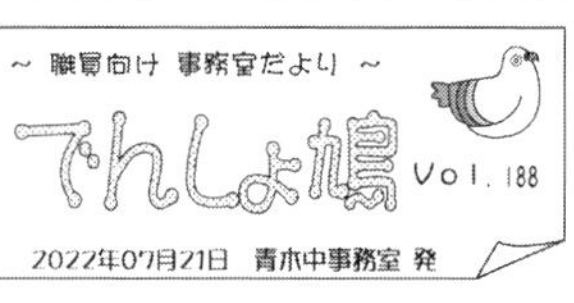

7月号 有名人（？）になりました

じつは、今年度からPTAの役員をしています。その名も「保健厚生部長」という常任理事です。偉そうな役職ですね。先月末も上青木南小学校の学校保健委員会に参加してしゃべってきました。

そのせいか、顔が広くなりました。毎朝学区を通り抜けて通勤していると、子どもやおとなから声をかけられる機会が増えたのです。有名人♪……と思っていたんですが、違いました。

PTA活動の一環で、自転車に【上青木南小PTAパトロール】というプレートを付けて走るようになり、それを見て声をかけてくれていた。それだけのことだと最近判明しました（笑）。

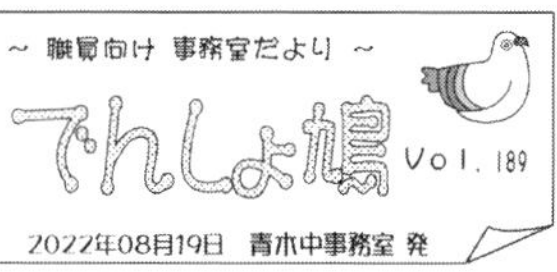

8月号 日本国憲法第99条

夏休み中の事務室だよりで、日本国憲法かよ！って思いましたよね（笑）。——国内の最高法規であって……という説明も不要ですね。卒業論文で憲法を選んだくらい法令のなかでは好きです。

公務員には「憲法擁護義務」（§99）があり、我々も採用と同時に「宣誓書」を書き、尊重して擁護することを宣誓しましたね。そんな憲法、改憲論が大きくなりそうな雰囲気ですね。

そこで、前々任校から続けていた連載「法律を学ぼう【番外編】——いまこそ日本国憲法を読もう！」の続きを裏面に不定期連載します。第44条からですが、国内最高法規をいっしょに学びましょう。

あ、オチがなかった（笑）。

第4章

真似してみよう！
みんなの事務だより

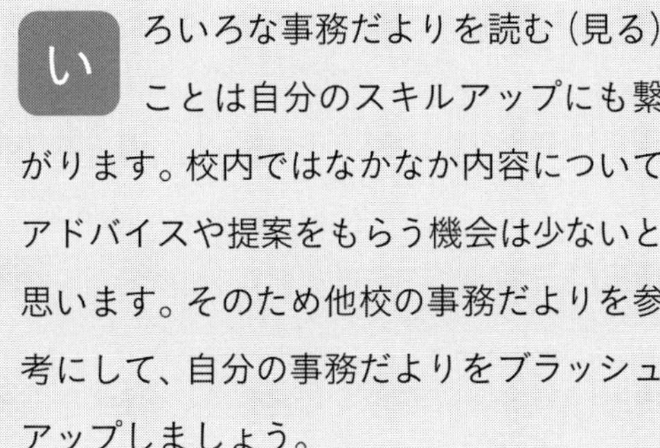

いろいろな事務だよりを読む（見る）ことは自分のスキルアップにも繋がります。校内ではなかなか内容についてアドバイスや提案をもらう機会は少ないと思います。そのため他校の事務だよりを参考にして、自分の事務だよりをブラッシュアップしましょう。

この章では、「職員」、「保護者・地域」、「子ども」と発行対象を3パターンに分けて紹介します。

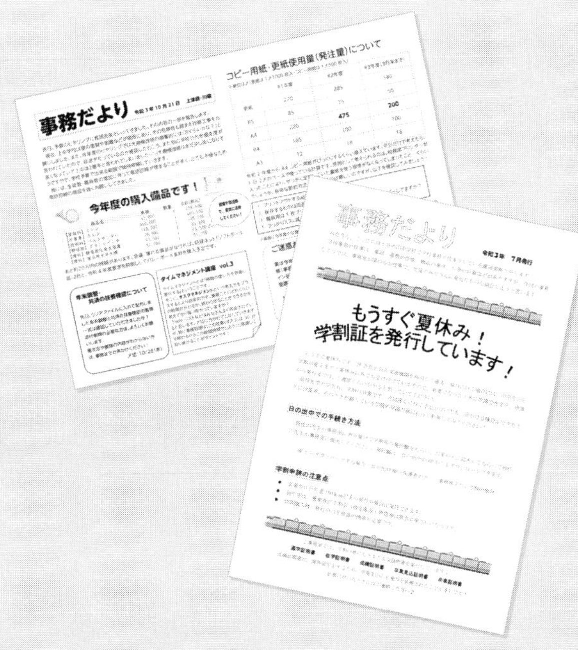

職員向け 「えこおふぃす」

武井俊輔さん(群馬県)

~「環境と経済」の両立をめざして~

えこおふぃす(事務だより)

20210607　邑楽中研修版

邑楽中事務部

1枚の紙にも・・・。

プリントアウトする1枚の紙、普段何気なく使っていませんか。

私たちは納税者から預かったお金により教育活動を行っています。

今回の紙面では、

① ムダを少しずつ減らそう(ランニングコスト)。

② 資源(お金)の再分配をしよう。

③ 物品の使い方(場所や使用方法)

といったことを伝えていきます。

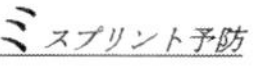

ミスプリント予防

印刷用紙は公費で支出しています。

また、インクやトナーといった印刷用品も公費で支出しています。

印刷前にPCの「印刷プレビュー」で枚数やレイアウトの最終確認をお願いします。

印刷機にかける前にミスが無いかもう一度確認するクセをつけてください。

ミスプリントにもお金がかかっています

ムダになるのは
資源だけではありません

環境と経済≒紙と予算

用紙・印刷関係の使用量を抑えれば、他のところに予算が使えます!

用紙購入のための予算は「消耗品費」という項目に割り当てられています。用紙や印刷用品の使用を抑えられれば、他の消耗品を買うことができます。

例えば

・校内環境整備

・教科指導の充実

・教育DXの推進

などなど

要確認!　**消耗品棚について一色分けの意味一**

・動作によって大まかに区切って棚を整理しています。

黄一書く　　赤一貼る付ける

青一消す隠す　白一留める綴じる

などなど。

紙類は印刷室か資料室にあります。

物品に関するお願い

・**無くなる前に一声かけてください。**

・**無くなってから言うのはNGです。**

・**物品も職員全員で見ていきましょう!**

担当　武井

資源を最大限に活用するための「3R」

ミスプリント用紙にも活用方法は残っています。

印刷室には写真のとおり「リユース用紙入れ」があります。片面のみ印刷されている用紙がここにあります。

また、両面印刷された用紙はリサイクルすることができます。

リサイクルとリユース、短く日本語にすると

・リサイクル

資源として再利用すること

・リユース

繰り返し使用すること

となります。

ミスプリント自体を減らすことも大切なことです。これがリデュースです。

・リデュース

出さないようにすること

ミスプリントをそもそもしないようにすれば量を減らすことができます。

印刷する際にちょっとした心がけが有効だと思います。

① 印刷範囲に注意する

② 誤字脱字に注意する

③ 印刷機にかける前に確認する

用紙の節約
時間の短縮
ができそうに思えてきませんか?

「3R」を心がけ、
予算と資源を大切にしていきましょう

6月は環境月間です

群馬県の取り組み「5R」

群馬県では「3R」に

・リフューズ(受け取りを断る)

・リスペクト(大切に長く使う)

を加えた「5R」の実践を呼びかけています。

これは消費者に呼びかけていることですが、学校でもできることがたくさんあると思います。

チームで取り組んでいきましょう!!

記事の作成に参考にしたサイトは

群馬県 - 6月は環境月間です~ごみ減量に向けて【5R】のススメ~ (pref.gunma.jp)

https://www.pref.gunma.jp/04/e16g_00052.html

です

ヤナギサワの視点

まず、パッと見た印象です。表面にはイラストが多用され、読者を「読んでみようかな」という気にさせますね。とてもよいと思います。ただ、使用しているイラストのタッチが3パターンになっているため、少し目が疲れるかもしれません。イラストのタッチを合わせると全体的な統一感がうまれ、より見やすくなります。逆に、本文はフォントが統一されているため、重要な箇所にボールド効果を効かせるだけで目立つ使用になっています。「ムダになるのは――」と書かれている2行が特に目をひきますね。それは、余白が効果的に生きているからです（第3章第3節2.「余白」を考えよう）。

裏面、「6月は環境月間」という部分は、囲む工夫もされていることですし、標語的な扱いとしてフォントの差別化を図ってもよいかもしれません。その部分だけを切り取って印刷室に掲示したらどうでしょうか？　最後、参考資料の表示もよいですね。書いている内容に対する説得力が増します。資料名を「」で括るとよいと思います。また、URLの表示はインターネットで取得できる資料として重要ですが、合わせてQRコードを載せておくと職員がよりアクセスしやすいでしょう。

ヤナギサワ的レイアウト案

資源を最大限に活用するための「3R」

ミスプリント用紙にも活用方法は残っています。印刷室には写真のとおり「**リユース**用紙入れ」があります。片面のみ印刷されている用紙がここにあります。両面印刷された用紙は**リサイクル**することができます。ミスプリント自体を減らすことも大切なことです。これが**リデュース**です。

6月は環境月間です

― 群馬県の3R+2R=5R ―

日直

- **リサイクル**：資源として再利用すること
- **リユース**：繰り返し使用すること
- **リデュース**：出さないようにすること
- **リフューズ**：受け取りを断る
- **リスペクト**：大切に長く使う

参考文献・「群馬県「6月は環境月間です」～ごみ減量に向けて【5R】のススメ～　・https://www.pref.gunma.jp/

職員向け 「事務室より」

木元英二さん（兵庫県）

事務室より 2021年9月

鳴尾中学校事務室（木元）

★備品照合について

お忙しい中、ご協力ありがとうございます。現在、少しずつ備品台帳の整理やシール発行を進めているところです。

早くに照合をしていただいた教科・係の先生には申し訳ありませんが、2学期中には処理する予定ですので、もうしばらくお時間をください。

なお、照合済みで照合票を未提出の教科は速やかにご提出ください。

未照合の教科・係は今年度中に少しずつでも進めていただきますよう、お願いします。

★予算の執行状況などについて

a) 一般予算について…くわしくは別添をご参照ください。

今年度は新型コロナ対策などにより例年よりも西宮市の財政が厳しく、例年10月に学校におりてくる「2次配当」予算（執行留保の解除（※））が難しいと学校管理課から言われています。

全額が来ないのか、それとも一部は配当されるのか分かりませんが、例年よりも少ない予算で学校運営を回してゆかなければならないことに変わりありません。効率的な予算執行について、ご協力をお願いします。

※本市では4月に配当されるのは、その年度の配当予定額の8割（一部費目を除く）。残りの2割は財政の状況により、学校に配当されるかどうかが決まります。

b) 「学校教育活動継続支援事業費補助金」の追加配当について

このことについて、国（文部科学省）と市から感染症対策等のために交付を行う旨、通知がありました。学校管理課への報告締め切りが16日までと期日が迫っていたため、管理職との協議により下記のとおりにて申請しましたのでご確認ください。

◆本校における追加配当金額の上限…20万円
◆内容…備品購入費としてリモート学年集会等のためにビデ
同じく保健室の消毒液詰め替え用として器械卓子（
20万円－上記の合計＝端数は消耗品

※既配当額の執行状況については別添をご参照願います。
年・部活動などで購入したいもの（消毒液、1個1万円未満の
随時ご相談ください。

なお、「報償費」（講師謝金）2万円については予定が立たな
委に希望して提出します。

★校務の情報化について

○EduNet「ふせん」「校内掲示板」をドンドン活用してくださ
耳で聞いて、加えて目で見ることで、より伝わることと思い

るのではないでしょうか。（私が●十年前に大学で受けた教職課程の「視聴覚教育の研究」なる講義のことを思い出してしまいました）

○Teamsを先生方も活用してみませんか？

他校では校内、学年内などの連絡を、教職員だけのTeams（チャット、ファイルなど）を活用して行っている事例があるようです。個人情報の取り扱いには留意する必要があるかと思いますが、ぜひご検討ください。

○アンケートには「Microsoft Forms」を！

以前にもお伝えしたところですが、設問さえ作れば回答側はスマホでQRコードを読み取ってアンケートにアクセスできるようになりますし、また回答の集計が簡単にエクセルへ出力できます。

校内でも保護者向けなどでも、アンケートをする場面がありましたら、ぜひ活用しましょう！（お尋ねいただければ使い方をレクチャーします）

※例）きもとは今年度、他校の新任事務職員の指導員として県教委から委嘱されていますが、訪問指導の日程調整のためにFormsを活用しています。

○もちろん、ナイスネットメールも忘れちゃいけません！

市教委の担当者や市外（もちろん市内も）の先生その他との連絡に活用しましょう。FAXとメール、ケースごとにどちらのほうがよいか見極めて、メールに置き換えられるものはメールへ…などと使い分けをしていただければと思います。

★事務室関係 当面の今後の予定★

月 日	内 容	備 考
9月29日（水）	4号業務報告締め切り	県教委への報告の関係上、期日厳守にご協力ください。
10月1日（金）	学校徴収金再振替	結果判明…8日（金） 未納のおしらせ配布…21日（木）
10月6日（月）	旅費支給日	おおむね7〜9月分
10月15日（金）	給与支給日	16日が土曜日のため、一日前倒しになります。
10月18日（月）	7・9月給食費口座振替	8日頃に集金額のお知らせが届きますので、先生方もご確認のうえご準備ください。

＊上記のほか、お知らせがある場合は「ふせん」などで随時お知らせします。

＊来月末頃からそろそろ年末調整の関係事務が始まります。住宅ローンの残高証明書や生命保険料控除の証明書など、保険会社から届いたら紛失しないよう保管しておきましょう。

ヤナギサワの視点

裏面の末尾「★事務室関係、当面の今後の予定★」欄、おもしろいですね。このようなお知らせは、日報や週報を活用するイメージでしたが、事務だよりに指定席をつくるアイディアもよいですね。学校事務の動静が載っている指定席——総理大臣の動静が載っている新聞に似ています（笑）。

毎月、同じ場所に同じトピックが掲載されることで「あの情報は、あそこに載っている」という読者の印象も定着されていきます。先を見越した提出物の〈締め切り事前アナウンス〉という効果も高いでしょう。なかなか提出物が集まらない学校は、試してみるとよいかもしれませんね。

全体的にフォントが統一されているため、読んでいて目がチラつくことはありませんが、逆に小見出しと本文が同じポイントであるため「文字量が多い」という印象を受けます。「事務室だより」というより「事務室通知」という印象を受けます。

「小見出し」と「リード文」を活用し、〈読ませる〉ために〈見せる〉工夫をするとよいでしょう（第3章第4節 ヘッドラインの効果的な見せかた）。小見出しの上位に中見出しをつくり、「お知らせ」と「お願い」、「木元の強み」——などを区分したほうが読者も読みやすく、理解も深まると思います。

ヤナギサワ的レイアウト案

事務室より

鳴尾中学校
事務室・木元

2021年9月号

◎財務関係（お願い）

【備品照合について】

お忙しい中、ご協力ありがとうございます。現在、少しずつ備品台帳の整理やシール発行を進めているところです。早くに照合をしていただいた教科・係の先生には申し訳ありませんが、2学期中には処理する予定ですので、もうしばらくお時間をください。

※ 照合済みで照合票を未提出の教科は速やかにご提出ください。

→ 未照合の教科・係は今年度中に少しずつでも進めていただきますよう、お願いします。

【予算の執行状況などについて】

a）一般予算について …… くわしくは別添をご参照ください。

職員向け 「事務だより」

上津原奈緒さん（奈良県）

事務だより

令和3年5月21日　上津原・川端

学校の中にはいろいろな「お金」があります。その中でも大きく分けると２種類。
「**公費予算**」といわれる生駒市からそれぞれの学校に配当される予算と、「**学校徴収金**」といわれる保護者に負担していただいている給食費・教材費・生徒会費などです。
今日は「公費予算」について、先日の職員会議で説明したことの補足をまとめてみました！
ぜひ一度、校務ファイルサーバ pc18a の「★R3 校内配当執行状況★」のデータもみてください。

☆公費予算について☆

学校管理消耗品費の校内配当について

★コピー代
1 カウントがモノクロ 0.89 円・カラー5 円です。効果的にご活用ください！
約 45 枚まではコピー機で OK です。それ以上になる時は印刷機でお願いします。
職員向けには裏紙利用、保存文書は両面コピーなど削減にご協力ください。

★印刷機消耗品
昨年度の管理消耗品の予算約 300 万円のうち約 105 万円が紙やコピー代も含み印刷関係の支出になっています。印刷をする場合は、マスターの安いもの印刷機をご活用ください。
（A3 や緑で印刷のときは左の印刷機しかできません。）

★学年消耗品
保護者負担軽減の一環として、直接的保護者に還元できるようにこの配当枠を校内で作っています。教材費の徴収額を減額できるように、学年で購入される消耗品に使ったり、1人1冊（1枚）ずつ渡すものでも安価なもので、1冊（1枚）あたりの単価が割り切れず徴収が難しいもの（フラットファイル、画用紙など）に使います。年度初めに出してもらう、教材費の予算書で保護者集金にするか公費払いにするか振り分けています。

それぞれの会計担当されている先生方へ

保護者負担軽減…本来学校が負担すべきお金を保護者に負担させることはないように気を付けてください。まずは公費執行を一番に考えてください。
計画的な執行…何か新しいことを始めたり、行事をするにはお金が必要です。見通しを持って計画を立て事前に教頭先生や事務までご相談を！

職員室で今日からできるSDGsアクション

先日、職員室内でSDGsの話題があがっていました。「13歳からのSDGs」という本をちょっと前に買っていたので改めて読んでみました。SDGsとは「持続可能な社会を実現するための17の開発目標」です。子ども向けにわかりやすく書かれているので私たちが読んでもとても読みやすい本です。この本の中に子どもたちが出来そうな SDGs100 のアクションというのがあります。その中から職員室でもできそうなことをいくつかピックアップしました。
（SDGsにかこつけて節約になりそうなことを載せてると突っ込まれたら言い返せません笑）

① 環境にやさしい製品を買おう

② 人がいない部屋の電気を消そう・使っていないコンセントを抜こう

③ 冷暖房の温度に気を付けよう・エアコンのフィルターを掃除しよう

④ ゴミの分別をしよう

私が職場で意識していることは発注をまとめることです。いまや Web で何でもいつもで注文できるようになりポチッと気軽に配達してもらえるのですが、そのことが温暖化に悪影響と聞いてから、在庫管理と発注のタイミングを意識するようになりました。

タイムマネジメント講座 vol.1

効率的に仕事をすすめるアイデアをお伝えできたらなと思います。
皆さん机や PC に備忘録がわりに ToDo リストがわりにペタペタ付箋を貼っていませんか？
そんな人は PC のデスクトップ上の付箋をおすすめします。左下のスタートボタン→プログラム→「StickyNotes」というアプリ起動。（詳しい使い方はググってください。）
私はメ切のあるものは手帳に、メ切のないものは StickyNotes に。緊急度に応じて4色に分けて活用しています。

電動ホチキス買いました！

気付いた人もいるかもしれませんが、事務横の強力パンチの隣に電動ホチキスを昨年度末から置いています。
昨年度の古紙回収補助金で購入させていただきました。
生徒のテストを綴じたりするときにも教室などへ持っていっていただいても構いません。ご活用ください。

事務だより

令和 3 年 10 月 21 日　上津原・川端

先日、予算のヒヤリングに教頭先生といってきました。その内容の一部を報告します。
現在、上中学校は壁の亀裂や剥離などが随所にあり、その危険性も踏まえ改修工事をお願いしました。また、昨年度のヒヤリングでは大規模改修の順番的には「次くらいかな？」と言われていたので、目途がたっているのか確認したところ、また別の学校の方が優先度が高くなっていて上中は2番手と言われてしまいました(-"-)大規模改修はまだ少し先になりそうですので、学校予算で出来る範囲で随時修繕していきます。
他には、生徒数・職員数の増加に伴って電話回線が埋まることが多く、とても不便なため電話回線の増設を強くお願いしてきました。

今年度の購入備品です！

	商品名	単価	数量	合計(税込)
1	【家庭科】ミシン	47,000	5	258,500
2	【吹奏楽】ホルン	460,000	1	460,000
3	【技術科】ベルトサンダー	145,200	1	145,200
4	【野球部】グランドベンチ	26,800	2	53,600
5	【理科】静電高圧発生装置	93,500	1	93,500
6	【理科】演示用光学水槽	51,700	1	51,700

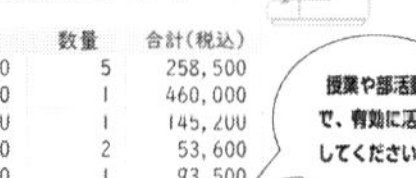

授業や部活動
で、有効に活用
してください！

あと約20万円の残額があります。急遽、壊れる備品がなければ、防球ネット（ソフトボール部）2台と、令和４年度要求を前倒ししてバレーボール支柱を購入予定です。

年末調整・共済の扶養確認について

先日、クリアファイルに入れて配布しました年末調整と共済の扶養確認の書類一式は確認していただきましたか？
添付書類の必要な方は、よろしくお願いします。
書き方や書類の内容がわからない方は、事務までお声かけください！
メ切：10/28（木）

タイムマネジメント講座 vol.3

タイムマネジメントとは「時間の使い方を計画し実行する」ということです。
そこに、**タスクマネジメント**という考え方をプラスするとより効率的です。業務ごとにどれくらいの時間がかかるか、終わらせることができるかを考えてから取り掛かっていますか？
Todo リストなどはみなさんよく作成されていると思います。メ切に合わせてこなしていきますが、特に事務処理は「この仕事（タスク）は 30 分で終わるからこの隙間時間でしよう」と意識して取り掛かることがポイントです！

コピー用紙・更紙使用量（発注量）について

※単位はメ（更紙は 1メ1000 枚入・コピー用紙は 1メ500 枚入）

	R1年度	R2年度	R3年度（9月末まで）
更紙	270	285	180
B5	85	75	50
A4	220	**475**	**200**
B4	185	100	100
A3	12	18	18

令和 2 年度から A4 コピー用紙がびっくりするくらい増えています。平日だけで考えたら、1 日 2メのペースで使っている計算です。原因として考えられるのは、校務用プリンターが入ったことにより、せっかく定着していた裏紙を使う習慣がなくなってしまったこと…くらいでしょうか。有効な節約方法を提示するのは難しいのですが、以下を確認してみましょう！

① プリントアウトする必要がある書類ですか？
② 保存するものは両面印刷してますか？
③ 職員用は 1 枚プリントアウトして、コピー機で裏紙を使ってコピーしてますか？
④ うっかりミス、減らしましょう！（コピー機のリセット忘れ×）

※裏面に今年度の公費予算の執行状況を印刷しています。詳細は上中サーバーの☆公費予算執行状況☆へ

ご迷惑おかけします・・・m(_)m　by 上津原

実は今年度、11/8～11/12 までつくば中央研修センターで「教職員等中央研修（事務職員）」を受講する予定でした。それが、コロナの影響で全日程オンライン研修となりました。8:45～17:15 までのみっちり研修ですので、自宅での受講を考えています。
…つくばがどんなところか行ってみたかったのでオンラインになってホント残念(/_;)
上津原が不在の 5 日間、川端さんはじめ皆さんに大変ご迷惑をおかけしますが、ご理解くださいますようよろしくお願いいたします。
また、電話、来客対応、宅急便の受け取りなど誰でもできる業務については、ご協力いただけると嬉しいです。

ヤナギサワの視点

5月号（上段）に比べて10月号（下段）は少し、窮屈な印象を受けます。その原因のひとつに、UD（ユニバーサルデザイン）フォントがあると考えます。UDフォントの使用は推奨されていますし、ユニバーサルに読みやすいことは理解できます。しかし、それと同時に文字の主張が強すぎて圧迫感を与えてしまうこともあります。UDフォントを使うときは、紙面全体もユニバーサルなデザインにすることを意識するとよいでしょう。たとえば、行間を詰めすぎない、周囲にじゅうぶんな余白を確保するなどがあります。5月号（上段）は、線の細いフォントと組み合わせて使っているため圧迫感が和らいでいますね。

10月号（下段）の「今年度の購入備品です！」のところは、スッキリしていて読みやすいです。この表は、表計算ソフトからのコピペでしょうか。データを再利用することで作成者の負担も軽減されますね。

「タイムマネジメント講座」の連載、たのしみにしているひとも多いでしょう。少し囲み記事が多いうえに囲み連載——、掲載場所も決まっていないようです。連載の場合は、いつでも同じ場所に置くほうが効果的ですし、「囲み」じゃなくて「区切り」でもよいと思います。

ヤナギサワ的レイアウト案

タイムマネジメント講座　Vol. 1

効率的に仕事をすすめるアイデアをお伝えできたらなと思います。
皆さん机やPCに備忘録がわりにToDoリストがわりにペタペタ付箋を貼っていませんか？
そんな人はPCのデスクトップ上の付箋をおすすめします。左下のスタートボタン→プログラム→「StickyNotes」というアプリ起動（詳しい使い方はググってください）。
私は〆切のあるものは手帳に、〆切のないものはStickyNotesに。緊急度に応じて4色に分けて活用しています。

タイムマネジメント講座　Vol. 3

タイムマネジメントとは「時間の使い方を計画し実行する」ということです。
そこに、タスクマネジメントという考え方をプラスするとより効率的です。業務ごとにどれくらいの時間がかかるか、終わらせることができるかを考えてから取り掛かっていますか？　ToDoリストなどはみなさんよく作成されていると思います。〆切に合わせてこなしていきますが、特に事務処理は「この仕事（タスク）は30分で終わるからこの隙間時間でしょう」と意識して取り掛かることがポイントです！

職員向け 「ひいらぎletter」

泉田洋介さん（福島県）

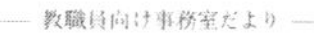
―― 教職員向け事務室だより ――

ひいらぎ letter

令和3年10月号（vol.42）

令和3年10月21日発行
郡山市立富田東小学校
副主査　泉田洋介

この時期は、年に一度の「確定申告」ではなく、「年末調整」ですね。職場で「年末調整」を行うことで、基本的には「確定申告」をしなくて済みます。〆切は、26日（火）です。忘れずにー。

最近は、おうち時間の夜を充実させるべく、大好きなお酒を控える努力だけはしていますが……

お酒を飲む習慣 → お酒を飲まない習慣　へシフトしなくては！

そう、習慣化が大事！と日々思いつつも、自分に甘くしちゃうイズミダなのです。笑

『学校の整理・整頓力』は低いのか？

木校の「書類管理庫」＝「荷物ぶち込み部屋」。そう、このイメージ……いや違うよ！職員室隣の部屋「書類管理庫」は、本来その名の通り「書類を管理（保存）する」ための場所です。それが、気づけば「とりあえずここに置いておく」という無責任な考えの連続により、本来の役割とはかけ離れ、「一時的な避難場所」として、最後は忘れられた存在になっていく。片付いていない空間では、気づいた時にはモノだらけになり、必要なモノの居場所もわからなくなってしまう……。

逆に整理・整頓されている空間は、モノの居場所も一目瞭然です。この部屋も今まで、

とりあえず荷物を置く → そのまま放置 → 忘れる → 必要な時に焦る(- -;)。

しかーし、整理・整頓されていないという根本的な問題
今後はみんなが気持ちよく使えるように一人一人が３Ｓを
３Ｓ（整理・整頓・清掃）を日頃から何気なく行う習慣
無駄な時間をなくすこと

先日、とある会で、「学校の整理・整頓力は低い」とい
ボクも次男を抱っこしながら参加していましたが、PC
から共感してしまった(笑)。なぜ、学校現場はそのような
手が回らないと言われればそこまでですが、時間を有効に
おいても重要ポイントです。　自分事として捉えると、見

「書類管理庫」ビフォーアフター

BEFORE

鈴木さん（SSS）
協力感謝♪

処分する文書の量……
Ａ４コピー用紙箱
30 箱分
オメデトウ(笑)

年度末の搬出を忘れずにね。

▽

AFTER

「ひいらぎ letter」vol.42　富田東小　いずみだ

ヤナギサワの視点

表面は文章、裏面は写真という区別が見（読み）やすいですね。つい、バランスよく文章と写真を配置したくなりますが、思い切って区分することも効果的ですね。学校だよりではよくみるレイアウトかもしれません。表面に校長の巻頭文・行事予定と続き、裏面は子どもの様子を撮影した写真で埋めるようなものをよくみかけます。

ビフォーアフターの写真は、同じアングルで（それがわかるように）撮影したほうが効果的ですよ。「ヤナギサワ的レイアウト案」の写真はトリミングしてみました。よくをいえば、上下で比較するより左右で比較したほうがわかりやすい——ような気がします。人間の目は上下ではなく、左右に付いているからでしょうか（？）。比較対象物を近くに寄せて、視線を動かさなくても比較できるような工夫も必要です。

冒頭コラムと本文が同じフォントであり、ポイントの違いはあっても差別化がされていません。特集タイトル（「学校の整理・整頓力」は低いのか？）の前後に区切り線としてイラスト（付録 イラスト集「No.181_ライン1」は入っていますが、思い切ってコラム直下に「————」を入れて区切ってもよいかと思います。フォントを変えるより差別化が図れ、特集に入る前のひと息を読者にも与えられると思います。

ヤナギサワ的レイアウト案

「書類管理庫」ビフォ➡アフター♪

After

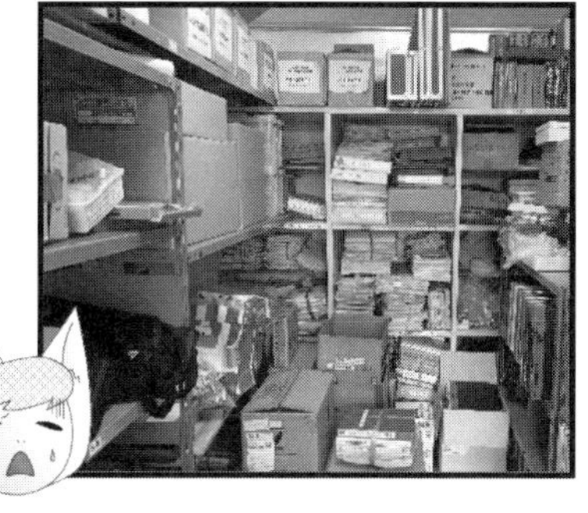

職員向け 「事務だより」

平良幸美さん（沖縄県）

公費と私費について あれこれ 思うこと

次年度より画用紙、書道半紙を公費にて一部購入することになりました。"全部"と言えないのは予算額がまだわからないため。少しでも保護者負担軽減になってほしいのと、未納がいたときの手出しが少なくすむように。（手出しダメ。でも、とりきれなかったら…どうする？）

別紙にて配布した「美咲町立小中学校公費私費区分表」、「教材費振り返りシート」は県外の資料です。参考になるのでぜひ目を通してほしいです。先生方からも「これは公費で購入できる？」という声を聞かせて下さい。だけど、ギリギリはダメ。ゼッタイ。（薬物乱用防止）

注文から届くまで、買いに行くにも時間がかかります。相談はお早めに。

☆学校徴収金の基本原則☆

① 保護者への説明責任
② 必要最小限の額の徴収
③ 適切な方法による管理

※①②の視点から社会見学バス代の徴収を頭割り返金なしの先生も負担。（先生は旅費にて支給）

※用紙代の徴収はどう説明？

上の3つをふまえて、下記のエピソードをどう考えますか？

私の身にふりかかった説明責任！ ―銀行窓口編―

先生方の旅費支給のため、銀行に行ったある日のこと。

「すみません。お聞きしてもいいですか。算数セット等、学校でリサイクルってしていますか。子供が卒業するので使用しなくなるが、使えるので捨てるのはもったいなくて。」

みなさんならどう答えますか。私の回答は「学校ではしていなくて、おさがりOKの学校もありますが、一斉指導のしづらさや他の子と"違うモノ"ということからおこりえるトラブルを防ぐため同じ教材の購入をお願いすることが多いですよ。市PTA連合会の行っているリサイクル事業に聞い…下さい。制服や式服のリサイクルは多いのですが…

☆保護者負担軽減を考える☆

前のエピソードの私の回答は果たして良しとしていいのか？
教材の必要性、本当に全員が同じものを持たなければいけないのか、リサイクル、リユースできないのか、それを検討、相談できる仕組みは？ 市教委で共通の方針はないの？

また、ドリル等を指定し、一斉購入するときの心配ごととして、

○児童によって学びのあり方、学習進度に差がある
→先生たち みんな工夫して別プリントを準備したり、宿題をその子にあわせて工夫してあげたりしてますよね!!

これからもより良い教材を選んで良い学びにつなげたいですね。

公費がたくさんあるなら、こんなことできたらいいのにな（ぼやき）

算数セットを公費購入。共用使用する学校保管教材と認定。授業で使うときに児童に渡し使用、回収、保管場所へ返却。

年1回の出番の彫刻刀とかも共用使用。朝顔セットもバラバラなら

学校徴収金は絶対に減らせます

（研修の講師からのお言葉なり。）

10月の事務職員の研修会で学校財務について学びました。当日はグループワークの進行役が当たっていて、ずっと講義を聞きながらハラハラ。だいぶ日が経ちましたが、今年度もあと少し。次年度に向けて計画をたてる意味も込め、学校財務について、研修の学びを共有しようと思います。

グループワークについて　（皆さんならどうしますか）

（お題）7月の職員会議で運動会での大玉転がしの実施計画が提案される。しかし、大玉は学校になく、委員会への備品購入申請も終わっていて、5月の教材購入希望調査でも提出がなかった。職員会議での対応と今後の対応を考えてみましょう。

（企画時点で大玉がないことに気づくでしょ!! というつっこみはしちゃいけない演習です。）

（出てきた意見）

まずは会議で学校に大玉がないこと、今からの備品購入ができない旨を周知。

① 大玉転がしをする場合
・借りてくる（だれが、どのように、どこから）
・作る（だれが、どのように、いつ、その材料費は）

（ここで、PTAから…となると徴収金に頼ることは私費負担の拡大につながるのでいけません。）

② 大玉転がしをやらない場合
・種目の変更（大玉転がしじゃないといけないのか）
教育目標と大玉転がしをすることの意義の確認。別の種目でも達成可能なのでは？

学校財務の視点として公費拡充による私費撤廃や学校経営や教育課程との連携は重要です。そのためにも事前のリサーチや財務に関する知識や情報の伝達などのベース部分が大切だと思った演習でした。

そして、学校徴収金を減らす方法として下記の3つ。

① 買っていたものを買わないようにする（有用性と必要性の検証）
② 学校徴収金で買っていたものを公費で買う（予算の確保）
③ 買っているものを安いものに変更する（改善作業の実践）

この3つを実践しないと減らせないということも言っていました。

ヤナギサワの視点

いまでは希少な（？）手書きの事務だよりです。なんというか、リラックスできる印象です。また、「親しみやすさ」という点では、手書きに勝るものはないかもしれません。ただ、それは文字をキレイに読みやすく書けるか――という個人的なスキルも関係してきます。

ある美術科の教員曰く「文字もイラスト」だそうです。平良さんのようにイラストがじょうずなひとの文字は特徴があってステキですね。「平幸 明朝S」とか「平幸 ゴシックP」が発売されたらほしいです（フォント名の後ろについているアルファベットは、第3章第1節 1.「フォント」とは何か――を参照）。

よくをいえば……「公費と私費についてあれこれ思うこと」（上段）では、タイトルと本文で2種類のペンを使い分けているようですが、もう1本追加して「見出し」もほかと区別すると、より読みやすい紙面になると思います。

文章の配置といいますか、流れが「原則」→「現象」→「考察」→「展望」という順になっていることで、通常の思考パターンとリンクし、頭のなかで整理しやすくなっています。「次年度より画用紙、書道半紙を公費にて」という導入から、最後の「朝顔セットもバラバラなら（･･）公費購入できそうだけどなー」と締めくくっている部分にも〈教育活動に必要なものは公費で用意したい〉という一貫性があり、伝わりやすくなっていますね。

「学校徴収金は絶対に減らせます」（下段）――事務だよりのタイトルで拙著を宣伝していただきありがとうございます。未読のひとは、ぜひお手に取ってください。どうぞよろしくお願いします。……書籍のチラシではありませんね（笑）。

このように研修報告を特集する意義はいろいろとありますが、挑戦しているひとは意外と少ない印象です。おそらく、〈事務職員にしか関係ないことだから共有する意味はない〉と考えているのかもしれません。しかし、今回のような方法で特集すると一方的な「情報発信ツール」から「学び合いツール」・「コミュニケーションツール」へと発展します（第1章第1節 つくる意義）。とても参考になる書きかたですね。ぜひ真似してみてください。まぁ、全国各地の研修でしれっとやっていたヤナギサワ鉄板グループ演習「大玉転がしプロブレム」が晒されてしまいましたけどね。おもしろそうだと思った研修担当者様は連絡ください……研修の紹介記事ではありませんね（笑）。

レイアウト的には、区切り線の前後に余白を残すか、「グループワークについて」の部分でペンを変え、セクションを区切るイメージにすると、上下の部分と区分され中央（一番いいたいこと）にインパクトを与えられるでしょう。

職員向け 「なかゆくい」 中頭地区共同学校事務室事務主査会さん（沖縄県）

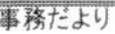

事務だより　号外

なかゆくい

2022/3/9（水）　発行者：中頭地区共同学校事務室事務主査会

©いらすとや
© 2023 FREE-ICONS.

人事異動に伴い、県外(及び離島)ー本島間で住居移転を行う皆様へ
赴任旅費の支給のために、次の書類の準備をお願いします。

1　交通費について（飛行機・船）
＊搭乗券・保安検査証・乗船券（原本）
＊領収書
（飛行機）プレミアムシート等の特別席料金、代理店手数料等は支給対象外です。
（船）車両運搬料金に1人分（運転手）の船賃が含まれている場合は支給対象外です。

2　着後手当について
＊領収書
（泊数、大人・こどもの人数を領収書内に記載のこと）
※新しい住居に入居するまでに、やむを得ずホテル利用をした場合（新居住地、5夜分が原則）

3　移転料について
定額の移転料を超える実費分を支給希望の場合、それぞれ次の書類
※定額移転料の額については、新任校へご確認ください。

引越業者に依頼する場合
①業者2社以上の見積書
見積書が1社からしか取得できなかった場合、
＊別紙申立書様式
＊メタサーチサイトの検索結果
②引越終了時に発行される領収書
③その他資材類の領収書
④対象外経費（右段参照）の有無が見積書から不明な場合、別紙申立書

宅配便利用の場合
①伝票やレシート等
宅配便を利用した箱数・金額がわかるもの
②その他資材類の領収書

自家用車・レンタカー利用の場合
①ガソリン代の領収書
②レンタカー代金の利用内訳（借入期間・車種・オプション）のわかる領収書
③その他資材類の領収書

4　移転料の支給対象外経費について
個人的趣味・嗜好が強いものの運搬費用
お任せパック等の荷造・荷解費用
家具・家電の購入費・レンタル費
不用品の処分費用・保管費用
自家用車・オートバイの運搬費用
工事・設置等に係る追加費用（エアコン・ガス器具を除く）
移転に係る下見、敷金・礼金
引越手伝い者への謝礼
家族の転園・転学費用

5　その他の添付書類
＊**住民票（原本）**
実際に住んでいた住所地が住民票上の住所と異なる場合、「実際に住んでいた住所地を証する資料」
＊**移転料精算金額確認書（実費請求希望者）**

6　諸注意
＊**見積書、領収証、レシート等は紛失しないようにしてください。**
扶養親族が一緒に移転する場合は、親族分も必要です。
特に、移転料に関する領収書類は、書類不備の場合定額支給となる場合があります。

＊**領収証は職員のフルネームで作成してもらってください。**
複数人の合計金額の領収証については、発行元に内訳を記載してもらってください。

＊**細々とした書類が多いので、よく事務職員と確認の上ご準備ください。**

お気をつけて、新任校でも頑張ってくださいね！

事務だより　NO.17

なかゆくい

2022/12/8(木)　発行者：中頭地区共同学校事務室事務主査会

令和4年沖縄県人事委員会勧告のポイント！！！
★月例給…若年層の給与引き上げ　★勤勉手当…0.1月分引き上げ
※県議会議決後（12月上旬頃予定）12月給与で遡及の可能性あり。

☆ 12月期末勤勉手当（ボーナス）支給明細書の見方 ☆

◎支給対象者 ･･･　12/1に在職又は、11/1～11月末日までの間に退職した職員

◎支給対象期間 ･･･ 6/2～12/1の6月間

①基礎給与額 ･･･　期末手当 … 給料月額＋給料の調整額＋教職調整額＋扶養手当額＋※1役職加算額
勤勉手当 … 給料月額＋給料の調整額＋教職調整額＋※1役職加算額
※1役職加算額･･･（給料月額＋給料の調整額＋教職調整額）× 役職加算率（表①）

②支給率･･･（期別支給割合）

管理職・一般職

区分	期末②	勤勉(良好)③	合計
12月期	1.225月	0.92月、0.91月※	2.145月、2.135月

再任用

区分	期末②	勤勉③	合計
12月期	0.675月	0.450月	1.175月

③成績率　※令和4年6月期分です。今後の通知により変更あり。

区分	極めて良好	特に良好	良好	やや良好ではない
一般職	1.1030	0.9880	0.92	0.815
管理職	1.12	1.0050	0.91	0.805
区分	良好ではない	戒告	減給	停職
一般職	0.71	0.60	0.495	0.39
管理職	0.70	0.60	0.495	0.390

※勤勉手当支給割合･･･人事評価に基づいた成績区分に応じて成績率が異なる。（★各個人ごとの今年度の成績区分は6月期に配布済み）

（表①）　役職加算率
※経験年数は12／1現在をおさえます

役職	率
校長、副校長	15%
教頭、主幹教諭	10%
教諭・助教諭等（経験年数30年以上）※	
事務主幹	
事務主査（経験年数30年以上）	
学校栄養主査・主任（経験年数30年以上）	
教諭・助教諭等（経験年数12年以上）※	5%
事務主査・副主査	
事務主任（経験年数12年以上）	
学校栄養主査・主任（経験年数12年以上）	
再任用	

※教諭、助教諭には栄養教諭、養護教諭も含む
※上記経験年数は大卒を基準としています。短大卒は2年、高卒は4年、上記の経験年数に加え、その、大学院卒は2年引きます（教育職の場合）

④総支給額　☆期末手当･･･（①基礎給与額 × ②支給率 × ⑥期末期間率 × ⑦休職給率（該当者のみ））
★勤勉手当･･･（①基礎給与額 × ③成績率 × ⑥勤勉期間率）

期末勤勉手当支給明細書
様式給第62号

給与区分	支給年月	所属名	職員番号	氏名
21　期末勤勉	令和4年12月期	123456　〇〇〇学校	000000	〇〇〇　△△

期末手当 基礎給与額	期末手当 支給率	期末手当 金額	勤勉手当 基礎給与額	勤勉手当 成績率	勤勉手当 金額	期末手当 特例措置(減額)	勤勉手当 特例措置(減額)	総支給額	追給	過徴(控除)	戻入	還付(控除)
①	②	☆	①	③	★	0	0	④	0	0	0	0

長期掛金	共済長期特別掛金 短期掛金	介護掛金	厚生掛金	退職掛金	所得税額 税率	所得税額 金額			財形貯蓄積立	控除計	差引支給額
0	⑧	⑧	⑧	⑧	⑨	⑩			⑪	⑫	④－⑫
	共済貸付償還	共済物資償還	警察年金積立	厚生年金保険料	健康保険料	雇用保険料	休職給率	期末期間率	勤勉期間率		
	⑭	0	0	⑧	⑧	⑧	⑦	⑥	⑥		

⑧社会保険料

下記以外	短期掛金（福祉部分を含む）	介護掛金	厚生掛金	退職掛金
	48.01／1000	8.82／1000	91.50／1000	7.5／1000
再任用（短時間）	短期掛金（福祉部分を含む）	介護掛金	厚生年金保険料	雇用保険料
	上記に同じ	上記に同じ	91.50／1000	5／1000

・雇用保険以外　④総支給額（1000円未満切り捨て）× 表中の率＝保険料（円未満切り捨て）
・雇用保険　　　④総支給額 × 表中の率＝雇用保険料（50銭以下は切り捨て、50銭1厘以上は切り上げ）
※雇用保険は再任用（短時間、フルタイム）、6ヶ月未満任用の臨任が該当します

⑥期間率･･･育休や休職等が手当対象期間にある場合、期間率が変わります
※臨任の場合は任用期間によって変わってきます

⑦休職給率･･･基準日(12/1)に休職中の職員は80%となります。

⑨税率･･･扶養親族（税金）の数や前月の給与課税額等によって税率が変わります。（④総支給額－⑧社会保険料）× ⑨税率＝⑩金額（所得税額）

⑫控除計･･･⑧共済掛金又は社会保険料＋⑩所得税額＋⑪財形貯蓄積立＋⑭共済貸付償還
※掛金免除申請により産休・育休期間に係る場合は免除となる。

ヤナギサワの視点

個人ではなく、組織（共同学校事務室の連携）で編集し、発行した事務だよりです。

前作『増補改訂つくろう！ 事務だより』が2017（平成29）年に発売されたころは、まだまだ「事務だより＝個人」という印象でした。しかし、『学校事務』で「事務室からの発信つくろう！事務だより」という連載が2年目を迎えた2023（令和5）年に取り上げたものは、半分以上が共同編集でした。偶然かもしれませんが、時代を感じました。もちろん、「個人」が遅れていて「共同」が進んでいるということではありませんが、後者のほうが同時多発的に情報を発信することができることはまちがいありません。ひとつの手法として今後も広がっていくことが予想できます。

さて、中頭地区共同学校事務室事務主査会の事務だよりです。まず、「1 交通費について（飛行機・船）」という小見出しのフォントサイズが、本文よりも小さく設定されています。これはある意味、高度なテクニックです。一般書籍では、本文より小見出しのポイントを下げて小見出しを区別化したデザインもあります。しかし、事務だよりではやはり小見出しのポイントは本文よりも上げ、パッとみたときに本文よりリードさせたほうが効果的だと考えます。小見出しごとに関連するイラストを多用し、〈見る〉イラストが〈読む〉説明文を助けている紙面はとてもよいと思います。

ヤナギサワ的レイアウト案

○人事異動に伴い、県外（及び離島）－本島間で住居移転を行う皆様へ

赴任旅費の支給のために、次の書類の準備をお願いします。

1.交通費について（飛行機・船）

・搭乗券・保安検査証・乗船券（原本）・領収書

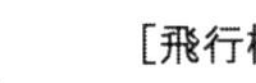

［飛行機］

プレミアムシート等の特別席料金、代理店手数料等は支給対象外。

［船］

車両運搬料金に１人分（運転手）の船賃が含まれている場合は対象外。

2.着後手当について

・領収書（泊数、大人・こどもの人数を領収書内に記載のこと）

職員向け 「じむだより」 仲程佳代子さん（沖縄県）

～ 三和中学校 ～

じむだより

令和３年９月２１日 Vol. 6

年次休暇の日数は？

20日＋繰越分（最大20日）が、９月１日から翌年８月31日までの年休の日数です。**休暇処理簿**の右上に日数が記載されています。ご確認ください。臨任は、任用期間ごとに年休が再計算されます。

給与振込口座等の変更手続き

給与振込の変更手続は４月と10月のみです。振込口座の変更、振込金額の変更を希望される方は申し出てください。振込口座は３口座まで登録可能です。（11月の給与より反映）

その受話器、置かないで！

保護者の携帯に着信を残したときには、折り返しの電話対応について連絡ください。対応を共有することで、保護者対応がスムーズになります。ご協力をお願いします。

防災について考えよう

昨年度、三高共同学校事務室では、市生涯学習まちづくり出前講座を利用して、防災研修を受けました。糸満市防災係の担当者が講話をしてくださり、沖縄県として実際に想定されている地震災害や、高嶺・三和地区の想定災害についてお話を聞くことができました。沖縄県・糸満市では、沖縄本島南部スラブ内地震（M7.8規模、直下型地震）、沖縄本島南東沖次地震３連動（M9.0 規模、大津波を伴う海溝型地震）を想定して対策をしているそうです。

災害に備えよう！

災害時備蓄体制は、自助・共助・公助の考え方が基本です。平時から各家庭において非常用持出品として、食料品等を備蓄することが大切です。家庭内備蓄は災害規模が大きくなるほど必要不可欠で、最低でも３日、出来れば一週間分の食料、飲料数等の備蓄が推奨されています。

避難訓練実施のポイント

① 想定される災害を明確に

高嶺・三和地区は津波災害や土砂災害の警戒区域から外れている。想定される災害 → **震災**

② 想定災害のイメージを大切に

県の地震想定 最大震度 → **６弱～６強**

③ 避難行動の確認

瞬時に正しく安全確保行動がとれるか？

④ 校内の危険個所のチェック

施設内の状況を冷静な目で確認する

⑤ 避難３原則の教え

・想定にとらわれるな
・その状況下で最善を尽くせ
・率先避難者たれ

自然災害は、人知をはるかに超えることもある

⑥ 非常持ち出し品等の確認

日頃から「非常時持ち出し一覧表」を作成し、学校の全職員がわかるように所在と管理者を定めることが大切

～ 三和中学校～

じむだより

令和４年１月２１日 Vol. 10

R4年扶養控除申告書の提出を！

打ち出されている内容について確認し、押印して提出してください。**扶養親族の、卒業、進学、就職等の予定を鉛筆でメモしてください。**

子の看護休暇は暦年計算！

子の看護休暇（小学生まで）の日数は暦年計算です。予防接種や健診も取得可能です。

１人の場合→5日、２人以上の場合→10日

教科予算の執行は計画的に！

教科の消耗品を購入する場合には、必ず事務室で残高を確認してから発注してください。発注予定がある方も事前に相談してください。

１月28日「定期監査」実施

出勤簿、休暇処理簿・職務専念義務免除承認申請簿は原本を提出します。書類返却後に整理をお願いします。

諸帳簿使用期間

１月２６日（水）～1月２８日（金）

目標達成できるかは目標設定で9割決まる

SMARTの法則

S：Specific　明確かつ具体的な表現
M：Measurable　誰でも確認できる具体的な数字
A：Achievable　達成可能である
R：Result-based　成果に基づいている
T：Time-line　期限がある

『これだけ！ＳＭＡＲＴの法則』 倉持淳子
※SMARTの法則は何とおりもの解釈があります。

さて、2021年の目標はどの程度達成できましたか？ 新年にいろいろと目標を立てても、達成に向けた行動が伴わなければ目標にたどり着くことはできません。成果を上げている人は、ＳＭＡＲＴの法則により目標設定を行っています。目標を具体的な数値で表し、いつまでにという期限を設けアクションプランを明確にします。実行した後は、振り返りにより目標を検証・修正していくことも大切な要素になります。

夢や目標を視覚化しよう！

絵や写真など、夢や目標、成功したときのイメージなどを毎日眺めると夢が叶うといわれてます。それは、明確なイメージを頻繁に思い描くことで、脳が「チャンス」を無意識のうちに拾い上げてくれるためです。文字よりは画像の方が、より潜在意識に強く働きかけるので効果があるようです。 皆さんも、新年に立てた目標を、ぜひ視覚化してみましょう。

自分を動かす仕掛けを考えよう！

目標に向かって行動するためのツールとして手帳を活用してみましょう。私の今年の目標は「実行力を高める」です。手帳を活用して「目標達成に向けた行動」を増やしたいと考えています。

ヤナギサワの視点

まず、前作『増補改訂つくろう！ 事務だより』の付録「そのまま使える事務だよりテンプレート」をご利用いただきありがとうございます。このテンプレートは学事出版のウェブサイトからダウンロードできるようになりました。本書の付録を確認してください。このレイアウトは、3段組にあわせて話題を1：1：1と3つに分割しやすいスタイル――という設定でしたが、1：2で使う方法もよいですね。タイトル枠の分だけほかよりスペースが少ない左端に「お知らせ」を寄せ、それ以外で大きな特集を組めるというメリットがあります。大きなタイトル文字もその相乗効果を発揮しているでしょう。しかし、タイトル枠の直下に点線とはいえ、さらに枠で囲んだ「お知らせ」が来ることで非常に目立ちますが、その反面、紙面がうるさく感じてしまいます。枠を取って小見出しを囲むくらいに抑えてはいかがでしょうか。

フォントの種類が2つだけですね。これはこれで読みやすくサッパリとしたスタイルではありますが、話題を2つに限定（「お知らせ」と「特集」）するなら、両者の本文フォントはわけたほうが効果的に話題の区別ができますし、特集の印象も強くなるでしょう。「ヤナギサワ的レイアウト案」では、お知らせ部分に優しい印象の明朝体を残しました（第3章第1節 効果的なフォントの使いかた）。

ヤナギサワ的レイアウト案

・年末調整
・休暇
・教科予算
・定期監査

R4 年扶養控除申告書の提出を！

打ち出されている内容について確認し、押印して提出してください。**扶養親族の、卒業、進学、就職等の予定を鉛筆でメモしてください。**

子の看護休暇は暦年計算！

子の看護休暇（小学生まで）の日数は暦年計算です。予防接種や健診も取得可能です。

（1 人の場合→5 日、2 人以上の場合→10 日）

教科予算の執行は計画的に！

教科の消耗品を購入する場合には、必ず事務室で残高を確認してから発注してください。発注予定がある方も事前に相談してください。

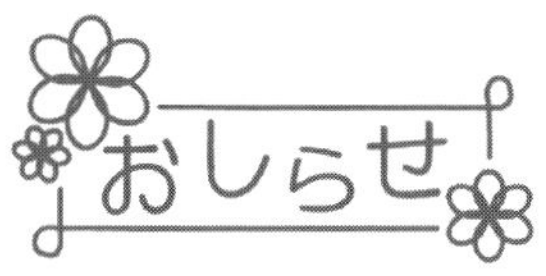

・年休
・給与振込
・電話対応
・

年次休暇の日数は？

20 日＋繰越分（最大 20 日）が、9 月 1 日から翌年 8 月 31 日までの年休の日数です。**休暇処理簿**の右上に日数が記載されています。ご確認ください。

臨任は、任用期間ごとに年休が再計算されます。

給与振込口座等の変更手続き

給与振込の変更手続は 4 月と 10 月のみです。振込口座の変更、振込金額の変更を希望される方は申し出てください。振込口座は 3 口座まで登録可能です。

（11 月の給与より反映）

その受話器、置かないで！

保護者の携帯に着信を残したときには、折り返しの電話対応について連絡ください。対応を共有することで、保護者対応がスムーズになります。ご協力をお願いします。

保護者向け 「つながRING」

井上和雄さん（兵庫県）

事務室だより

つながＲＩＮＧ

NO. 6

2020. 3. 4

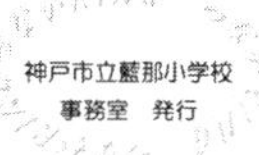

今年度も残すところわずかとなりました。本校では様々な観点から教育環境整備を継続的にすすめているところです。この度、その一端を地域・保護者の皆様に改めてご報告させていただきたく、「事務室だより　つながＲＩＮＧ」を発行いたしました。紙面の都合上、代表的なもののみご紹介させていただきます。是非ともご覧ください。

♪通用門下舗装部分を補修しました！

通用門下の舗装部分は、子供たちが毎日通る場所ですが、老朽化に伴い亀裂や剥離が生じており、昨年度より保護者の方からも補修を希望されるご意見をいただいておりました。

今回の工事によってなだらかな傾斜となり段差も解消され、これまで以上に安全に、安心して通行いただけると思います。貴重なご意見をいただき、誠にありがとうございました。

♪ビオトープを設置しました！

昨年度から北校舎横の広場の活用方法を検討する中でビオトープの設置を計画していました。また、昨年度実施した「あったらいいなアンケート」では、児童や保護者からビオトープ設置のリクエストもあったことも踏まえて、設置工事を行いました！

まだまだ、整備途中ではありますが、今後様々な生き物を入れて活用していきたいと考えています。

♪おいしい給食を提供するために·

給食室で使用しているガスコンロが老朽化し、炎の出が悪っていたため新調しました。このコンロは、主に揚げ物の調使用します。安全でおいしい給食が提供できるように設備のも順次すすめていきます。

♪廊下が明るくなりました！

体育室前廊下、給食室前廊下の照明器具を交換しました。こで保護者の方からも「もう少し明るい方が良い」とご意見をだいておりましたことも踏まえて今回の工事に至りました。D照明に変わり、非常に明るくなりました。ご来校の際には非とも体感してみていただければと思います。

♪ｉ（あい）なプロジェクト進行中！

ＩＣＴ機器の利活用をすすめる「ｉなプロジェクト」の一環として教室のスクリーンを新調しました。これまでのスクリーンは、固定式であったため不便な時もありましたが、新しいスクリーンは巻き取り式になっていて使用しない時には、上に巻き取ることができるので非常に便利です。

また、算数ではデジタル教科書を全学年で導入し活用しています。来年度は、更に5、6年生の社会科にもデジタル教書を導入する予定です。その他の教科についても順次拡大していきたいと考えています。

さらには、プログラミング教育においてもプログラミング教育ロボット「Ozobot」を先行導入していましたが、来年度に向けて新たな教材の導入をすすめているところです。

♪他にも色々と新調しました！

その他、音楽で使用している電子ピアノを2台、家庭科で使用しているガスコンロ１台も新調しました。これらは、日々の学習で子供たちが使用します。もちろん、子供たちは大事に使ってくれていますが、少しでも長く使うことができるように、教職員が連携してしっかりとメンテナンスを行っていきます。

♪声をお寄せください。

施設や設備の老朽化から様々な場面で不具合が生じてきています。先日は、保護者の皆様から教育環境の充実に向けて、アンケートにご回答いただきました。また、児童からは「あったらいいなアンケート」を通じて感性豊かな視点から本校に必要な物品等を提案してもらっています。すべてのご意見を即座に反映させることは難しいかもしれませんが、少しでもご期待に応えることができるように検討を重ねてまいります。

現在、新年度に向けて、教育環境の更なる充実を計画しています。いただいたご意見を踏まえて今後も教育環境整備をすすめてまいります。引き続き保護者・地域の皆様から「こんな学校にして欲しい」「この機器を整備して欲しい」等の声を事務室までお寄せいただけますと幸いです。

藍那小学校（担当：事務職員）
ＴＥＬ：○○○－×××－◆◆◆◆
ＦＡＸ：○○○－×××－◆◆◆◇

ヤナギサワの視点

表の右側、写真が同じサイズで平行配置されていることから紙面に引き締まった印象を与えています。写真を見て、それから本文へ流れるという導線――、ヘッドラインとしての効果もあります（第3章第3節4.「ヘッドライン」で興味を引きつけよう）。裏、中央の写真もサイズをそろえて、本文下に横並びで整えると両面ともに引き締まりますよ。

本文中にところどころ「ご意見をいただいて――」「アンケートでは――」という記述から、レスポンス機能を担っている通信としての価値が想像できます。校内・校外における事務職員の立場も確立されているのでしょう。保護者・地域住民と協働のきっかけにも繋がりますね（第1章第1節 つくる意義）。文末の「声をお寄せください。」部分からも同様にキャッチボールがしたい！　という気持ちが伝わってきます。読者にも好印象を与えることでしょう。

「iなプロジェクト」や「Ozobot」については、脚注的にもう少し説明を入れるとよいでしょう。学校事務領域の発信にとどまらず、教育活動との繋がりも意識しているという印象を与えることができます。

ヤナギサワ的レイアウト案

また、算数ではデジタル教科書を全学年で導入し活用しています。来年度は、更に5、6年生の社会科にもデジタル教書を導入する予定です。その他の教科についても順次拡大していきたいと考えています。

さらには、プログラミング教育においてもプログラミング教育ロボット「Ozobot」を先行導入していましたが、来年度に向けて新たな教材の導入をすすめているところです。

♪他にも色々と新調しました！

その他、音楽で使用している電子ピアノを2台、家庭科で使用しているガスコンロ１台も新調しました。これらは、日々の学習で子供たちが使用します。もちろん、子供たちは大事に使ってくれていますが、少しでも長く使うことができるように、教職員が連携してしっかりとメンテナンスを行っていきます。

保護者向け 「じむしつの窓から」 柳澤清香さん（埼玉県）

青木中【保護者向け】事務室だより　３学期号（2022.2.07）

～ 学校生活編 ～

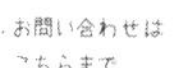
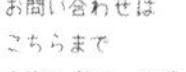

お問い合わせは
こちらまで
事務室 飯塚・栁澤　TEL253-1371

早いもので２月になり、３年生の卒業まで一カ月あまりとなりました。1・2 年生も４月からはそれぞれ進級します。コロナ禍で予定通りにいかないことも多い日々ですが、子どもたちはいつでも、今できることを前向きに一生懸命取り組んできました。そのような中で１年間、学校の教育活動について様々な面でご協力いただきありがとうございました。

今号は２学期末に行われた、学校評価アンケートにいただいたコメントについて一部お答えしています。ぜひ、ご家庭でお読みください。

学校の指定品について

学校評価の保護者アンケートのうち、事務室からは毎年次の２つをお聞きしています。

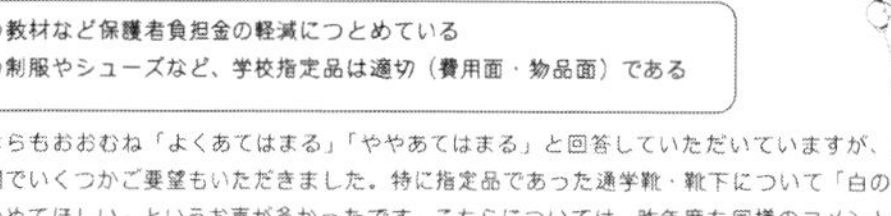

○教材など保護者負担金の軽減につとめている
○制服やシューズなど、学校指定品は適切（費用面・物品面）である

どちらもおおむね「よくあてはまる」「ややあてはまる」と回答していただいていますが、コメント欄でいくつかご要望もいただきました。特に指定品であった通学靴・靴下について「白の色指定はやめてほしい」というお声が多かったです。こちらについては、昨年度も同様のコメントをいただいていたため、今年度検討を重ねてきました。その結果、来年度から靴は指定なし（ただし体育の授業があるため運動靴に限ります）、靴下については黒・紺・グレーも選択肢に加えることとしました。その他、いくつかの指定品についても、よりご家庭
います。詳しくは２月４日付の学校から出ているお手紙をご確

ぜひ、お声をお寄せください

学校では、子どもたちが安全・安心な環境で教育活動ができる
保護者の立場からいただくご意見は、とても重要です。今回も
トに書いていただいたことをきっかけに、検討することができ

代の流れに沿ったものとなるよう、来年
きます。ご意見をいただくことは、とて
す。「こんなこと言っても変わらない。」
ができるよう、お声をお寄せください。

学校の施設について

学校評価のアンケートは、子どもたちにも実施しています。学校生活についてのコメントの中では、「トイレをきれいにしてほしい」がダントツで多かったです。（こちらは保護者からのコメントにもありました）学校には、校内の施設を修理するために市から配当された予算があるのですが、

その費用で年に何回もトイレの修理を行っており、そのほとんどが詰まりや水漏れです。ご存知のとおり青木中の校舎はとても古く、配管自体が老朽化しているため、学校に配当されている予算では応急処置的な修理しか行えません。大規模な改修として、ここ数年川口市に対して大規模なトイレ改修を要望し続け、ようやく来年度から順番にトイレを改修していただけることとなりました。一度にすべての工事をすることはできないため、棟や階ごとに順次とはなりますが、少しでもトイレ環境がよくなるのではと期待しています。生徒の皆さん、もう少し待っていてくださいね。

就学援助制度について

就学援助制度については、事務室から定期的にお知らせしています。現時点では必要としていなくても、ご家庭の状況が変わったことで年度途中に申請を行うケースも多くあります。申請のご希望や、制度への不明点などありましたらいつでも事務室へご連絡ください。

原則、申請には所得証明の添付は不要ですが、コロナ禍の影響で所得が下がった場合は３か月分の給与明細等を添付することでも審査が可能です。就学援助制度は納税者であれば、誰でも利用できる住民サービスの一つと考えています。申請書はWebサイトからもダウンロード可能です。ぜひ、お気軽にご相談ください。

その①　川口市の小中学校は、「川口オートレース公益啓発（体育）促進事業」により、オートレースの収益金から毎年体育物品に対し助成をいただいています。今年度は体育の授業で使用するソフトボールのグラブと運動会等のリレーで使うアルミバトンのセットを購入していただきました。バトンは早速運動会で使用しました。また、グラブは体育の授業で活用しています。

その②　３年生のご家庭へ　２学期に実施した修学旅行の積立金については、年度末に教材費の精算を行い、そちらと合算してゆうちょ銀行の口座へ返金いたします。すべての処理が終わるまで口座の解約はされないよう、お願いいたします。

ヤナギサワの視点

学校評価（自己評価のための保護者アンケート）とコラボレーションした事務だよりですね。教職員アンケートや保護者アンケートにも、少しずつ学校財務の領域も加わるようになってきたと思います。学校評価では「教育活動その他の学校運営の状況について評価」をすることが定められています（学校教育法第42条）。教育活動だけではなく、学校運営面として学校財務は加わるべき領域です。その領域として「学校指定品」関係まで広げているところは流石ですね。重要な視点です。

本文中に「2月4日付の学校から出ている」とありますが、事務だよりの発行日（2/7）とも近いし、同日配付のほうが効果的かもしれませんね。

「回答」という特集であるため、文字を読ませることが中心になります。イラストの使い方も〈見せる〉より〈読ませる〉に集中させたほうがよいかもしれません。文章の途中にイラストを入れる技術は、段落の崩れや行頭の不自然さなどが起こりうるため若干高度だと考えています。文章の頭をそろえたほうが読みやすいため、イラストの位置を固定させて文章に干渉させないほうがよいかもしれませんね。

〈読ませる〉工夫として、フォントのサイズを下げたり、アンダーラインを引いたりするだけでも見栄えは変わります。

ヤナギサワ的レイアウト案

その①「体育用具をいただきました」

川口市の小中学校は、「川口オートレース公益啓発（体育）促進事業」により、オートレースの収益金から毎年体育物品に対し助成をいただいています。

今年度は体育の授業で使用するソフトボールのグラブと運動会等のリレーで使うアルミバトンのセットを購入していただきました。バトンは早速運動会で使用しました。また、グラブは体育の授業で活用しています。

その②「3年生のご家庭へ」

2学期に実施した修学旅行の積立金については、年度末に教材費の精算を行い、そちらと合算してゆうちょ銀行の口座へ返金いたします。すべての処理が終わるまで口座の解約はされないよう、お願いいたします。

学校協働ボランティア活動広報紙　「ねこSAPO通信」

松井政徳さん（愛知県）

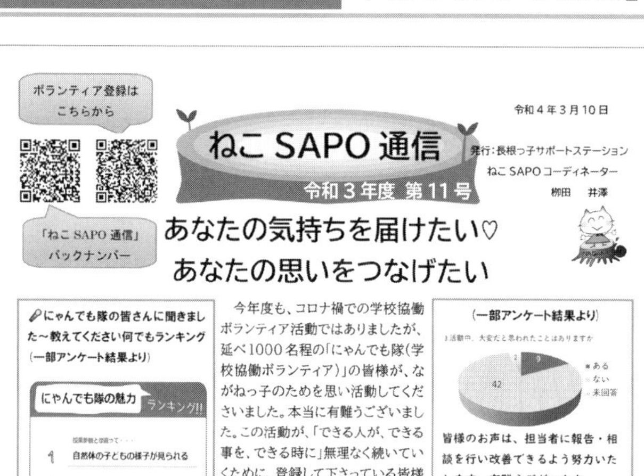

ボランティア登録は
こちらから

令和４年３月10日

ねこSAPO通信

令和３年度 第11号

発行：長根っ子サポートステーション
ねこSAPOコーディネーター
柳田　井澤

「ねこSAPO通信」
バックナンバー

あなたの気持ちを届けたい♡
あなたの思いをつなげたい

にゃんでも隊の皆さんに聞きました～教えてください何でもランキング（一部アンケート結果より）

にゃんでも隊の魅力　ランキング!!

1. 自然体の子どもの様子が見られる
2. 自分の都合で無理なく活動できる。
3. 子どもとの交流で充実した時間をもてる

にゃんでも隊参加のきっかけ　ランキング!!

1. 子どもの学校の様子が見たかった
2. 少しでも子どもや先生、学校の力になりたい
3. できる時間に活動できるから

にゃんでも隊に参加して良かったことは？　ランキング!!

1. 子ども、学校の様子を知れて安心。子どもが喜んでくれ、会話も増えた
2. 子ども達と楽しく会話ができたり、元気な笑顔をみると癒される
3. ボランティア仲間ができた

今年度も、コロナ禍での学校協働ボランティア活動ではありましたが、延べ1000名程の「にゃんでも隊（学校協働ボランティア）」の皆様が、ながねっ子のためを思い活動してくださいました。本当に有難うございました。この活動が、「できる人が、できる事を、できる時に」無理なく続いていくために、登録して下さっている皆様を対象にアンケートを実施させていただきました。沢山の貴重なご意見、ご感想を寄せていただきました。「にゃんでも隊」の皆様が、どれほど「ながねっ子」の事を思い、「長根小学校」の事を思い、「教職員・ねこSAPO」の事を思って下さっているかということが伝わってくる内容でした。いただいたご意見から、活動内容を精査し、より良いものにし…けるというキッカケをいただけ…ことに心より感謝致します。時…かかることもあるかもしれませ…今後の活動に反映させていただ…す。

「子ども達ひとりひとりの幸せ…押しして下さる」地域の皆様や…者様に見守られている時の、…うな子ども達の笑顔を見ている…の幸せの延長線上に、「暮らし…たい。帰ってきたい。」と思える…な地域があるのだと感じており…（ねこSAPO）

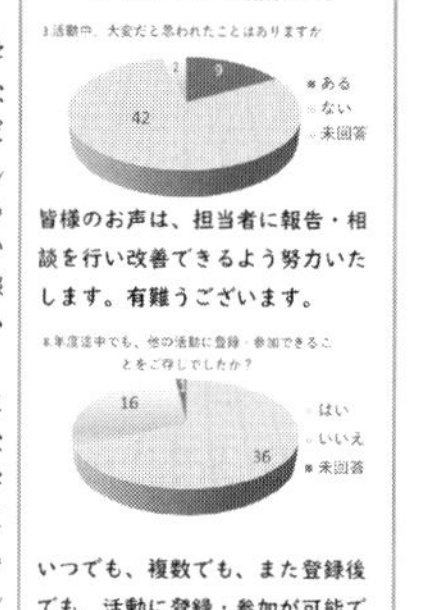

皆様のお声は、担当者に報告・相談を行い改善できるよう努力いたします。有難うございます。

いつでも、複数でも、また登録後でも、活動に登録・参加が可能で…

お世話になったボランティアの皆様に子どもたちからのメッセージです。

来年度もたくさんの「ありがとう」に包まれますように…

令和３年度にゃんでも隊の活動は、令和４年度５月31日までとなります。令和４年度にゃんでも隊の募集は、令和４年４月に行いますので、皆様のご応募をお待ちしております。

ヤナギサワの視点

「事務だより」ではありませんが、地域連携担当教職員として「学校協働ボランティア活動に対する広報紙」の作成にかかわっているという実践です。地域向け事務だよりにも発展しそうですね。

QRコードの活用が便利でよいと思います。ただ、QRコードは複数のコードを近くに配置すると意図しないほうを読み込んでしまう可能性があります。そのため、両端に配置するとアクセスしやすくなるでしょう。最初に目線を引き寄せる「あなたの気持ちを届けたい」と「あなたの思いをつなげたい」は、せっかく文字数が同じなので両方に「♡」を付けるとビシッと決まります。

裏面は余白をじゅうぶんにとっていますが、表面は少し窮屈ですね。センターの本文を工夫することで解消できると考えます。たとえば、もう少し線の細いフォントにしたり、サイズを落としたり、行間を広げたりすると緩和されるでしょう（第3章第1節 効果的なフォントの使いかた）。本文の最後「子ども達ひとりひとり……」の部分は、読者に向けたメッセージだと思うので、文字を傾けるより思い切ってフォントを変えるなどして、ほかと区別をつけるとより伝わると思います。

裏面はスッキリしていてとても読みやすいですね。

ヤナギサワ的レイアウト案

「ねこ SAPOO 通信」
バックナンバー

令和4年度3月10日

ねこ SAPO 通信

令和3年度 第11号

ボランティア登録は
こちらから

発行：長根っ子サポートステーション「ねこ SAPO」コーディネーター（柳田・井澤）

あなたの気持ちを届けたい♡
あなたの思いをつなげたい♡

「にゃんでも隊」の
皆さんに聞きました
教えてください何でもランキング
（一部アンケート結果より）

今年度も、コロナ禍での学校協働ボランティア活動ではありましたが、延べ1,000名程の「にゃんでも隊（学校協働ボランティア）」の皆様が、【ながねっ子】のためを思い活動してくださいました。本当に有難うございました。この活動が、「できる人が、できる事を、できる時に」無理

（一部アンケート結果より）

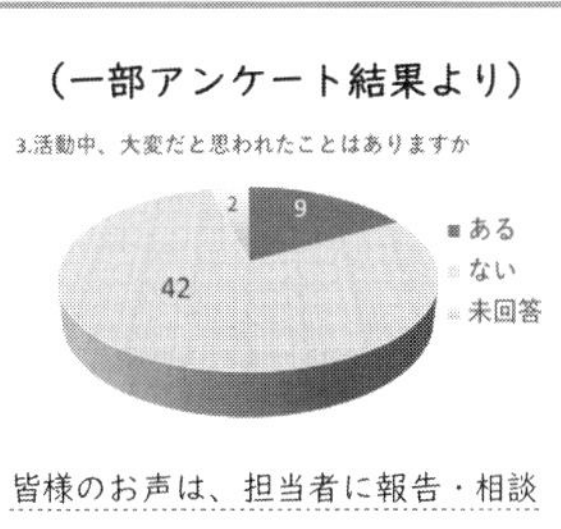

皆様のお声は、担当者に報告・相談を行い改善できるよう努力いたしま

子ども向け

壁新聞「沼田南中学校環境整備」

片野恵さん（群馬県）

沼田南中学校環境整備

6月

夏がそこまで来ていますね。コロナ感染症対策で窓を開けながらエアコンを使用しなければなりません。無駄のない使用を心がけて暑い夏を乗り切りましょう！！

デジタルメジャー　13,900円

距離測定の用途で使われる道具です。車輪部分はメーターと連動しているため、道に沿って転がすだけで簡単に距離を測れます。雨で例年のマラソンコースが使えないため、綿貫先生が新しいコースを考えてくれました。さっそくメジャーが大活躍！

マラソン大会参加賞　ポカリ缶 108円

学校の予算の中には、学校行事の参加賞を購入するための予算があります。南中では、マラソン大会の参加賞としてポカリ缶とトロフィー・メダル。運動会の参加賞としてポカリペットボトル。書き初め大会の条幅紙を購入しています。

体育館時計交換　154,000円

ようやく体育館の時計がリニューアル。当初、２０万超えかと思われた足場を組む費用がかなり抑えられました。
修理したい所があっても、高額だと時間がかかってしまいます。早期発見のためにも皆さんの「気づき」を期待しています。

高所作業は危険も伴うので別経費がかかります！

プール グレーチング交換　764,065円

30年以上も経っているため、劣化による破損のおそれがあり、すべてのグレーチングを交換しました。溝の掃除がしやすいように、外しやすい短いサイズにしてもらいました。全部で403枚はめられています。

環境管理温湿度計　19,950円

熱中症の注意レベルが一目で分かる温湿度計
染症対策用の物品は国からいただいてる補助
毒用のアルコールや体温計など、年間15万の

消防設備点検

年に2回、学校内の消防設備の点検を行ってもらっています。火災報知器や防火扉がきちんと作動するか、消火栓が規定の場所に設置されているかなど半日かけて細かく点検してもらいます。問題があった箇所は速やかに直していざという時に備えています。今回の点検結果は異常なしでした。

沼田南中学校環境整備

8月

長い夏休みが終わってしまいました。授業がない夏休み中には学校のメンテナンスがたくさん行われました。色々な方のお世話になって安全な学校生活が保たれています。感謝ですね。

トイレ清掃・屋上清掃・エアコンフィルター清掃

普段のトイレ清掃ではなかなか綺麗にできない小便器の目皿の尿石汚れが、くさい匂いの原因です。見事に除石剤でピカピカになりました。南中の便器の個数は小便器が33据（すえ）、大便器が54据です。
他にも、業者さんによる屋上の掃除や教室のエアコンフィルター掃除が市内の学校全てで行われました。

『尿石除石剤　投入!!』

卓球台　2台　158,400円

学校予算で卓球台を２台購入しました。３万円以上の物は故障してもすぐには購入できません。そのため、前任校の利根中から昨年度２台南中にお譲りしました。
古い卓球台の移動やネット張りは森川部長さんが手伝ってくれました。ぎりぎり総体に間に合って良かったです。

大型ディスプレイ修理　99,800円

液晶が割れてしまった大型ディスプレイの修理が終わりました。液晶画面の損傷がひどかったので、液晶部分をまるごと新品に交換することになりました。これからも移動等の際には十分に注意してください。

『楓』伐採・『テニスコート周り桜』伐採　40,000円

楓の木に巨大なスズメバチがたくさん集まり危険でした。ＰＴＡ会長の鈴木さんがご厚意で何度も駆除してくださいました。ですが、ハチは次から次へとやってきてしまうため、伐採することにしました。

美味しいメープルにはカブトムシやクワガタもたくさん!!

冷風機寄贈

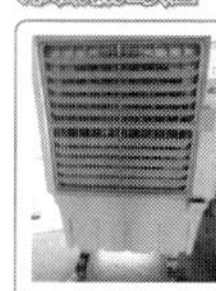

昨年度末に退職された小室校長先生より寄贈いただきました。
暑い体育館での部活の熱中症予防に大活躍でしたね。小室校長先生ありがとうございました。大切に使わせていただきます！

生徒用机　70台

皆さんが使っている机より縦横10㌢大きいサイズの机が70台納品されました。教科書が大きくなったことやタブレットの使用で机が狭くなってしまっているため、沼田市の小中学校で計画的に導入される予定です。

校庭整地　70,000円

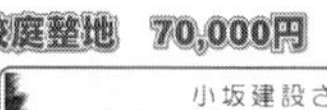

小坂建設さんに校庭の整地をお願いしました。雑草も綺麗に抜かれ、万全な状態で運動会を迎えられます。校舎周りは用務員の工藤さんが毎日草刈りして下さっていました。暑い中いつもありがとうざいます。

ヤナギサワの視点

カラフルですね！！（あ、モノクロ本だと伝わりませんね（笑））。目立つこと、それが「壁新聞」には重要です。足を止めてくれないと読んでくれません。カラフルな太文字がよい仕事をしています。書かれているコメントも子どもたちに寄り添っている印象が出ていて親近感がわいてきます。

「6月」、「8月」という表記から月例報告としての定着が想像できます。いくら目立っても「壁新聞」は、3ヵ月も経過すれば風景化します。ポスターも同じですが、風景と化してしまったそれには意識が向きません。年に数回程度の更新では、その更新の効果さえも薄れてしまいます。毎月の仕事にすることはたいへんかもしれませんが、続ける効果は高いと思います。

タイトル自体はそのままでもよいと思いますが、枠などを少し工夫することでより目立つと思います。思い切って〈ベタぬり〉を取り入れてもよいかもしれません。あと、発行者（担当者）の名前は入れましょう。対象読者の表記は悩みますね。「沼田南中の生徒のみなさんへ」などと入れると対象が明確になりますが、反面で限定的な印象を与えてしまいます。学校広報の一環としても活用するならこのままでもよいのかもしれませんね。

ヤナギサワ的レイアウト案

沼田南中学校 環境整備通信

■2022年度 第③号　　担当：片野（事務室）

6月の環境整備

夏がそこまで来ていますね。コロナ感染症対策で窓を開けながらエアコンを使用しなければなりません。無駄のない使用を心がけて暑い夏を乗り切りましょう！！

■ デジタルメジャー 【13,900円】

距離測定の用途で使われる道具です。車輪部分はメーターと連動しているため、道に沿って転がすだけで簡単に距離を測れます。雨で例年のマラソンコースが使えないため、綿貫先生が新しいコースを考えてくれました。さっそくメジャーが大活躍！

子ども向け 「事務だより」

廣田美咲さん（千葉県）

事務だより

令和3年　7月発行

みなさん、こんにちは！日の出中学校で学校事務の仕事をしている廣田美咲と申します。

学校事務の仕事は、電話、書類の作成、物品の発注、お金の計算などがありますが、今回の事務だよりでは、事務室が関わるお仕事で、生徒のみなさんに身近なものを紹介しようと思います。

もうすぐ夏休み！
学割証を発行しています！

もうすぐ夏休みです。JR 各社の公共交通機関を利用して遠方へ旅行に行く場合には、中学生から学割が使えます！夏休み以外でも受け付けていますので、必要になったときに申請できます。申請から発行までは、1週間くらいかかると思っていてください。

高校生や大学生も、学割の対象です。今は遠くに行く予定がない方も、出かける機会ができたときには是非、そのとき在籍している学校の申請方法に沿って利用してみてください！

日の出中での手続き方法

担任の先生か事務室に声を掛けて学割用の発行願をもらい、お家の人に記入してもらって担任の先生か事務室に提出してください。発行願は、日の出中の HP からもダウンロードできます。

HP からダウンロードする場合：日の出中 HP＞保護者の

学割申請の注意点

- 営業キロが片道 100ｋｍ以上の旅行の場合に発行できます
- 割引率は、乗車券が２割引（指定席券・特急券は割引対
- 切符購入時、旅行中は生徒証の携帯が必要です。

↓事務室では、学割の他にもさまざまな証明書

通学証明書　　在学証明書　　成績証明書　　卒業

成績証明書は、海外留学をするために卒業生からも発行を

必要になったときにはご連絡くださ

学校のお金と
新規購入品を紹介します

学校のお金には２種類あります。それは、保護者の方からお預かりしている副教材費などの「私費」と税金を財源に浦安市教育委員会から配られる「公費」と呼ばれるお金です。

保護者の方が購入してくれたものも税金で購入したものも大切に使い、学校生活に役立てましょう。

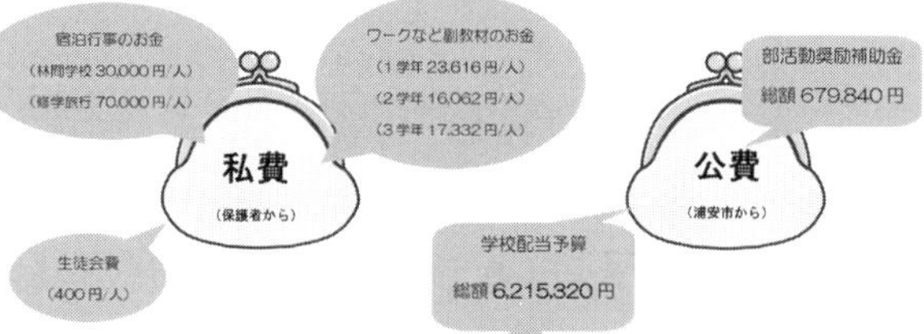

1 学期、学校配当予算でこんなものを買いました！

ミシン（4 台）　44,000 円/台
- 家庭科で使います。
- 日の出中には、現在ミシンが全部で 27 台あります。クラスで授業をするとき、一人 1 台無い現状を解消すべく整備を進めています。

CD コンポ（4 台）16,280 円/台
- 合唱祭練習や日々の授業で使います。
- 合唱の歌声で CD の音が聞こえなくなってしまうのを少しでも防ぐため、音声出力の大きいものを購入しています。
- 夏休み中に 3 年生の教室に設置します。

酸化銀　19,800 円/50ｇ
- 2 年生の理科の実験で使いました。
- なんと酸化銀は時価なのです！今回は比較的お買い得価格だったようです。

ラインカー（1 台）　28,380 円/台
- グラウンドに白線を引くものです。
- 実は、競技によって白線の太さが異なるそうです！（野球は 7.6 cm、陸上やテニスは 5 cm、サッカーは 12 cm以下。）
- 今回購入したのは 7.6cm と 5cm の 2 種類が引けます。

画用紙・工作用紙　10,664 円
- 1 年生の美術の授業で使いました。
- 皆さん春夏秋冬にどんな色や形をイメージしましたか?

↓これからこんなものを買う予定です↓

卓球台 2 台、88 鍵盤ある電子ピアノ 4 台、筆ペン 40 本、サバ 50 匹、教室用ワックス 36ℓ など.

ヤナギサワの視点

「学割証」特集だ！　と一目瞭然なのは「電車のイラスト」効果ですね。このイラストには、〈旅行〉を印象づける効果とあわせて、上下に配置したことで〈囲み（区切り）〉効果も出て、注目度がアップしています。タイトルに次ぐ大きさの文字「もうすぐ夏休み！」という表示もそれを後押ししています。

子ども向けとのことですが「生徒のみなさん」という文字は、冒頭リード文にしかありません。「事務だより」というタイトル（？）の近くに〈生徒向け〉という文字を入れたほうがよいでしょう。子どもたちは授業中に配られるプリント以外、その対象が保護者だと思ってしまいます（もちろん保護者にも読んでもらいたい内容です）。所々で子どもたちの現在だけではなく、卒業後も想定した内容は参考になりました。真似してみたいです。ウェブサイトへ促すときは「QRコード」を載せるとよいですね。また、ダウンロード後に印刷が想定されているためパソコンからのアクセスもあるでしょうから、ググるときの「検索ワード」も用意しておくとよいと思います。

裏面は、若干のゴチャつきを感じますが、財布のイラストはナイスアイディアですね。カネにつなげてモノも紹介したくなりますが、紙面を落ち着かせるためにも、モノは次号のネタに取っておいてもよかったかもしれません。

ヤナギサワ的レイアウト案

日の出中での手続き方法

- 担任の先生か事務室に声を掛けて学割用の「発行願」をもらいます。
- お家の人に記入してもらって担任の先生か事務室に提出してください。
- 「発行願」は、日の出中の HP からもダウンロードできます。

浦安 日の出 事務室　検索

学割申請の注意点

- 営業キロが片道 100ｋｍ以上の旅行の場合に発行できます。
- 割引率は、乗車券が 2 割引（指定席券・特急券は割引対象外）になります。
- 切符購入時、旅行中は生徒証の携帯が必要です。

事務室では、学割の他にも
さまざまな証明書を発行しています

・通学証明書　・在学証明書　・成績証明書
・卒業証明書　・卒業見込証明書　など

成績証明書は、卒業生からの依頼（海外留学）があります！　必要なきにはご連絡ください♪

「事務だより」作成に使える付録

本書の付録として、「事務だより」作成に役立つイラストやテンプレート、フリーフォントの紹介リンクを指定のURLから参照・ダウンロードできるようにしました。「事務だより」作成にご活用ください。付録は本書の購入者特典です。URLを共有したり、公開したりすることはおやめください。

URL https://www.gakuji.co.jp/jimudayori_materials_collection/

○付録の内容

そのまま使える！デザインテンプレート

「すぐにつくりたい！」というひとのために、タイトル部や、余白、段組みなどを設定したMicrosoft「Word」のテンプレートファイルを用意しました。全12種類で、横置き、縦置き、1～3段組みなどさまざまなバリエーションがあります（サムネイルはP131を参照）。

（注意事項）
ご使用のPCやソフトウェアのバージョン、インストールされているフォント環境等によって、段組みが崩れる、文字化けするなど、意図しない現象が発生することがあります。

「事務だより」で使えるイラスト

学校や事務職員の仕事から連想されるもの、季節を感じさせるものなど、全300点のイラストを収録！（イラスト：足立絵美）

（注意事項）
掲載イラストの著作権は著作権者に帰属します。イラストのご利用は、「事務だより」をはじめとした学校内文書、および著作権者の許諾なく著作物を利用することが法的に認められる場合に限ります。無断での複製、公衆送信、翻案、販売などはおやめください。

フォント

「事務だより」作成に活用できそうなフリーフォントを紹介しています。利用したいフォントは、配信元のサイトからダウンロードしてお使いください。

（注意事項）
各フォントの利用方法は、配信元ウェブサイトに記載されている利用条件や方法などの内容をよくお読みになり、正しくご利用ください。

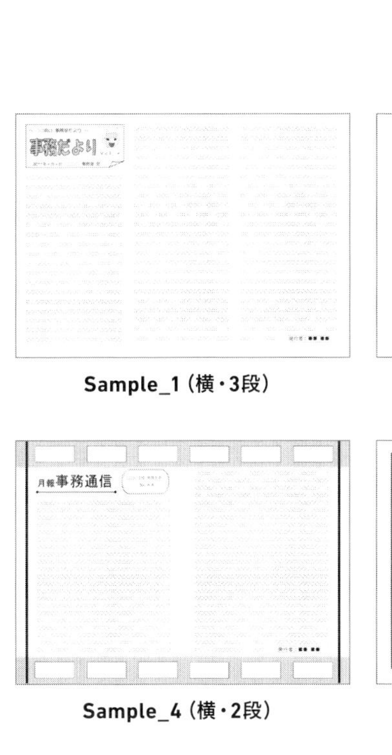

Sample_1（横・3段）

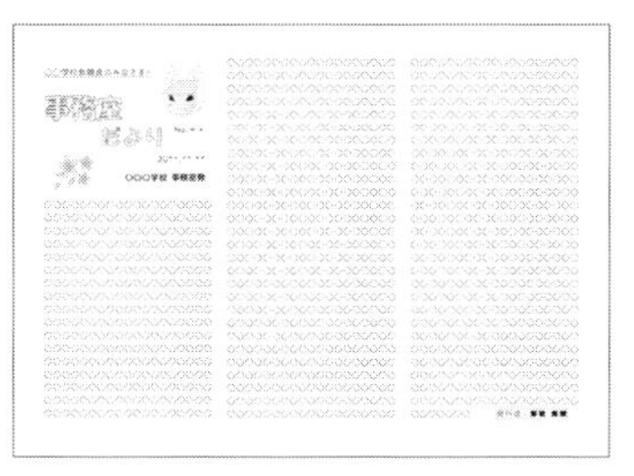

Sample_2（横・3段）

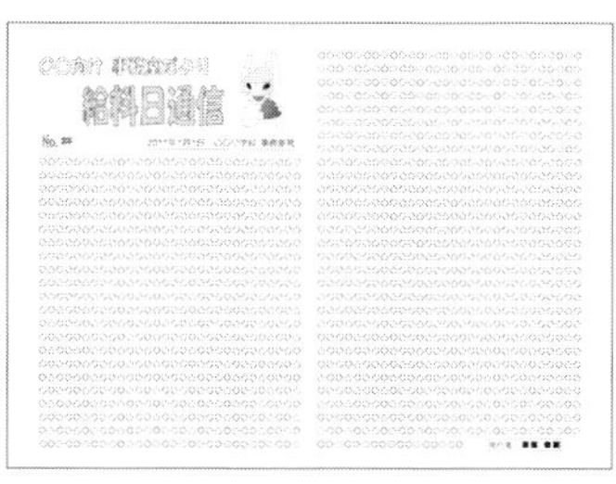

Sample_3（横・2段）

Sample_4（横・2段）

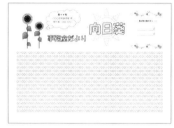

Sample_5（横・1段）

Sample_6（横・1段）

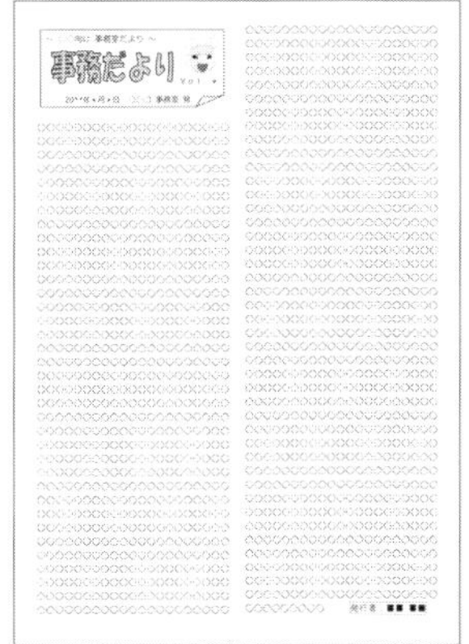

Sample_7（縦・2段）

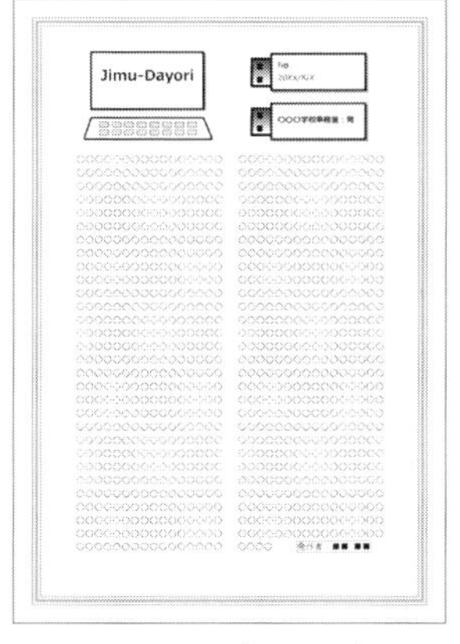

Sample_8（縦・2段）

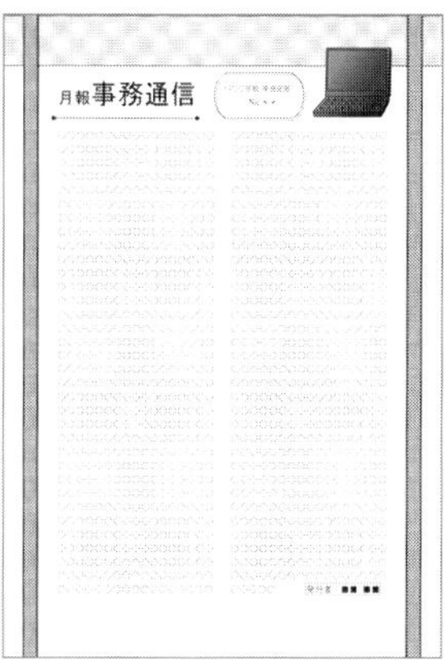

Sample_9（縦・2段）

Sample_10（縦・1段）

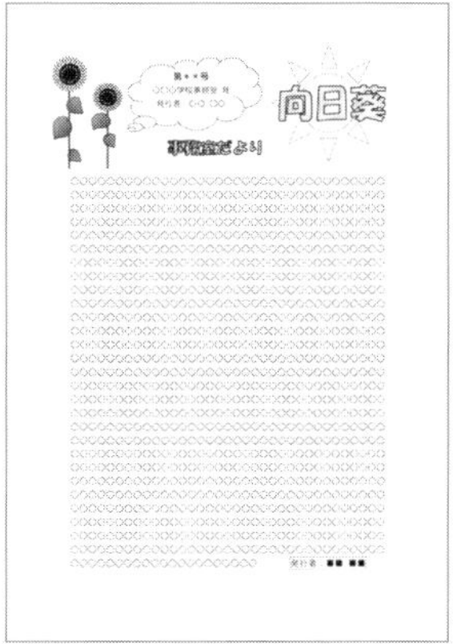

Sample_11（縦・1段）

Sample_12（縦・1段）

001_登校.png
002_傘差し.png
003_お辞儀.png
004_いただきます.png
005_貯金.png
006_掃除.png
007_電話.png
008_読書.png
009_発表.png
010_ハロウィン.png
011_怪我.png
012_タマ?.png
013_PC作業.png
014_お正月1.png
015_お正月2.png
016_節分.png
017_端午の節句.png
018_水やり.png
019_病気.png
020_かき氷.png
021_プールシャワー.png
022_いいね!.png
023_和む.png
024_注意1.png
025_判子.png
026_感動.png
027_タケノコ.png
028_ボーナス.png
029_七夕.png
030_運動会1.png

031_運動会2.png　032_クリスマス.png　033_バレンタイン.png　034_おにぎり.png　035_ゴー!.png

036_ゴミ拾い.png　037_ダメ!.png　038_閃いた!.png　039_観察.png　040_ハッ!1.png

041_料理.png　042_お風呂.png　043_涙.png　044_?1.png　045_提出.png

046_寝る.png　047_バス.png　048_車.png　049_船.png　050_電車.png

051_点検.png　052_安全第一.png　053_遠足.png　054_乾杯.png　055_健診.png

056_笑.png　057_ニコッ.png　058_へ〜.png　059_無.png　060_悲しい.png

061_ビックリ.png 062_旨い.png 063_よく見る.png 064_自慢.png 065_ため息.png

066_ガッカリ.png 067_汗.png 068_寝.png 069_プンプン.png 070_すごい！.png

071_あ！.png 072_上向き.png 073_下向き.png 074_真上.png 075_ぼー.png

076_桜.png 077_チューリップ.png 078_つくし.png 079_チョウチョ.png 080_カーネーション.png

081_クローバー.png 082_鯉のぼり.png 083_柏餅.png 084_カタツムリ.png 085_あじさい.png

086_虹.png 087_ひまわり.png 088_風鈴.png 089_朝顔.png 090_通知表.png

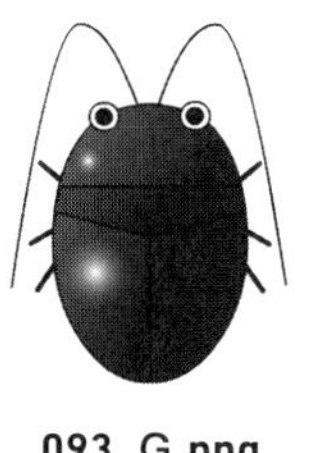

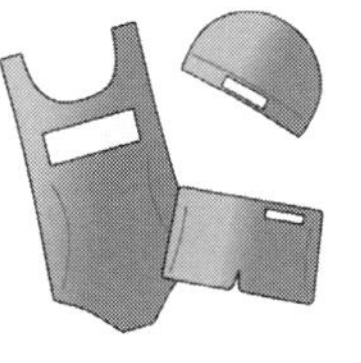

091_カブトムシ.png　092_クワガタ.png　093_G.png　094_ラジオ体操カード.png　095_水着.png

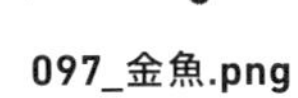

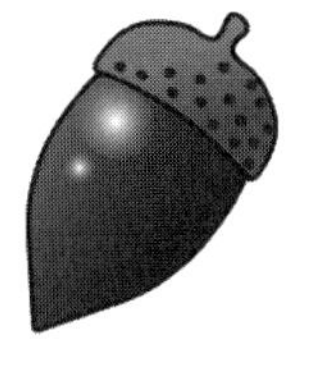

096_花火.png　097_金魚.png　098_十五夜.png　099_どんぐり.png　100_トンボ.png

101_キノコ1.png　102_キノコ2.png　103_ぶどう.png　104_柿.png　105_栗.png

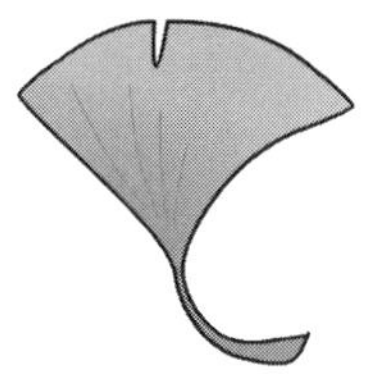
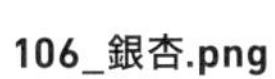

106_銀杏.png　107_紅葉.png　108_落ち葉1.png　109_落ち葉2.png　110_ワックス.png

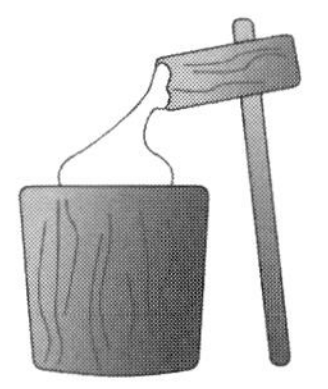

111_ケーキ.png　112_雪だるま.png　113_柊.png　114_餅つき.png　115_羽子板.png

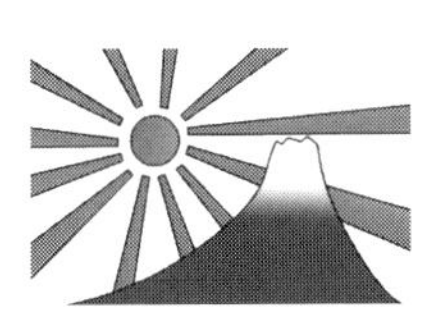

116_ご来光.png　117_年賀状.png　118_ハート.png　119_チョコ.png　120_鬼.png

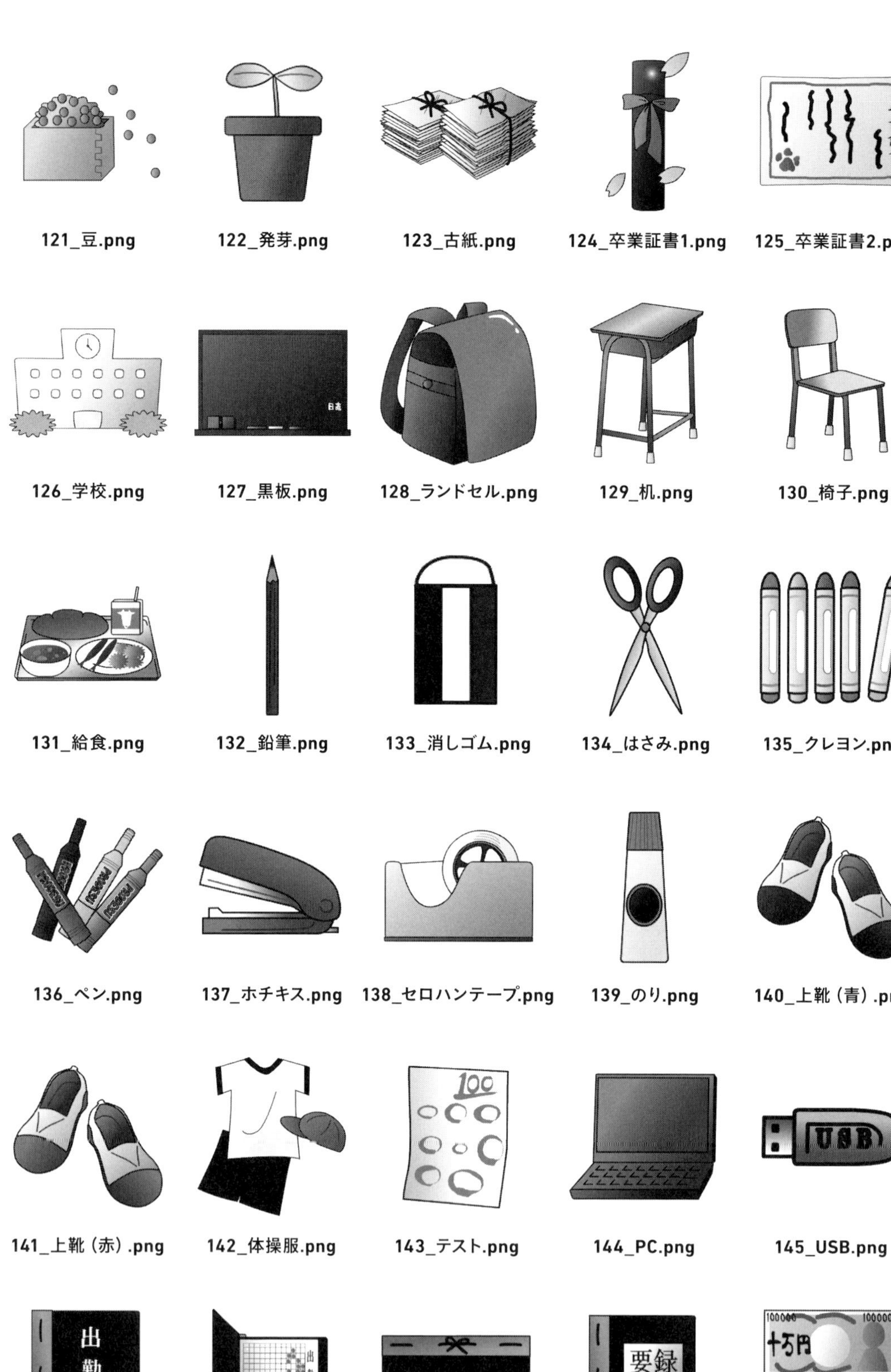

121_豆.png　122_発芽.png　123_古紙.png　124_卒業証書1.png　125_卒業証書2.png

126_学校.png　127_黒板.png　128_ランドセル.png　129_机.png　130_椅子.png

131_給食.png　132_鉛筆.png　133_消しゴム.png　134_はさみ.png　135_クレヨン.png

136_ペン.png　137_ホチキス.png　138_セロハンテープ.png　139_のり.png　140_上靴（青）.png

141_上靴（赤）.png　142_体操服.png　143_テスト.png　144_PC.png　145_USB.png

146_出勤簿1.png　147_出勤簿2.png　148_休暇簿.png　149_要録.png　150_現金.png

151_通帳.png

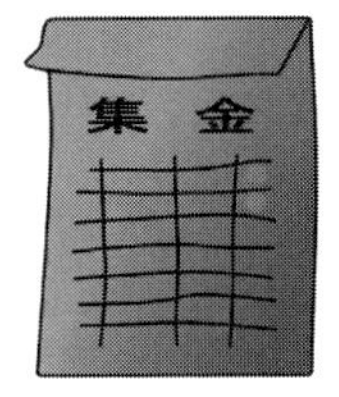

152_集金袋.png

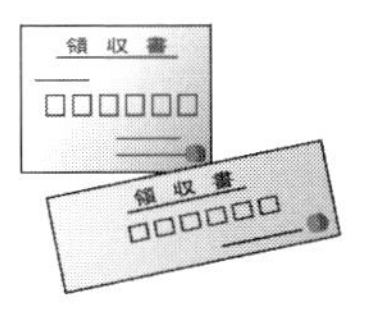

153_領収書.png

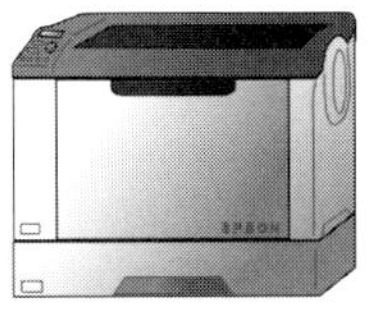
154_プリンター.png

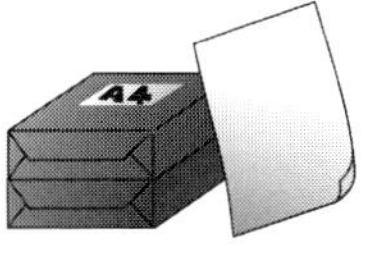

155_紙.png

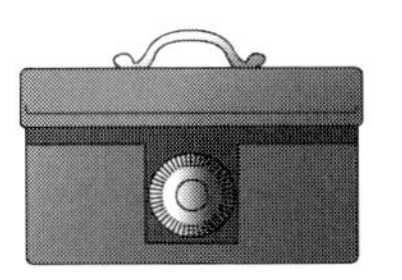
156_金庫.png

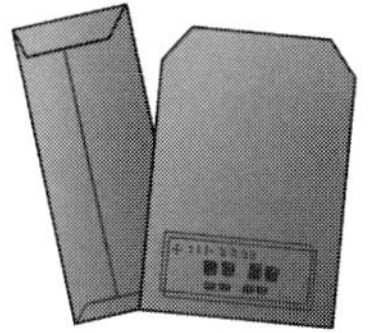
157_封筒.png

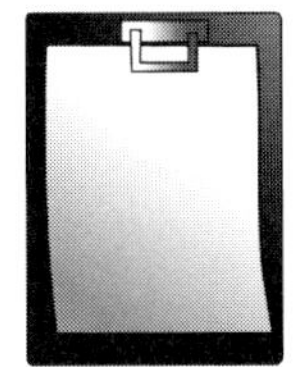
158_バインダー.png

159_電球.png

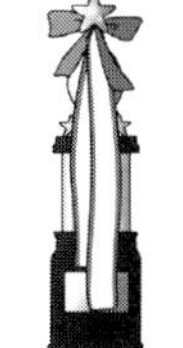
160_トロフィー.png

161_カギ.png

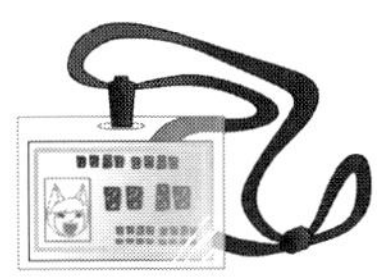
162_名札.png

163_スマホ.png

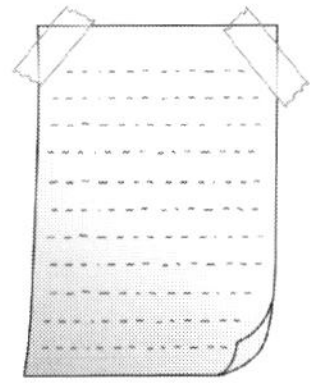
164_メモ帳.png

165_国語.png

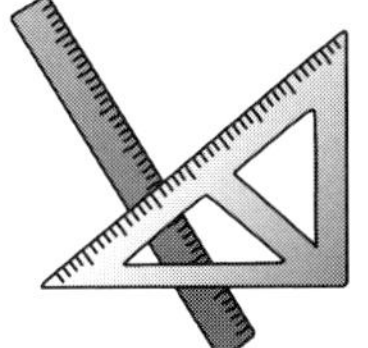
166_数学.png

167_社会.png

168_英語.png

169_理科.png

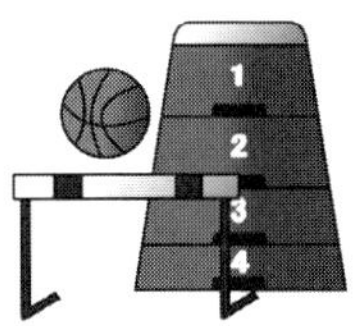

170_体育.png

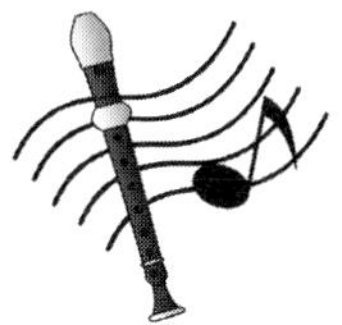
171_音楽.png

172_家庭科.png

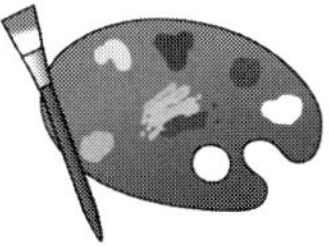
173_美術.png

174_書道.png

175_技術.png

176_マル注.png

177_マル得.png

178_マル秘.png

179_お知らせ.png

180_緊急.png

181_ライン1.png
182_ライン2.png
183_ライン3.png
184_ライン4.png
185_子.png
186_丑.png
187_寅.png
188_卯.png
189_辰.png
190_巳.png
191_午.png
192_未.png
193_申.png
194_酉.png
195_戌.png
196_亥.png
197_男子.png
198_女子.png
199_下校.png
200_猫.png
201_ファイル.png
202_年末調整.png
203_備品シール.png
204_非常時グッズ.png
205_請求書.png
206_クリップ.png
207_DOWN.png
208_UP.png
209_サッカー.png
210_バドミントン.png

211_水泳.png
212_バスケ.png
213_野球.png
214_お絵かき.png
215_カメラ.png
216_ガーン.png
217_キラッ.png
218_ごめん.png
219_ぞわっ.png
220_だるい.png
221_ハイ！.png
222_てへ☆.png
223_のび～.png
224_チラリ.png
225_ん～.png
226_ハッ2.png
227_プッチーン.png
228_データ.png
229_チェック.png
230_コンセント.png
231_シュレッダー.png
232_！.png
233_？2.png
234_♪.png
235_お年寄り.png
236_サイクル.png
237_スーツ.png
238_ゾンビ.png
239_タッグ.png
240_タッチ！.png

241_プロジェクター.png

242_ペンキ塗り.png

243_マトリョーシカ.png

244_応援.png

245_応援団.png

246_花束.png

247_イヒッ.png

248_協力.png

249_教材評価.png

250_会議.png

251_よくできました.png

252_再提出.png

253_回覧.png

254_〆切.png

255_見ざる.png

256_言わざる.png

257_聞かざる.png

258_飛行機.png

259_自転車.png

260_告知.png

261_修理中.png

262_受信.png

263_送信.png

264_軽い.png

265_重い.png

266_集金一本化.png

267_集金地獄.png

268_注意2.png

269_注目1.png

270_注目2.png

271_注目3.png
272_注目4.png
273_足軽.png
274_武者.png
275_忍者.png
276_育児.png
277_親子.png
278_赤ちゃん.png
279_戸締まり.png
280_魂抜.png
281_出張.png
282_草取り.png
283_太い.png
284_待って.png
285_電子黒板.png
286_土下座.png
287_突風.png
288_燃.png
289_燃え尽きた.png
290_覗く.png
291_発信.png
292_風船.png
293_腹痛.png
294_分担.png
295_分別.png
296_忙しい.png
297_明細確認.png
298_落ち込む.png
299_立入禁止.png
300_連携.png

配信元サイト名・URL	フリーフォント名
フロップデザイン https://www.flopdesign.com/	「01フロップデザイン」 あいうえお アイウエオ 12345 「03スマートフォントUI」 あいうえお アイウエオ 12345 「うずまさ本丸ゴシックMini」 あいうえお アイウエオ 12345
フォント910 http://www.font910.jp/	「F910新コミック体」 あいうえお アイウエオ 12345
Typing Art https://typingart.net/	「はんなり明朝」 あいうえお アイウエオ 12345
Line Font http://font.websozai.jp/	「なごみ極細ゴシック」 あいうえお アイウエオ 12345 「超極細ゴシック」 あいうえお アイウエオ 12345
fontopo https://fontopo.com/	「こども丸ゴシック細め」 あいうえお アイウエオ 12345
フォントな http://www.fontna.com/	「ロゴたいぷゴシック」 あいうえお アイウエオ 12345 「ふぉんとうは怖い明朝体」 あいうえお アイウエオ 12345 「にくまるフォント」 あいうえお アイウエオ 12345

配信元サイト名・URL	フリーフォント名
フリーフォントの樹 http://freefonts.jp/	「刻明朝」 あいうえお　アイウエオ　12345
もじワク研究 https://moji-waku.com/	「マキナス4 Flat」 あいうえお　アイウエオ　12345
すもももじ http://font.sumomo.ne.jp/	「けいふぉんと」 あいうえお　アイウエオ　12345 「仕事メモ書き」 あいうえお　アイウエオ　12345 「殴り書きクレヨン」 あいうえお　アイウエオ　12345
たぬきフォント http://tanukifont.com/	「自由の翼フォント」 あいうえお　アイウエオ　12345
まるもじフォント ニコモジ http://nicofont.pupu.jp/	「ニコモジ+v2」 あいうえお　アイウエオ　12345
海沿いカリグラ邸 http://calligra-tei.oops.jp/	「アームド・レモン」 あいうえお　アイウエオ　12345
KF STUDIO http://www.kfstudio.net/	「ひま字ふで」 あいうえお　アイウエオ　12345

紹介したフォントのほかにも、無料で利用可能なフォントは数多く公開されています。
フリーフォントの検索サイトなどで、自身の好みのフォントを見つけてみてください。

- **フォントフリー**　**https://fontfree.me/**
- **フリーフォントの栞**　**https://free-fonts.jp/**
- **フリーフォントケンサク**　**https://cute-freefont.flop.jp/**

著者プロフィール

柳澤 靖明
(やなぎさわ やすあき)

埼玉県の小学校(7年)中学校(15年)に事務職員として勤務し、現在は川口市立青木中学校事務主査。「事務職員の仕事を事務室の外へ開き、教育社会問題の解決に教育事務領域から寄与する」をモットーに、教職員・保護者・子ども・地域、そして現代社会へ情報を発信している。

研究関心は、家庭の教育費負担・修学支援制度。具体的には、「教育の機会均等と無償性」「子どもの権利」「PTA活動」などをライフワークとして研究している。勤務と並行し、中央大学法学部通信教育課程で学び(2018年卒業——卒業論文:子どもの教育を受ける権利保障の法原理的考察)、校内でリーガルサポートにも取り組む。

川口市立労働安全衛生委員(2013年〜)、学校運営協議会委員(2017年〜)、日本教育事務学会理事(2018年〜)、川口市教育研究会事務局長(2019年〜)、学校事務法令研究会会長(2023年〜)。若手事務職員の交流を目的に全国学校事務ユースCommunity〈いちごの会〉を主宰(2011年〜)、ウェブサイト「隠れ教育費」研究室・チーフディレクター(2022年〜)。

著書に、単著『学校徴収金は絶対に減らせます。』(学事出版2019年)、『本当の学校事務の話をしよう』(太郎次郎社エディタス2016年)【日本教育事務学会「学術研究賞」受賞】、編著『学校財務がよくわかる本』(学事出版2022年)、『学校事務職員の基礎知識』(学事出版2022年)、共著『隠れ教育費』(太郎次郎社エディタス2019年)【日本教育事務学会「研究奨励賞」受賞】、『増補改訂つくろう! 事務だより』(学事出版2017年)、『保護者負担金がよくわかる本』(学事出版2015年)、分担執筆『コロナ禍が変える日本の教育』(明石書店2021年)、『Q&A学校事務実務必携』(ぎょうせい2017年)、共著論文「学校財務実践の展開状況」(日本教育事務学会年報2020年)、「就学援助制度の課題と展望」(季刊教育法第204号2020年)、「学校財務評価の理論と実践」(日本教育事務学会年報2017年)などがある。

事務だよりの教科書

2023年5月31日　初版第1刷発行

著　者　柳澤 靖明
発行者　安部 英行
発行所　学事出版株式会社
〒101-0051
東京都千代田区神田神保町1-2-5
電話:03-3518-9655
https://www.gakuji.co.jp
編集担当　若染 雄太

イラスト　足立絵美
装丁・デザイン　高瀬美紗子
印刷・製本　研友社印刷株式会社

ISBN978-4-7619-2933-6　C3037
Printed in Japan